SVEN VOELPEL

ENTSCHEIDE SELBST, WIE ALT DU BIST

WAS DIE FORSCHUNG ÜBER
DAS JUNGBLEIBEN WEISS

ROWOHLT POLARIS

4. Auflage Oktober 2018

Originalausgabe
Veröffentlicht im Rowohlt Taschenbuch Verlag,
Reinbek bei Hamburg, November 2016
Copyright © 2016 by Rowohlt Verlag GmbH,
Reinbek bei Hamburg
Unter Mitarbeit von Dr. Petra Begemann,
Bücher für Wirtschaft + Management,
Frankfurt am Main, www.petrabegemann.de
Redaktion Ana González y Fandiño
Umschlaggestaltung und Motiv
Hauptmann & Kompanie Werbeagentur
Satz aus der Thesis Antiqua bei Dörlemann Satz, Lemförde
Druck und Bindung CPI books GmbH, Leck, Germany
ISBN 978 3 499 63181 8

INHALT

7 AUSGANGSLAGE:
WAS HEISST HIER «ALTER»?!

15 DAS KALENDARISCHE ALTER
WIE WENIG NACKTE ZAHLEN VERRATEN
- 16 Wann ist man alt?
- 22 Lebensphasen und Lebensverläufe früher und heute
- 32 Junge Alte & alte Junge
- 39 Blick in die Zukunft: Alter im 22. Jahrhundert? Abgeschafft!

47 DAS BIOLOGISCHE ALTER
WIE UNSERE LEBENSWEISE UNS JUNG HÄLT
ODER ALTERN LÄSST
- 49 Der Fluch der Gene? Warum wir altern
- 55 Was wir verlieren, wenn wir älter werden
- 63 Plastizität: Marathonlauf mit 100, Altersdiabetes mit 12
- 74 Das Rätsel der Allerältesten
- 81 Das Geheimnis der «blauen Zonen»
- 86 Die grauen Zellen und die Klugheit des Alters
- 101 Für Körper und Geist: Fitness first!

117 DAS GEFÜHLTE ALTER
WIE UNSER SELBSTBILD DAS ALTER BEEINFLUSST
- 118 Außen Falten, innen jung?
- 127 Zufrieden oder verbittert? Persönlichkeit und das Alter

134 «Schon alt» oder «noch jung»? Unser Selbstkonzept
144 Körper und Geist: Wie wir uns alt denken
oder jung bleiben
155 Ab 60 hört der Spaß auf? Sexualität
168 Wandel oder Verlust? Psychologie der Lebensspanne

177 DAS SOZIALE ALTER
WIE ANDERE UNS ALT MACHEN ODER JUNG HALTEN
179 Einsiedlerinnen und Einsiedler altern schneller
189 Zeige mir deine Freunde, und ich sage dir, wer du bist
199 Von alten und neuen Altersrollen:
Fitnessdiktat statt Ruhestand?
215 Rente mit 63? 73? 93? Warum es uns guttut,
länger zu arbeiten
233 Geld macht doch glücklich: Alter und Finanzen
247 Heim oder Hawaii, Wohnung oder WG:
Wie wollen wir leben?

263 FAZIT: 10 GEBOTE FÜR EIN GLÜCKLICHES ALTER
ODER: WIE HERZ, KOPF UND KÖRPER JUNG BLEIBEN

269 Literaturverzeichnis
285 Danksagung

AUSGANGSLAGE:
WAS HEISST HIER «ALTER»?!

Bei Shakespeare war die Welt noch in Ordnung. «Sieben Akte» währt unser Leben, heißt es in seiner Komödie *Wie es euch gefällt*: Auf das Kind folgt der Schulbube und auf ihn «der Verliebte, der wie ein Ofen seufzt». Dieser wird abgelöst durch den schneidigen Soldaten und den Berufstätigen «mit rundem Bauche». Als sechster Lebensakt folgt dann das Alter, keine schöne Zeit mit «Brill auf der Nase» und «verschrumpften Lenden». Im siebten Akt schließlich kehren wir zum Anfang zurück und enden als kindische Greise, zahnlos, gehörlos, hilflos. Es führt kein Weg daran vorbei: «Die ganze Welt ist eine Bühne / Und alle Fraun und Männer bloße Spieler», die dem vorgezeichneten Pfad des Alterns nicht entrinnen können.[1] Doch sieht es heute wirklich immer noch genauso aus? Gerade komme ich von einem sechzigsten Geburtstag. Viele Brillenträger, zugegeben. Aber «verschrumpfte Lenden»? Einer der Gäste, die zweite Ehe gerade hinter sich, turtelte am Buffet mit Kandidatin Nummer drei, die sicher 20 Jahre jünger war als er selbst. Das Geburtstagskind trug königsblaue Seide und wäre glatt als Mittvierzigerin durchgegangen. Der Vater der Jubilarin war eigens aus Berlin eingeflogen, trotz seiner immerhin 94 Lenze. Dank kleiner technischer Hilfsmittel hört und sieht er übrigens ausgezeichnet. Würde Shakespeare in diese Welt katapultiert – er wäre ohne jeden Zweifel hoffnungslos verwirrt.

---

[1] William Shakespeare, Wie es euch gefällt, II, 7.

Keine Frage – die Geschichte des Alters muss neu geschrieben werden. Sicher, es gibt sie nach wie vor: die Senioren in beigem Popeline, die auf der Parkbank übereinkommen, dass früher alles besser war; die Frührentner, die mit Ende 50 in die Altersteilzeit geschickt wurden, nicht selten gegen ihren Willen; die kurzatmigen Mittsechziger mit «rundem Bauche», Dauergäste in ärztlichen Wartezimmern. Aber das Leben ist den Altersklischees, die sich hartnäckig in vielen Köpfen halten, längst davongelaufen. Die Werbeindustrie als Seismograph gesellschaftlicher Entwicklungen hat das erkannt und die «Senioren» von gestern durch «Best Ager», «Silver Surfer», «Master Consumer», «Golden Ager» oder schlicht die «Generation 50 plus» ersetzt. Die Entwicklung ist nicht von der Hand zu weisen, und so lautet die Kernthese dieses Buches: «Das» Alter als uniforme, in Zahlen messbare «dritte» Lebensphase gibt es nicht mehr, und es wird sie in Zukunft noch viel weniger geben. Erstmals in der Geschichte haben wir die Chance, maßgeblich selbst zu bestimmen, ob wir alt werden – oder nur älter. Zumindest in den Industrienationen werden die Altersgrenzen mehr und mehr durcheinandergewirbelt. Seit vielen Jahren beschäftige ich mich mit meinem Team an der Jacobs University Bremen mit dem demographischen Wandel und seinen Folgen. 2007 habe ich mit den Partnerunternehmen Daimler, Deutsche Bahn, Deutsche Bank, EnBW, Lonza, Otto und Volkswagen sowie kurz darauf folgend Mars das WDN – WISE Demografie Netzwerk[2] gegründet. Seitdem haben wir gemeinsam mit zahlreichen namhaften Unternehmen Forschungsprojekte zum Potenzial von Arbeitnehmerinnen und Arbeitnehmern unterschiedlicher Altersstufen durchgeführt. Dabei habe ich mich von

2 Siehe www.wdn-online.de.

vielen meiner Vorurteile über das Alter verabschiedet und sehe meinem eigenen Leben jenseits der 70, 80 – und mit etwas Glück sogar jenseits der 90 – sehr gelassen und mit Vorfreude entgegen. Doch man muss nicht unbedingt Forscher sein, um zu dieser Erkenntnis zu gelangen. Schon die regelmäßigen Meldungen rund um das Thema in der Presse genügen, um immer wieder ins Staunen zu geraten und die eigenen Erwartungen, was in welchem Alter möglich ist, gründlich zu revidieren. Hier nur eine kleine Auswahl von Beispielen: Wir leben in einer Welt, in der ...

- … *Vierjährige als professionelle Schlagzeuger Konzerte geben (Julian Pavone, USA).*
- … *Neunjährige für einen Oscar nominiert werden (Quvenzahné Wallis, USA).*
- … *17-Jährige den Friedensnobelpreis bekommen (Malala Yousafzai, Pakistan).*
- … *30-Jährige es zum Selfmade-Milliardär bringen (Dustin Moskovitz, USA).*
- … *60-Jährige noch einmal Vierlingsmutter werden (Annegret Raunigk, Deutschland).*
- … *70-Jährige auf dem Laufsteg brillieren oder im Digital Business als Talentscouts unterwegs sind (Model Eveline Hall und SAP-Gründer Hasso Plattner, beide Deutschland),*
- … *80-Jährige den Mount Everest besteigen oder die internationale Modebranche aufmischen (Yūichirō Miura, Japan, und Karl Lagerfeld, Deutschland).*
- … *fast 90-Jährige im Bürgermeisteramt bestätigt werden (Josef Rüddel, Windhagen im Landkreis Neuwied).*
- … *100-Jährige Marathon laufen (Fauja Singh, Großbritannien).*

Einzelfälle? Ausnahmen, die doch nur die Regel bestätigen? Jein. Sicher kann nicht jeder mit 100 noch einen Marathon laufen. Doch die erstaunlich fitten «Alten» sind überall. Jeder meiner Doktorandinnen und jedem meiner Doktoranden, und zwar ohne Ausnahme, fällt eine 90-jährige Großtante, Nachbarin oder Großmutter ein, die topfit allein lebt und sich die Zeit mit Lesezirkeln, Gartenarbeit, Spazierengehen und Kochen vertreibt. Immer mehr Mitglieder der Generation 50 plus sind um einiges aktiver und agiler als viele in der Generation ihrer Enkelkinder. Der Senior Experten Service (SES) in Bonn zählt inzwischen mehr als 10 000 Mitglieder, die in über 23 000 Einsätzen ihr Wissen in Entwicklungsprojekte in 161 Ländern eingebracht haben – ihr Durchschnittsalter liegt bei 67.[3] Die viel diskutierte «Flexi-Rente» stellt zumindest für einen Teil der Älteren ganz offenbar eher willkommene Chance als Bedrohung dar.

Noch mögen sie sich in der Minderheit befinden. Doch allmählich sickert die von Hirnforschern, Biologen, Medizinern, Sportwissenschaftlern beobachtete sogenannte Plastizität der menschlichen Natur ins Alltagsbewusstsein und entfaltet dort ihre ermutigende und motivierende Wirkung. Plastizität bedeutet in diesem Zusammenhang so viel wie die Anpassungsfähigkeit und die Wandelbarkeit von Körper wie Geist, und zwar je nach Beanspruchung und Training. Weder unsere Muskeln noch unsere grauen Zellen sind nämlich einfach, wie sie sind, sondern sie reagieren auf das, was wir mit ihnen anstellen. Unser Lebensstil und unsere Lebenseinstellung beeinflussen stärker als unsere Biologie, wie gesund und lebenshungrig wir sind – ob nun mit 30 oder mit 70. Das Plastizitätsversprechen lautet daher: Wir können das Alter

---

3 Siehe www.ses-bonn.de/senior-experten.html (Zugriff am 13.03.2016).

als Phase der nachlassenden Kräfte, des Siechtums und des Rückzugs aus gesellschaftlicher Teilhabe aushebeln oder zumindest sehr weit nach hinten verschieben; vorausgesetzt, dass wir – jeder für sich – bereit sind, entsprechende Anstrengungen zu unternehmen. Einen sehr konkreten Anreiz hierfür liefert uns die stetig steigende Lebenserwartung, denn die Alterspyramide mit vielen Jungen an der Basis und wenigen Alten an der Spitze verwandelt sich allmählich in eine dicke Säule mit immer weniger Jungen und immer mehr Alten. Diese Veränderung in der Bevölkerungsstruktur lässt Unternehmen inzwischen darüber nachdenken, ob es klug ist, Mitarbeiterinnen und Mitarbeiter über 50, die fitter sind als ihre Väter und Mütter mit Ende 30, einfach zum alten Eisen zu sortieren. Zudem ermöglicht uns der medizinische Fortschritt ein erfülltes Leben im Alter, indem er Krankheiten im Zaum hält, die noch unseren Eltern und Großeltern das Leben vergällten oder gar verkürzten.

Wir können sehr viel dafür tun, unser Leben bis zum letzten Atemzug zu genießen. Und wir bekommen immer mehr Gelegenheit dazu: Derzeit steigt die durchschnittliche Lebenserwartung mit jedem Jahrzehnt um etwa 2,5 Jahre. Jede neue Generation lebt also im Schnitt 7,5 Jahre länger als die vorherige. Wer heute 60 ist, hat eine Chance von deutlich mehr als 10 Prozent, älter als 95 zu werden. Google, inzwischen ein Tochterunternehmen von Alphabet Inc., arbeitet mit Forschungsinstitutionen wie X (früher Google X) und Calico pressewirksam an unserer «Unsterblichkeit», zumindest aber daran, dank Gentechnik und Nanomedizin unsere Lebenserwartung weiter entscheidend zu verlängern.[4]

---

[4] Siehe Frankfurter Allgemeine Zeitung vom 31.10.2014: *Google versucht sich auch mal an der Unsterblichkeit.*

Vielleicht wird es in nicht allzu ferner Zeit Ü-80-Partys und Lauftreffs für Methusalems geben. Doch statt uns darüber zu freuen und unsere Möglichkeiten zu nutzen, erstarren wir angesichts der sich verändernden Alterspyramide wie das sprichwörtliche Kaninchen vor der Schlange. Noch immer gilt für viele Menschen die Gleichung «Alter = Defizit». Versicherungskonzerne rechnen uns vor, dass wir für unsere Rentenbeiträge einfach zu spät sterben («länger leben, als das Geld reicht»), die Tagesschau zeigt zur Ruhestandsdebatte die immer gleichen älteren Herrschaften in Wetterjacke auf der Parkbank, die öffentliche Diskussion wird bestimmt durch Stichworte wie «Demenz» und «Pflegebedürftigkeit». Es wird also höchste Zeit, sich von dem uns geläufigen Altersbegriff der Nachkriegszeit zu verabschieden und die Jahre jenseits der 60, 70, 80 und 90 endlich als Lebensphase zu begreifen, die man nutzen und für sich gestalten kann und sollte. Denn die Bilder in den Köpfen bestimmen die Wirklichkeit, die Einstellungen bestimmen das Handeln und die Erwartungen bestimmen mit, wie das Ergebnis schließlich aussieht. Angst ist dabei noch nie ein guter Ratgeber gewesen.

Auf den folgenden Seiten biete ich Ihnen daher die Puzzle-Teile für ein neues Altersbild an: Sie erfahren, wie wenig aussagekräftig Jahreszahlen sind. Wir gehen der Frage nach, warum in manchen Regionen der Welt sehr viele Menschen steinalt werden. Wir beschäftigen uns mit dem Einfluss des Selbstbildes auf das gefühlte Alter. Wir singen ein Loblied auf soziale Kontakte und erklären, warum Geld in einem gewissen Maße doch glücklich macht. Wir räumen mit der These auf, jenseits der 60 oder 70 laufe im Bett nichts mehr – denn, nein, Essen ist nicht der «Sex des Alters», auch wenn das hartnäckig immer wieder behauptet wird. Lange Rede, kurzer Sinn – wir zeigen, dass «Alter» im 21. Jahrhundert ein sehr relativer Begriff ist. Das heißt nicht, dass «im Alter» alles schön ist. Doch für welche Lebensphase trifft das schon zu? Die gute Nachricht lautet: Alter ist heute in hohem Maße eine Sache der Einstellung, eine Kopfsache. Jeder ist seines Alters Schmied. – Und was ist mit Ihnen? Sind Sie es auch?

DAS KALENDARISCHE ALTER –
WIE WENIG NACKTE ZAHLEN VERRATEN

«Hier tanzen 180 Jahre!», ruft der ältere Herr, der sich mit seiner Sandkastenliebe auf der Silberhochzeit seiner Tochter zu beschwingten Walzerklängen dreht, durchaus ein wenig vorsichtig, aber taktsicher. Er: 92. Sie: 88. Richtig gerechnet also. Ganz schön alt, wenn man aufs Geburtsdatum blickt. Und bemerkenswert jung, wenn man auf die Tanzfläche schaut. Die Frage drängt sich auf: Wann ist man «alt»? Im Fußball zählt man spätestens ab Mitte 30 zu den «Alten Herren», was Oliver Kahn freilich nicht daran gehindert hat, bis kurz vor seinem 39. Geburtstag das Bayern-Tor zu verteidigen. Als Unternehmer ist man hingegen mit 50 «im besten Alter»; als Staatenlenker wiederum läuft man erst jenseits der 60 zur Hochform auf. Und niemand ist auf die Idee gekommen, Papst Franziskus oder Queen Elisabeth II. den Ruhestand zu empfehlen, als sie 80 bzw. 90 Jahre alt wurden. Sind die beiden etwa gar nicht «alt»?

Wussten Sie schon,
… dass unser Gehirn von der Geburt bis ins hohe Alter neue Synapsen bildet?
… dass 70-Jährige im Schnitt eloquenter und emotional intelligenter sind als 20-Jährige?
… dass die meisten Menschen mit 60 oder 70 Jahren zufriedener sind als mit 40?

WANN IST MAN ALT?

Aus dem Leben gegriffen
«In meiner Kindheit begleitete ich meine Großmutter häufig auf den Bauernhof ihres Schwagers. Dort lebte eine ältere unverheiratete Großtante. Schwarz gekleidet, mürrisch, gebückt, mit Kopftuch und Krückstock, jagte sie mir eine Heidenangst ein. Zu ähnlich war sie der Hexe in meinem Märchenbuch. Heute weiß ich, dass diese Frau, die mir damals unbeschreiblich alt vorkam, Anfang, höchstens Mitte 70 war», erzählt mir eine Mitarbeiterin.

Wäre diese ältere Großtante nicht vor dem Ersten, sondern nach dem Zweiten Weltkrieg geboren worden, hätte sie das Kind vermutlich in Jeans und Bluse begrüßt, der Krückstock wäre ihr wahrscheinlich dank Hüftoperation erspart geblieben. Womöglich hätte sie in den siebziger Jahren eine Ausbildung absolviert, und vielleicht würde sie heute das Singleleben in ihrer Stadtwohnung genießen, zwischen Yoga-Kurs und sozialem Engagement hin- und herpendelnd. In nur wenigen Jahrzehnten hat sich das Leben im Alter radikal gewandelt – und wird es noch weiter tun. Es wird also höchste Zeit, dass dies auch in den Köpfen ankommt! Was heißt heute noch «alt»?

Jeder von uns hat sein eigenes Bild vom Alter im Kopf, das geprägt wird von familiären Vorbildern, gesellschaftlichen Rollenmodellen und der öffentlichen Diskussion über das Alter. Die Debatte wird bestimmt von Stichworten wie «Demenz», «Überalterung der Gesellschaft» und «leeren Rentenkassen». Und so springen uns Meldungen, dass bei den über 85-Jährigen mehr als drei Viertel und selbst von den über 90-Jährigen rund zwei Drittel bei wachem Verstand sind, höchst selten in großen Lettern von den Titelseiten entgegen. Auch die Beobachtung, dass Prognosen zum drohenden Pflegenotstand aus den neunziger Jahren sich bereits heute als zu pessimistisch erwiesen haben, ist offenbar keinen Artikel wert (vgl. Korte 2014, S. 212, S. 322). Stattdessen gehen alle Vorhersagen von konstanten Pflegequoten aus und ignorieren, dass wir nicht nur älter werden als jemals zuvor, sondern dank unseres Wissens über gesunde Lebensführung und aufgrund des medizinischen Fortschritts auch im höheren und hohen Alter immer fitter sind (siehe Kapitel 2 – Das biologische Alter). Das Internetlexikon *Wikipedia* macht da keine Ausnahme und reduziert das Alter ebenso knapp wie unzutreffend auf einen Lebensabschnitt, der mit «einem allgemeinen körperlichen Niedergang verbunden ist», und ignoriert dabei die vielfältigen Chancen, die diese Lebensphase heute zu bieten hat. So gesehen, ist es kaum verwunderlich, dass nur die allerwenigsten Menschen wissen: Sie können sich allein schon deswegen auf das Alter freuen, weil sie mit den Jahren ganz automatisch immer glücklicher und zufriedener werden. «Das Glück ist ein U», stellte die Frankfurter Allgemeine Zeitung am 23.07.2013 unter Berufung auf eine umfangreiche Studie der London School of Economics fest. Befragt wurden 23 000 Menschen aus mehr als 50 Nationen. Das Ergebnis: Die meisten von ihnen waren mit ungefähr 20 am glücklichsten. Danach sank die Zufriedenheit kontinuierlich bis etwa zum 50. Lebensjahr – um dann völlig überraschend wieder anzusteigen. Zu den wesentlichen Ursachen hierfür zählt sicherlich, dass sich in der «Rushhour des Lebens» zwischen 30 und Mitte 40 alles um Leistung dreht. Außerdem ist sie von der Notwendigkeit geprägt, berufliche und private Herausforderungen in Einklang zu bringen. Für mehr Zufriedenheit im Alter machen Forscher dementsprechend vor allem altersbedingte Gelassenheit und die Korrektur überzogener Erwartungen verantwortlich.

Eine öffentliche Debatte, die von Negativvokabeln beherrscht wird, halte ich deshalb für verheerend, denn sie flüstert uns ein, das Alter sei notwendigerweise eine Zeit des Rückzugs, der schwindenden Möglichkeiten, wenn nicht gar des Siechtums. Aus der Psychologie wissen wir, dass unsere Erwartungen und Gedanken unser Handeln entscheidend mitbestimmen. Wem wiederholt suggeriert wird, dass er alt, nutzlos und hilflos ist, verhält sich mit hoher Wahrscheinlichkeit auch entsprechend. Legendär ist in diesem Zusammenhang ein Experiment der Harvard-Psychologin Ellen J. Langer aus dem Jahr 1979, bei dem sie die Hälfte der Bewohner eines Altenheimes mit Hilfe des entsprechenden Mobiliars und Radio- und Fernsehsendungen aus der Zeit in das Jahr 1959 zurückversetzte und ihnen gleichzeitig mehr Eigenverantwortung für ihren Alltag übertrug. Nach nur einer Woche fühlten sich die Teilnehmer des Experiments nicht nur jünger und fitter, sondern sie waren auch nachweislich aktiver als die Vergleichsgruppe, für die sich nichts geändert hatte. Gedächtnisleistung, Gelenkigkeit, selbst das Hörvermögen hatte sich messbar verbessert. *Counterclockwise* heißt das Buch, in dem Langer ihren gleichnamigen Ansatz ausführlich erläutert, auf Deutsch *Die Uhr zurückdrehen* (Langer 2011). In Kapitel 3 – Das gefühlte Alter wird dieses Experiment im Abschnitt «‹Schon alt› oder ‹noch jung›?» noch einmal ausführlich behandelt. An dieser Stelle bleibt festzuhalten: Was wir tun und können, hängt entscheidend davon ab, was wir uns zutrauen. Möglicherweise ist manch 75-Jähriger nur deshalb auf den Rollator angewiesen, weil ihm seine Umgebung vermittelt, in seinem Alter sei das zwar bedauerlich, aber «normal» – anstatt ihn zu ermutigen, nachlassende Kraft und Koordination durch regelmäßige Bewegung oder mit dem Gang ins nächste Fitnessstudio zurückzugewinnen. Keinesfalls ein Ding der Unmöglichkeit, wie folgende Anekdote eindrucksvoll unterstreicht: Ein Freund, Gründer einer Agentur für Personalentwicklung und Sponsoring im Leistungssport, erzählte mir von einem Foto, das ihm sein Physiotherapeut gezeigt hatte. Darauf zu sehen: eine 78-jährige Frau, die in den Niederlanden in ein Altersheim eingewiesen worden war. Aufgrund ihrer Osteoporose hatten ihr die Ärzte ein Korsett verordnet, um die Knochen zu stützen. Ihr Neffe, ebenfalls Physiotherapeut, schätzte dies bei einem Besuch als vollkommen falsche Herangehensweise ein, da die Knochen sich durch die nun fehlende Belastung (zusätzlich) abbauen würden. Er zeigte seiner Tante stattdessen Übungen, die sie täglich ausführte. Nach einigen Wochen wurde sie wieder aus dem Altersheim entlassen. Auf besagtem Bild sieht man die 78-Jährige übrigens routiniert eine 50-Kilo-Hantel über ihren Kopf stemmen!

Medizin und Sportwissenschaft bestätigen einhellig, dass maßvolles Training noch im hohen Alter erstaunliche Effekte haben kann – und zwar auch bei denjenigen, die Sport in den Jahrzehnten zuvor lediglich aus dem Fernsehen kannten. Nur haben heutzutage die meisten Menschen – und bei den 75-Jährigen sind es sicherlich die allermeisten! – beim Stichwort «Training» in aller Regel ambitionierte 20-, 30-, 40-Jährige im modischen Sportdress vor Augen und eben nicht den Senior oder die Seniorin mit grauen Haaren.

Doch zurück zu der Frage «Wann ist man alt?». Wie sieht es bei Ihnen selbst aus? Beginnt Ihr Alter mit 60 Jahren, mit 70 oder gar erst nach Ihrem 80. Geburtstag? Vielleicht befragen Sie sich kurz selbst, bevor Sie weiterlesen. Ein Blick in die Vergangenheit fördert Erstaunliches zutage. Pat Thane, Historikerin am Londoner King's College, resümiert in ihrem Buch *Das Alter. Eine Kulturgeschichte*: «Als ‹alt› galt man fast immer und überall, wenn die eigenen Fähigkeiten nicht mehr ausreichten, sich selbst zu versorgen, das Überleben zu sichern.» In Antike wie Moderne, in Europa wie jenseits des Atlantiks herrschte bemerkenswerte Einigkeit darüber, dass man «frühestens zwischen dem 60. und dem 70. Lebensjahr» alt ist (Thane 2005, S. 17). Alter wird also schon lange eher an individuelle Befindlichkeiten und Möglichkeiten geknüpft als an ein Geburtsdatum. Alltagsbeobachtungen stärken diese Auffassung. Ein 30-jähriger Alkoholiker, der seit Jahren auf der Straße lebt, wird an Körper und Geist wahrscheinlich älter sein als ein 70-Jähriger mit festem Dach über dem Kopf, der sich gesund ernährt und ausreichend bewegt. Wenn Ihnen dieser Vergleich zu krass ist, dann schauen Sie sich doch einfach einmal Fotos Ihres letzten Klassentreffens an. Wer bei einem 30- oder 40-jährigen Jahrgangstreffen seine ehemaligen Mitschülerinnen und -schüler wiedergesehen hat, stellt fest, dass Menschen, die früher «gleichaltrig» waren und aussahen, sich mit der Zeit auffällig auseinanderentwickelt haben. Es gibt die erstaunlich jung Gebliebenen, die durchschnittlich Gealterten und diejenigen, die «ganz schön alt aussehen».

Keine Frage: Wir altern sehr unterschiedlich. Doch laut der sogenannten Dänischen Zwillingsstudie (sie versammelt die Lebens- und medizinischen Daten von 75 000 Zwillingen aus einer Zeitspanne von 130 Jahren – 1870 bis 2000) bestimmen die Gene – innerhalb gewisser biologischer Grenzen – nur etwa zehn Prozent der durchschnittlichen Lebenszeit eines Menschen. Für die restlichen 90 Prozent zeichnen wir selbst durch unseren Lebensstil verantwortlich. Auch wenn andere Studien zu dem Schluss kommen, dass statt zehn etwa 30 Prozent des Alterungsprozesses auf das Konto unserer Gene gehen (mehr dazu im nächsten Kapitel), lässt sich generell sagen: Der weit größere Anteil ist unter Einstellung und Lebensführung zu verbuchen. Die nackten Zahlen hingegen verraten nur wenig über unser Alter.

Insofern ist es nicht sonderlich überraschend, was eine repräsentative Umfrage des Instituts für Demoskopie Allensbach im Jahr 2012 zum Thema «Altersbilder der Gesellschaft» zutage förderte. Auf die Frage «Wann ist jemand für Sie alt?» werde heute immer seltener eine konkrete Zahl genannt: «Vielmehr wird der Begriff ‹Alter› zunehmend als Beschreibung nachlassender Vitalität am Lebensende verstanden.» Jemand gilt demzufolge für rund ein Drittel als «alt», wenn «Beeinträchtigungen auftreten», für ein weiteres Drittel, wenn er oder sie «auf Betreuung bzw. Pflege angewiesen» ist, und nur für das letzte Drittel, wenn «ein bestimmtes Lebensalter erreicht» ist. Im Verständnis vieler Menschen wäre jemand, der bis ins hohe Alter selbstständig und agil bleibt und dann krankheitsbedingt binnen weniger Wochen stirbt, nur während dieser letzten Krankheitswochen wirklich «alt». Entsprechend wollten 43 Prozent der Interviewten sich bei der Frage danach, wann «das Alter» denn beginne, auch auf ausdrückliche Nachfrage nicht auf eine bestimmte Zahl festlegen. Bei denjenigen, die sich zu einer Zahl durchrangen, verschob sich die angegebene Altersgrenze mit dem eigenen Lebensalter erwartungsgemäß nach hinten: Für Befragte zwischen 16 und 29 ist jemand im Schnitt mit 61 Jahren alt, für Befragte über 60 hingegen erst mit 76 Jahren (Institut für Demoskopie Allensbach 2012, S. 6 ff.).

Lebensweisheiten und flotte Sprüche wie «60 ist das neue 50» oder «75 ist das neue 60» spiegeln dieses Verständnis ebenso wie der Kommentar eines jungen Hörers in einer Radiosendung zum Tode von Helmut Schmidt im November 2015. Der Altbundeskanzler sei mit 96 Jahren «jünger gewesen als drei 32-Jährige»! Aus dieser Warte ist eine gewisse Gebrechlichkeit allein noch kein Kriterium fürs Altsein, solange jemand im Geiste jung geblieben ist und es versteht, seine Lebenserfahrung in Weitsicht und Souveränität zu übersetzen und dabei ohne kleinliche Besserwisserei auszukommen. Wer Friedrich Nowottny (Jahrgang 1929), Peter Scholl-Latour (Jahrgang 1924) oder Margarete Mitscherlich (Jahrgang 1917) um ihr neunzigstes Lebensjahr herum in Interviews und Fernsehsendungen erlebte, wird dies nur bestätigen können. Genauso wie jeder, der Großeltern hatte, die sich aufrichtig für die Kindheitssorgen interessierten, Geschichten vorlasen, geduldig das Schachspielen erklärten oder bei den Hausaufgaben halfen. Und so fühlen sich tatsächlich immer weniger Menschen in der zweiten Lebenshälfte alt, ganz einfach, weil ihr Aktionsradius sich gegenüber dem früherer Generationen vergrößert hat, weil der medizinische Fortschritt viele ihrer Beschwerden lindert und weil die ersten echten Gebrechen erst sehr spät einsetzen, mit etwas Glück weit jenseits der 80.

LEBENSPHASEN UND LEBENSVERLÄUFE FRÜHER UND HEUTE

Bis ins 19. Jahrhundert hinein betrug die mittlere Lebenserwartung in Europa nur 40 bis 45 Jahre. Inzwischen hat sich die durchschnittliche Lebensspanne hierzulande fast verdoppelt, auf knapp 78 Jahre bei Männern und knapp 83 Jahre bei Frauen. Die schockierend niedrige Zahl vergangener Zeiten wird allerdings durch die seinerzeit sehr hohe Säuglingssterblichkeit verzerrt. «Wer zu vorindustrieller Zeit die ersten Lebensjahre überstand und das Erwachsenenalter erreichte, hatte durchaus gute Chancen, 60 Jahre oder älter zu werden», resümiert Pat Thane (2005, S. 9). Seit dem 16. Jahrhundert gab es daher in Europa bildliche Darstellungen des Älterwerdens, die den Lebensweg von der Geburt bis ins hohe Alter dokumentierten. Im 19. Jahrhundert wurden diese sogenannten Lebenstreppen in großen Auflagen gedruckt, sie hingen in zahlreichen Wohnstuben und Werkstätten und prägten das Bild der Menschen vom Alter entscheidend mit. Was auf ihnen zu sehen ist? Wie das Stichwort «Treppe» vermuten lässt, geht es erst einmal aufwärts, meist in Zehnerschritten: *«Zehn Jahr ein Kind / Zwanzig Jahr ein Jüngling / Dreißig Jahr ein Mann / Vierzig Jahr wohlgetan / Fünfzig Jahr stille stahn»*, heißt es erläuternd zu einer dieser Abbildungen, auf der die Stufen nacheinander vom Schulkind, Soldaten / Studenten, Verehrer, Bräutigam und gesetzten Herrn besetzt sind. Von da an geht es dann wieder stetig abwärts: *«Sechzig Jahr geht's Alter an / Siebzig Jahr Greis / Achtzig Jahr weiß / Neunzig Jahr Kinderspott / Hundert Jahr Gnade von Gott»*.

Während der 60-Jährige noch weise in die Ferne blickt, wird der Rücken anschließend immer krummer, bis der Stock durch Krücken ersetzt wird. Am Ende steht schließlich der hilflose Alte, das Schreckgespenst des Alters bis in unsere Tage (vgl. Lucke et al. 2009, S. 136). Im kollektiven Gedächtnis wurde das Alter so als Phase des Abstiegs und des Verlusts verankert, und zwar sowohl im Leben der Männer als auch in dem der Frauen. Die weibliche Lebenstreppe orientierte sich entsprechend der gesellschaftlichen Rolle an Familienpflichten (Heirat, Kindererziehung, Betreuung der Enkel), mündete aber ebenfalls unweigerlich in Siechtum und Hilflosigkeit. Unter solchen Vorzeichen ist das Erreichen eines hohen Alters vielleicht wirklich nur bedingt erstrebenswert. Dass hinter dieser Abwertung des Alters aber auch handfeste wirtschaftliche Absichten steckten, nämlich der Appell an die ältere Generation, den Nachfolgenden beizeiten Vermögen und Wirtschaft zu überlassen, wurde dabei nicht offen thematisiert (vgl. Ehmer 2008, S. 52). Und auch in unserer Zeit ist vielen Jüngeren der Wunsch nicht fremd, «die Alten» sollten sich in ihre Rolle fügen und sich beizeiten aufs «Altenteil zurückziehen».

Offenbar haben unsere Vorstellungen vom Alter noch einiges gemeinsam mit den Lebenstreppen des Biedermeiers – etwa jene, was sich in welcher Lebensphase «gehört» und was nicht. So verbannen diese Bilder das Turteln in die Jugend und legen nahe, dass das mittlere Lebensalter in erster Linie dem Tätigsein gewidmet ist, während das letzte Lebensdrittel allein dem Ruhestand im Schaukelstuhl oder Fernsehsessel gehört.

Verliebte «Greise», die sich der Lächerlichkeit preisgeben, malten schon Lucas Cranach der Ältere wie auch sein Sohn Lucas Cranach der Jüngere im 15./16. Jahrhundert (z. B. «Der alte Narr», «Die verliebte Alte»). Im 20. Jahrhundert beschrieb dann Bertolt Brecht in seiner Erzählung «Die unwürdige Greisin» (1939), wie die Kinder einer vitalen 72-Jährigen sich darüber empören, dass die Mutter nach einem langen arbeitsreichen Leben endlich ihre Unabhängigkeit genießt. Ihr vermeintlich «unwürdiges» Verhalten besteht vor allem darin, dass sie das große Haus nicht für einen ihrer Söhne und dessen Familie räumt, obwohl diese in recht bescheidenen Verhältnissen lebt, und jeden zweiten Tag im Restaurant isst, statt ihr Geld für die Erben zu sparen. Und auch als man vor gut zwei Jahrzehnten die «Älteren» mit Mitte 50 scharenweise in den Vorruhestand schickte, um «Platz zu machen für die Jungen», fragte kaum jemand laut und öffentlichkeitswirksam nach, ob man in diesem Alter nicht doch mehr leisten kann als Rasen mähen, Kreuzworträtsel lösen und ZDF gucken.

Dabei kann man es gar nicht deutlich genug sagen: Altersstufen und -phasen sind willkürliche Setzungen, die der tatsächlichen Verschiedenartigkeit von Persönlichkeiten, Kompetenzen und Lebensbedingungen nicht ansatzweise gerecht werden. Das gilt für die ersten Lebensjahre, wo noch nicht jeder mit sechs «reif» für die Schule ist, während mancher sich schon mit vier im Kindergarten langweilt. Und auch die merkwürdig widersprüchlichen Bestimmungen im deutschen Recht unterstreichen dies auf anschauliche Weise. So ist man mit Vollendung des 14. Lebensjahres zwar straf- und religionsmündig, darf Filmveranstaltungen aber nur bis 22 Uhr besuchen. Mit 16 wird man dann erst zwei Stunden später, um Mitternacht, aus Gaststätten und Kinos verbannt, kann aber den Segelflugschein machen und unter Auflagen heiraten. Da kann man sich schon mal die Frage stellen: Werden verheiratete Sechzehnjährige auch um 24 Uhr nach Hause geschickt? Noch offensichtlicher wird es bei der Bekleidung öffentlicher Ämter: Bürgermeister kann man in Bayern nämlich bereits mit 21, in Nordrhein-Westfalen mit 23 und in Baden-Württemberg erst mit 25 Jahren werden. Heißt das etwa, in Baden-Württemberg leben mehr Spätentwickler? Genauso lange, nämlich bis 25, können Eltern unter bestimmten Bedingungen wiederum Kindergeld für ihr Kind beziehen.

All dies deutet darauf hin, dass es im jungen Alter eine ganze Fülle von Lebenssituationen und Persönlichkeitsformen gibt. Dessen ungeachtet wird das Alter gern über einen Kamm geschoren, als seien «die Alten» eine uniforme Masse in Grau und Beige. So beträgt das Höchstalter für die Wahl zum Bürgermeister oder Landrat in Hessen 67 Jahre, Schöffe und Notar darf man bundesweit nur bis 70 sein. Konrad Adenauer, der 1949 mit 73 Jahren erstmals zum Bundeskanzler gewählt und noch zwei weitere Male (1957 und 1961) in diesem Amt bestätigt wurde, hätte also keine Chance gehabt, Schöffe an einem Amtsgericht in der deutschen Provinz zu werden.

Es ist wohl vor allem dem demographischen Wandel und dem in manchen Arbeitsfeldern herrschenden Fachkräftemangel zu verdanken, dass man heute, wenn auch zögerlich, beginnt, über einen flexiblen Renteneintritt und variable Arbeitszeitmodelle nachzudenken, die der tatsächlichen Bandbreite des Alterns angemessen sind. (Mehr dazu in Kapitel 4 – Das soziale Alter.)

Wie könnte ein plausibles Gegenmodell zur Lebenstreppe in unseren Köpfen aussehen? Für Erik Erikson, einen angesehenen Psychologen, der unter anderem in Berkeley und Harvard lehrte, ist das Leben keine Treppe, die nach Erreichen des Plateaus in der Lebensmitte wieder nach unten führt. Erikson geht vielmehr von einer stetigen Entwicklung aus, einem Weg des Lebens, auf dem in jeder Phase Höhen und Tiefen zu meistern sind. Eriksons «Lebenswanderung» verläuft in acht Etappen vom Säuglingsalter bis zum Alter, das für ihn in Anlehnung an das klassische Rentenalter mit 65 beginnt. Jede dieser Entwicklungsphasen ist durch typische Herausforderungen und Krisen gekennzeichnet: So muss das Kleinkind lernen, sich von der Mutter zu lösen und ein autonomes Ich zu entwickeln, während das Schulkind etwas leisten möchte und Selbstbewusstsein entwickelt, wenn es sich als erfolgreich erlebt und Versagensängste überwindet. Die Herausforderungen des Alters bestehen nach Erikson vor allem darin, das bisherige Leben mit all seinen positiven und weniger positiven Bestandteilen zu akzeptieren sowie ein übergeordnetes Interesse an Mensch und Gesellschaft auszubilden. Gemeint ist damit der Blick über den familiären Tellerrand hinaus und der Wunsch, erworbenes Wissen weiterzugeben. Werden diese Anforderungen positiv bewältigt, erwachsen daraus Weisheit und Integrität. Scheitert der alternde Mensch und hadert mit seinem Leben, drohen Verzweiflung und Lebensekel. Wem es allerdings gelingt, mit dem Alter persönlich zu reifen, ist anschließend umso mehr in der Lage, sich auf andere einzulassen und empathisch auf sie zu reagieren – dafür liefert auch die Hirnphysiologie Indizien (vgl. Korte 2014, S. 190 ff.). Eriksons Botschaft ist klar: In jeder Phase kann sich ein Mensch entwickeln, neu positionieren und seine Persönlichkeit um neue Facetten bereichern.[1] Mit 80 Jahren ein Unternehmen zu leiten mag nur wenigen möglich sein. Doch 80-Jährige haben das Potenzial, einen Beitrag zu leisten und anderes zu geben als 30-Jährige (siehe Kapitel 2 – Das biologische Alter).

Das Leben ist gerecht! Es nimmt uns stetig bestimmte Möglichkeiten, unbestritten, aber es gibt uns auch laufend neue: Schon ab dem dritten Lebensjahr können wir keine echte Zweisprachigkeit mehr entwickeln, schon mit 25 schlägt uns jeder 5-Jährige beim Memoryspielen und mit 40 können wir nicht mehr das Wochenende durchtanzen und montags fit zur Arbeit gehen. Dafür können wir mit 60 die Lebenserfahrung verbuchen, die uns in komplexen Situationen erfolgreicher entscheiden lässt als mit 20, und mit 70 vielleicht so viel Abstand zu uns selbst entwickeln, dass wir anderen to-

---

[1] Einen guten Überblick über Erikson gibt Stangl (o. J.), siehe http://arbeitsblaetter.stangl-taller.at/PSYCHOLOGIEENTWICKLUNG/EntwicklungErikson.shtml. (Zugriff am 20.10.2015)

leranter, empathischer und großzügiger begegnen als jeder 40-Jährige.

Aus dem Leben gegriffen
15. Januar 2009: Die Bilder gingen um die Welt. Wenige Tage vor seinem 58. Geburtstag gelang es Chesley B. Sullenberger, einen Airbus 320 notzulanden – mitten in New York City auf dem Hudson River. Die Passagiere harrten nach der Evakuierung des Flugzeugs im Fluss oder auf den Tragflächen aus, bis sie von herbeieilenden Schiffen gerettet wurden. Erforderlich wurde die spektakuläre Notwasserung durch Vogelschlag und Schubausfall auf beiden Triebwerken kurz nach dem Start im New Yorker Flughafen LaGuardia. Alle 150 Passagiere und fünf Besatzungsmitglieder überlebten. Ob einem 30-jährigen Piloten mit weniger Flugerfahrung dieses Kunststück auch gelungen wäre, ist zweifelhaft.

Jugend ist nicht immer ein Vorteil, Alter nicht immer ein Nachteil. Bergsteiger nähmen nur ungern Kletterer unter 25 auf schwierige Bergtouren mit, berichtete einmal Paul Baltes, inzwischen verstorbener Nestor der Altersforschung in Deutschland. Ihre Risikobereitschaft sei zu hoch und könne die gesamte Gruppe in Gefahr bringen (Baltes 2010, S. 234/Nachdruck von 2004). Bevor Missverständnisse aufkommen: Es geht hier nicht darum, die Generationen gegeneinander auszuspielen, sondern darum, ein einseitig negatives und damit den Einzelnen einengendes Altersbild wieder geradezurücken.

Interessant ist auch die Frage, wie viele Phasen ein Leben überhaupt hat. Erikson postulierte wie erwähnt acht: Säuglingsalter, Kleinkindalter, Spielalter, Schulalter, Adoleszenz, frühes Erwachsenenalter (Zeitraum, in dem man einen Partner bzw. eine Partnerin findet), Erwachsenenalter und Alter. In den 1960er Jahren brachte er damit das Leben jenseits der 65 unter einen einzigen großen Hut. Heutige Wissenschaftler sehen das weitaus differenzierter. Das hängt sowohl mit der gestiegenen Lebenserwartung als auch mit der größeren Fitness der «Seniorinnen und Senioren» zusammen. Innerhalb von 100 Jahren hat sich die Lebenserwartung in Westeuropa von gut 40 auf rund 80 Jahre nahezu verdoppelt. Für Deutschland verzeichnete das Statistische Bundesamt Anfang 2015 eine mittlere Lebenserwartung von 82 Jahren und 10 Monaten für Frauen, bei den Männern waren es 77 Jahre und 9 Monate (Pressemitteilung Nr. 143 vom 22.04.2015). Dabei werden immer mehr Menschen weit älter als 80 Jahre. Darüber hinaus habe sich die Sterblichkeit der über 80-Jährigen seit den 1960er Jahren in vielen Ländern mehr als halbiert, meldeten Rostocker Demographie-Forscher Anfang 2013.[2] Allein die Zahl der 100-Jährigen hat sich in Deutschland in den Jahren 2000 bis 2010 mehr als verdoppelt, und zwar von knapp 6000 auf über 13 000, so die *Zweite Heidelberger Hundertjährigen-Studie* im Auftrag der Robert Bosch Stiftung 2013. Viel spricht dafür, dass sich diese Entwicklung auch in Zukunft fortsetzen wird.

Es gibt also immer mehr Menschen, die erfreulich lange leben. Zudem stellt sich das Leben mit 85 für die meisten anders dar als mit 65. Die gute Nachricht ist: Sehr viele von uns bekommen im Vergleich zu unseren Großeltern zwei überwiegend gesunde Lebensjahrzehnte zusätzlich. Viele Wissenschaftle-

---

2 Siehe Die Welt vom 21.01.2013: *Zahl der 100-Jährigen in Deutschland steigt rasant.*

rinnen und Wissenschaftler sprechen daher inzwischen vom «dritten Lebensalter» (bis um die 80 Jahre) und vom «vierten Lebensalter» (ab etwa 80 Jahren), dementsprechend auch von «jungen Alten» und «alten Alten». 20 Jahre mehr Leben! Stellen Sie sich bitte für einen kurzen Moment vor, was Sie in dieser Zeit noch alles tun, erleben, anstoßen können. Was hat sich in den letzten 20 Jahren für Sie getan? Was könnte sich also in den nächsten 20 Jahren nicht alles tun? Vorausgesetzt natürlich, Ihre Planung für die zweite Lebenshälfte endet nicht bei einem diffusen «Wenn ich erst mal in Rente bin, will ich endlich gar nichts machen». Dass die meisten von uns mehr Leben geschenkt bekommen, ist leider erst in wenigen Köpfen angekommen. Viele von uns stecken noch in den Denkmustern unserer Großeltern fest, denen nach vielen Jahren oft körperlich harter Arbeit nur ein paar Jahre blieben, die sich prima mit Ausruhen auf der Gartenbank füllen ließen. Und so stolpern wir buchstäblich planlos in einen sehr viel längeren Lebensabschnitt.

Aus dem Leben gegriffen
In der US-Komödie *Man lernt nie aus* (Originaltitel: *The Intern*, 2015) spielt Robert de Niro einen 70-Jährigen, der nach über 40 Jahren als Vertriebsleiter bei einer Telefonbuchfirma in den Ruhestand geht. Nach wenigen Wochen langweilt der Witwer sich allerdings schrecklich. Daran ändern auch die Reisen nichts, die er nun endlich unternimmt. Denn wenn die Wohnungstür nach der Rückkehr wieder hinter ihm ins Schloss fällt, kehrt schlagartig auch die Langeweile zurück. Schließlich beginnt er ein Seniorenpraktikum in einem Internet-Start-up, wo seine Lebenserfahrung nach einigen Tagen des Fremdelns plötzlich gefragt ist.

Unterhaltungskino, zugegeben. Doch wie wäre es bei Ihnen, sobald Sie die Abschiedsfeier anlässlich Ihres Rentenstarts im Unternehmen hinter sich haben? Wie sieht Ihr Plan aus? Wer mit 50 erste Überlegungen anstellt, wie sein Wunschleben mit 80 aussehen könnte, ist eindeutig im Vorteil.

Das sogenannte vierte Lebensalter beginnt für Soziologen und Altersforscher wie Paul Baltes mit etwa 80 Jahren. Formaler Anhaltspunkt ist, dass zu diesem Zeitpunkt etwa die Hälfte der Menschen der eigenen Alterskohorte gestorben ist. Ab 80, spätestens ab 85 spricht man von «Hochaltrigkeit». Verlängert sich die Lebenserwartung weiter, wovon auszugehen ist, werden wir in nicht allzu ferner Zukunft vielleicht erst 90- oder 100-Jährige als hochaltrig ansehen.

Für den niederländischen Mediziner Rudi Westendorp kommt es darauf an, im dritten Lebensalter ein möglichst beschwerdefreies Leben zu ermöglichen, während das vierte Lebensalter, das häufig von Gebrechlichkeit begleitet wird, davon geprägt ist, die persönliche Handlungsfähigkeit so gut es geht aufrechtzuerhalten (Westendorp 2015, S. 214 ff.). Viele Leserinnen und Leser nehmen solche Botschaften vielleicht mit gemischten Gefühlen auf. Kein Wunder, wir haben ja auch eine jahrelange mediale «Gehirnwäsche» hinter uns, die uns bei «85» an Schnabeltasse und Rollator, wenn nicht gar ans Pflegeheim denken lässt, statt uns die Möglichkeiten aufzuzeigen, wie sich genau dies verhindern lässt. Dass das geht und selbst die jüngsten starren Phasenmodelle des Lebens mit Vorsicht zu genießen sind, zeigen die Beispiele im nächsten Abschnitt.

JUNGE ALTE & ALTE JUNGE

Früher waren die Fronten klarer – zwischen Kindern und Erwachsenen, frechen Halbstarken und konservativen Älteren. Heute fordern über 90-Jährige zum zivilen Ungehorsam auf (Stéphane Hessel: *Empört Euch!*, 2010), erklären 77-Jährige CDU-Politiker ihren Beitritt zur globalisierungskritischen Nichtregierungsorganisation Attac (der mittlerweile 86-jährige Heiner Geißler, Mitglied seit 2007), heiraten Punkladys mit über 50 einen 25 Jahre Jüngeren (Modeschöpferin Vivienne Westwood, und ja, die beiden sind immer noch verheiratet). Mancher karriereorientierte Student sieht aus, als sei er schon mit Krawatte auf die Welt gekommen, und Pubertierende von heute müssen sich wirklich anstrengen, um ihre Eltern noch zu schocken, so sehr haben sich Kleidung und Musikgeschmack angeglichen. Nicht wenige Seniorinnen tragen die gleichen Jeans und Sneakers wie ihre Enkelinnen, und das, obwohl die Ära der schwarz gekleideten Witwen und der Kittelschürze als Uniform für den Alltag erst wenige Jahrzehnte her ist. Die Unternehmerszene wird von knorrigen 60-Jährigen ebenso bevölkert wie von ihren Enkeln, Start-up-Gründern im Kapuzenpulli. Und umgekehrt ist selbst die Start-up-Szene vor den Älteren nicht mehr sicher. Ben Lipps, Ex-Vorstand von Fresenius Medical Care, hat es nach seinem Ausscheiden als CEO nicht auf den Golfplatz verschlagen, sondern nach Berlin, wo er die Magforce AG gründete, ein Unternehmen, das den Krebs durch eine nanotechnologisch basierte Therapie besiegen will. Man muss kein Hellseher sein, um zu ahnen: Lipps ist lediglich Vorreiter eines Trends, der in der Mitte der Gesellschaft angekommen ist. Schon heute geht jede zehnte Unternehmensgründung auf das Konto von «Silver Workern» über 55, von denen etliche sich im Vorfeld auf Plattformen wie zum Beispiel www.gruender50plus.de Rat holen.

Man mag das alles als verwirrend empfinden – oder als ein nie dagewesenes Meer an Möglichkeiten, dass das Alter im traditionellen Verständnis einfach fortspült. Zusätzlich stellt eine Vielzahl von Menschen das klassische Altersbild in Frage, wenn sie mit 70, 80, 90 oder 100 noch Erstaunliches, fast Unglaubliches leisten. Mit sportlichen Altersrekorden könnte man ganze Seiten füllen. Es gibt ...

- Springreiter, die mit 72 noch Preise abräumen *(Hugo Simon, geb. 1942)*,
- Wettkampfturnerinnen, die mit 89 Rad schlagen und Kopf stehen *(Johanna Quaas, geb. 1925)*,
- Radsportler, die mit 100 einen Stundenweltrekord in ihrer Altersklasse aufstellen und diesen mit 102 noch einmal von 24,25 km auf 26,95 km in einer Stunde verbessern (!) *(Robert Marchand, geb. 1911)*,
- Marathonläuferinnen und -läufer jenseits der 90 wie die US-Amerikanerin Harriette Thompson, die mit 92 Jahren und 65 Tagen älteste Frau der Welt auf dieser Strecke. Nach einer überstandenen Krebserkrankung verbesserte sie 2015 in San Diego den bis dahin bestehenden Rekord für ihre Altersklasse mit einer Zeit von 7 Stunden, 7 Minuten und 42 Sekunden um mehr als anderthalb Stunden. Fauja Singh seinerseits, der in einer Adidas-Kampagne von 2004 neben David Beckham und Muhammad Ali zu sehen ist, konnte nicht nur den Altersrekord für einen Marathon als erster Hundertjähriger aufstellen. Er hat auch schon innerhalb von nur 94 Minuten fünf britische Bestmarken in seiner Altersklasse über die Distanzen von 200, 400,

800 und 3000 Metern sowie einer Meile aufgestellt. Bei anderer Gelegenheit lief er gar acht Weltrekorde an nur einem Tag, und zwar über 100, 200, 400, 800, 1500, 3000 und 5000 Meter sowie eine Meile.

Der Fairness halber muss man einräumen, dass die fitten Seniorinnen und Senioren das Glück haben, sich nicht aufgrund schwererer Krankheiten schonen zu müssen oder gar ans Bett gefesselt zu sein. Wer unter einem schweren Herzfehler leidet, wird ebenso wenig Marathon laufen können wie ein Lungenkranker – wobei es zahlreiche Beispiele für den sportlichen Ehrgeiz und Erfolg solcher Menschen gibt. Viele Menschen unterschätzen einfach ihre Möglichkeiten. Oft genug ist es also die Motivation, an der es hapert, nicht die grundsätzliche Fähigkeit. Auch ein 40-Jähriger, der ambitioniert trainieren will, ist schließlich auf eine stabile Gesundheit angewiesen.

Wenn ich Vorträge halte und ein positiveres Altersbild propagiere, werden mir aus dem Publikum häufig beeindruckende Alltagsbeispiele zugetragen: «Anbei erhalten Sie wie besprochen den Wochenplan meines Vaters H.R., Jahrgang 1928, der zeigt, wie physische, emotionale und mentale Fitness bis ins hohe Alter erhalten werden kann», mailte mir beispielsweise neulich ein Zuhörer. Herr R. war bis 1991 Realschullehrer und sein Leben lang sportlich aktiv. Noch heute, wo er auf die 90 zugeht, betreibt er täglich Sport: Sein Tag beginnt mit Gymnastik, zwei Mal wöchentlich trainiert er im Fitnessstudio, am Wochenende stehen Nordic Walking und Fahrradtouren auf dem Programm. In seiner Jugend war er Vorsitzender des lokalen Sportvereins, heute ist er Übungsleiter zweier Seniorensportgruppen und bildet sich dafür bei Kongressen fort. Geistig aktiv hält er sich als Lesepate an einer

Grundschule, mit Scrabblespielen, beim Lösen anspruchsvoller Rätsel sowie am PC und Smartphone. Außerdem kocht er einmal pro Woche, und zwar jedes Mal ein neues Gericht. Herr R. unternimmt mit seiner Frau Studienreisen, Städtetouren, aber auch einwöchige Radtouren mit bis zu 50 Kilometer täglich. Für Entspannung sorgen der wöchentliche Besuch im Thermalbad und das Saunieren in einer Männerrunde. Kein Wunder, dass der betagte Herr einen Stundenplan braucht, um seine vielfältigen Aktivitäten im Blick zu behalten!

Sie finden, das sei ziemlich viel Aufwand für ein Leben in guter Verfassung jenseits der 80? Dann habe ich eine schlechte Nachricht für Sie: Den Jungbrunnen, von dem die Menschen schon seit Jahrhunderten träumen, das Gewässer also, in das wir nur einmal kurz eintauchen müssen, um mühelos vom Greis zum Jüngling, von der alten Frau zur jungen Schönheit zu mutieren, diesen Brunnen hat noch niemand gefunden. Fit bleibt, wer etwas dafür tut. Andererseits: Wie viele Stunden haben Sie schreiben, rechnen, lesen geübt, Formeln gebüffelt und Ausbildungen absolviert, um irgendwann für das Berufsleben gewappnet zu sein? Wäre es da nicht zumindest eine Überlegung wert, beizeiten einen Bruchteil dieses Aufwandes zu betreiben, um im Alter fit und gesund zu sein?

Der fitte Herr R. hat intuitiv oder vielleicht auch wissentlich drei wesentliche Elemente für ein gesundes Altern in sein Leben eingebaut: regelmäßige Bewegung, soziale Kontakte und geistige Anregungen. Es ist längst kein Geheimnis mehr, dass auch der Alterungsprozess des Gehirns nicht zwingend mit einem unaufhaltsamen Abbau unserer grauen Zellen einhergeht. Das Gehirn kann trainiert werden wie ein Muskel und bis ins hohe Alter neue Nervenzellen bilden, wie Hirnforscher dank moderner bildgebender Verfahren nachgewiesen haben. Ben Godde, Professor für Neurowissenschaften, konstatiert: «Das Gehirn ist faul. Es macht nur so viel, wie es muss. Wenn man es wieder fordert, passt es seine Ressourcen an und steigert seine Leistungsfähigkeit.»[3] Hinzu kommt, dass regelmäßige Bewegung auch die geistige Beweglichkeit fördert, wie wir in Kapitel 2 – Das biologische Alter noch genauer sehen werden. Soziale Kontakte schließlich steigern die Lebensqualität und wirken auf diese Weise ebenfalls lebensverlängernd. Ein erstes Indiz dafür ist, dass es sich bei den Weltregionen, in denen sehr viele Menschen sehr alt werden, um überschaubare soziale Gemeinschaften handelt und nicht um den modernen, anonymen Großstadtdschungel. Von Okinawa und Co. werden Sie in Kapitel 4 – Das soziale Alter noch lesen.

Es scheint also ein Rezept dafür zu geben, wie man zwar immer älter, aber nicht alt im herkömmlichen Sinne wird: Man sollte sich den vorherrschenden Altersbildern, die in erster Linie Resignation und Einschränkung vorsehen, verweigern und schlicht weiter das tun, was einem Freude macht. Einige der Sportgreise widerlegen herkömmliche Altersklischees geradezu lustvoll, andere Hochbetagte denken einfach nicht darüber nach, ob sie «das denn noch dürfen», und wieder andere lassen sich von leisen Bedenken, ob sie sich denn wohl «altersgemäß» benehmen, genauso wenig stoppen wie Brechts unwürdige Greisin. Zu ihnen zählt Günther Krabbenhöft, mit 70 Jahren der «älteste Hipster Berlins», der elegant gestylt die Partyszene bereichert, vom sogenannten *Morning*

---

[3] Siehe Pressemitteilung der Jacobs University Bremen zur Ausstellung «Ey Alter» unter der Überschrift «Das Altern meistern», Oktober 2015, im Netz unter www.eyalter.com/presse/EYALTER_JacobsUni_FINAL.pdf.

Rave bis nach Mitternacht – allerdings nie später als bis 3 Uhr. Er erzählt über sich: «Ich habe wirklich diese unbändige Lust auf Musik. Manchmal denke ich, das ist nicht altersgemäß, aber sie ist nun mal mein Akku.» Wann er am glücklichsten gewesen sei? «Genau jetzt. Ich habe richtig Bock aufs Leben» (Spiegel Online vom 04.09.2015). Menschen wie Krabbenhöft probieren aus, was geht, und lassen sich nicht von jenen stoppen, die gleich «Unmöglich!» rufen. Und es gibt mehr von ihnen, als man im ersten Moment vielleicht denken würde. Wer erst einmal für das Phänomen erfolgreichen Alterns sensibilisiert wird, entdeckt in seiner Umgebung immer wieder Menschen, die ihr Leben im Alter genauso beherzt und zielstrebig leben wie in jüngeren Jahren.

Tätig sein, am Ball bleiben, sich einbringen – das alles hat eine Wirkung, die dem Bad im Jungbrunnen offenbar näher kommt als Botox und Lifting. Ob dies in einer regulären Anstellung geschieht, in der Selbständigkeit oder im ehrenamtlichen Engagement, ist dabei zweitrangig. Wichtiger ist, sich von einem veralteten Konzept des «Ruhestandes» zu lösen, in dem das Alter mit immerwährendem Urlaub und Ausruhen gleichgesetzt wird. «Ich habe für mein Leben genug getan!», dieses trotzige Statement, dem oft der Hinweis auf 35 oder 40 Jahre Arbeit folgt, ist tief in der Lebens- und Arbeitswelt der Nachkriegszeit verankert, in der viele sich nach Jahren der körperlichen Plackerei verständlicherweise danach sehnten, endlich einmal die Hände in den Schoß zu legen. Doch heute arbeiten die wenigsten von uns als Straßenarbeiter, Dachdecker oder Maurer, so gern Arbeitsministerin Andrea Nahles diese Gruppe auch für ihre Rentenkonzepte herbeizitiert. 2014 waren laut Statistischem Bundesamt nur 2 447 000 Personen im Baugewerbe beschäftigt sowie 8 684 000 in anderen Produktionsbereichen, im Dienstleistungsgewerbe arbeiteten hingegen mit 31 521 000 Personen fast 75 Prozent aller Erwerbstätigen in Deutschland.[4] Davon abgesehen haben wir mit Anfang 60 nicht mehr wenige Jahre, sondern mit etwas Glück mindestens ein Vierteljahrhundert Leben vor uns. 25 Jahre Urlaub auf Kosten der Solidargemeinschaft? Selbst für Milchmädchen ist offensichtlich, dass diese Rechnung nicht aufgehen kann! In Kapitel 4 – Das soziale Alter werden wir überdies sehen, dass es nicht nur für die Gesellschaft und ihre Sozialkassen ein Gewinn ist, wenn wir länger arbeiten, sondern vielfach auch für jeden Einzelnen. Arbeit bedeutet nämlich gleichzeitig gesellschaftliche Teilhabe, soziale Kontakte, kognitive Herausforderung, Tagesstruktur und für viele Menschen auch, etwas Sinnvolles zu tun. Ob das immer im alten Job und im alten Arbeitszeitmodell sein muss, steht auf einem ganz anderen Blatt.

Das Grundproblem bei all dem: Die althergebrachten Konzepte vom Alter greifen nicht mehr – und neue gibt es noch nicht. Es gibt nur wenige Rollenmodelle, die zum Vorbild taugen, denn wir altern anders und unter anderen Umständen als unsere Eltern oder gar Großeltern. Daher wird es höchste Zeit, eigene, positive Altersbilder zu entwickeln – herauszufinden, was geht, wie es geht, wie wir leben wollen und wie nicht. Und dann entsprechende Maßnahmen zu ergreifen. Denn das ist allemal besser, als den Kopf in den Sand zu stecken und sich von den immer gleichen Schreckensbildern der Vereinsamung, Rentenknappheit, nachlassenden Geisteskraft in Zaghaftigkeit und Resignation treiben zu lassen. Tatsache ist: Das Konzept der Solidargemeinschaft, in der die

---

4 Siehe www.destatis.de/DE/PresseService/Presse/Pressemitteilungen/2015/01/PD15_001_13321.html. (Zugriff am 11.05.2016)

Beschäftigten mit ihren Einzahlungen in die Rentenversicherung die aktuellen Renten erwirtschaften, ist ins Wanken geraten. Die wenigsten von uns werden sich ein jahrzehntelanges Rundum-sorglos-Rentnertum zwischen Kreuzfahrt, Golfplatz und Fernsehsessel leisten können. Tatsache ist aber auch: Das Leben hat mehr zu bieten als gepflegte Langeweile. Auch im Alter.

BLICK IN DIE ZUKUNFT: ALTER IM 22. JAHRHUNDERT? ABGESCHAFFT!

Nehmen wir uns einen Moment die Freiheit, ein wenig «herumzuspinnen». Wie könnte die Welt in genau 100 Jahren aussehen? Natürlich kann auch ich nicht in die Zukunft blicken, aber einige der nun skizzierten Entwicklungen deuten sich schon heute an.

Wir schreiben Mittwoch, den 25. November 2116, 7:30 Uhr. Eine sanfte Computerstimme weckt M. mit einem aufmunternden «Zeit aufzustehen, M.! Möchtest du Musik hören?». Per Sprachbefehl wünscht M. sich chinesische Klassik. Zeitgleich beginnt der Hausroboter in der Küche mit den Frühstücksvorbereitungen. M. ist Historiker an der Europa-Universität Brüssel, einer der drei Elite-Universitäten der Vereinigten Staaten von Europa (USE). Den Androiden hat er in Anlehnung an einen uralten Science-Fiction-Film R2-D2 genannt. Vor drei Wochen hat M. seinen 105. Geburtstag mit einer Mondparty gefeiert. Heute wird er um 9 Uhr im Institut eine von ihm geleitete Konferenz zum Thema «Dystopien des 21. Jahrhunderts» eröffnen.

Unvorstellbar, dass man zur Zeit seiner Geburt Anfang November 2011 im damals noch unabhängigen deutschen Regionalstaat über eine drohende Überalterung der Gesellschaft diskutierte. Dabei wurden die meisten Menschen zu dieser Zeit kaum älter als 80 Jahre! Doch da man seinerzeit nicht einmal über primitive Nanomedizin zum regelmäßigen Körper-Update auf Zellebene verfügte, litten viele von ihnen an sogenannten Zivilisationskrankheiten und verbrachten ihren Alltag spätestens ab dem 85. Geburtstag weitgehend untätig. Krebs wurde umständlich und für die Patienten strapaziös mit chirurgischen Eingriffen und Strahlentherapie bekämpft. Außerdem wurden viele Krankheiten erst viel zu spät erkannt, bevor man ein regelmäßiges Blut- und Urin-Monitoring einführte. Heute melden Hightech-Toiletten ungewöhnliche Werte automatisch, und regelmäßige Blutanalysen sind so normal wie Zähneputzen, seitdem winzige Mengen dem Blutscanner ausreichen, der sich in jedem Haushalt befindet. Die angeschlossene medizinische Software liefert eine umfassende Auswertung, empfiehlt das Aufsuchen eines Arztes oder meldet eventuelle Ernährungshinweise direkt an elektronische Assistenten wie R2-D2, die das beim Ordern von Lebensmitteln und der Zubereitung von Mahlzeiten berücksichtigen. Seit der chinesische Alibaba-Konzern im Jahr 2045 Google übernommen hat, dominiert er den Weltmarkt für mobile Hightech-Medizin. Inzwischen wird Krebs erfolgreich durch Alibaba-Straps genannte Armbänder bekämpft, die ihn mit Hilfe von Infrarotsignalen und Radiofrequenzen schon während der ersten Zellmutationen im Körper erkennen und erfolgreich bekämpfen. Dank Stammzellenforschung ist es zudem zur Routine geworden, «defekte» Organe durch körpereigene Nachbauten zu ersetzen. Zu diesem Zweck wird jedem Neugeborenen Nabelschnurblut entnommen und in riesigen Blutbanken verwahrt. Dank all dieser Maßnahmen ist die durchschnittliche Lebenserwartung inzwischen auf 110 Jahre gestiegen, und zwar für Frauen wie für Männer gleichermaßen. Einen entsprechenden

Unterschied gibt es wegen der weitgehenden Angleichung der Lebensverhältnisse und aufgrund der Nanomedizin nicht mehr. Sie gleicht auch die erhöhte Reparaturanfälligkeit des männlichen Chromosomensatzes aus, bei dem im Gegensatz zum weiblichen nicht alle Chromosomen doppelt vorhanden sind – weil das X- und das Y-Chromosom nur jeweils einmal vorliegen.

Den Weg ins Institut legt M. in seinem selbstfahrenden Auto zurück. Seitdem man sich von menschlich gesteuerten Fahrzeugen verabschiedet hat, geht die Zahl der Verkehrstoten gegen null. Mit 105 Jahren ist M. zwar einer der älteren Kollegen an der Europa-Universität, doch deren Direktorin, Frau Professor Asmerom, die damals mit der großen Flüchtlingswelle 2015 aus Eritrea nach Europa kam, wird demnächst ihren 123. Geburtstag feiern. Das anachronistische System der «Rente» ist angesichts der eklatant verbesserten Gesundheitsvorsorge und medizinischen Versorgung im Jahre 2060 vollständig abgeschafft worden. Jeder arbeitet, solange er kann und möchte. Die starre Aufteilung des Lebens in Segmente, wie sie früher üblich war und bei denen 20 bis 30 Jahre für Schule und Ausbildung, 35 bis 40 Jahre für das Arbeitsleben sowie 20 Jahre und mehr für den «Ruhestand» vorgesehen waren, ist einer flexibleren Lebensplanung gewichen. Schon zu Beginn des 21. Jahrhunderts hatten sich Indizien gemehrt, dass ältere Menschen, die sich nicht mehr gebraucht fühlten, körperlich und geistig schneller abbauten als andere. Klagen gegen die «Zwangsrente» häuften sich, zunächst vorwiegend von Beamten (Lehrern, Professoren, Richtern usw., also Angehörigen der Berufsgruppen mit der durchschnittlich höchsten Lebenserwartung und damit verbunden auch der größten Belastung für die Rentenkassen). Dann folgten ältere, aber agile Personen in Managementpositionen, bis sich schließlich zahlreiche

Berufsgruppen anschlossen – als nämlich allgemein bekannt wurde, dass Menschen dank einer längeren Berufstätigkeit nicht nur glücklicher und gesünder sind, sondern auch länger leben. Inzwischen hat jeder Mensch ein Lebensarbeitszeitkonto (LZK), das es Männern wie Frauen ermöglicht, ihren Arbeitseinsatz einmal jährlich zwischen 30 und 100 Prozent neu festzulegen. Zudem besteht die Möglichkeit, zwischendurch bis zu zwei Jahre für die Betreuung von Kindern, eine neue Ausbildung, ein planetarisches Auslandsjahr auf einem der Nachbarsterne oder eine längere Erholungspause auszusteigen.

Da Staus der Vergangenheit angehören, trifft M. pünktlich im Institut ein. Sein Eröffnungsvortrag wird von den rund 800 Teilnehmerinnen und Teilnehmern aus aller Welt mit großem Beifall aufgenommen, nicht zuletzt wegen seines Unterhaltungswertes. M. und sein Team haben die negativen Zukunftsprognosen für die Entwicklung der europäischen Gesellschaft ab dem Jahr 2000 gesammelt und ausgewertet. Dabei stellte sich heraus, dass der deutsche Nationalstaat die übrigen in seinem Pessimismus übertraf. So wurde dort 2007 in einem primitiven Übertragungsmedium namens «Fernsehen» ein Film gesendet, der einen «Aufstand der Alten» für das Jahr 2030 prophezeite und die Prognose wagte, schon 2015 sei die häusliche Pflege ausschließlich für Wohlhabende möglich und 2019 werde «freiwilliges Frühableben» in den Leistungskatalog der gesetzlichen Krankenkassen aufgenommen. Weitere haarsträubende Vorhersagen dieser Art sorgen beim Publikum für amüsiertes Kopfschütteln. Wie konnten seriöse Wissenschaftlerinnen und Wissenschaftler sowie Medienschaffende nur auf solche Ideen kommen?! Dabei hatten – ganz im Gegenteil – ein stetiger technischer Fortschritt, die zunehmende Digitalisierung der Unternehmen, sinkende Geburtenraten sowie eine immer bessere gesundheitliche Vorsorge und me-

dizinische Versorgung ab den dreißiger Jahren des 21. Jahrhunderts dafür gesorgt, dass die «Ü70-Jährigen» aufgrund ihrer Erfahrung auf dem Arbeitsmarkt gefragt waren wie nie zuvor. Dennoch sollte es noch bis weit in die zweite Hälfte des Jahrhunderts dauern, bis das überkommene Konzept des Alterns als schicksalhafter Niedergang endgültig der Vergangenheit angehörte.

All das mag Ihnen wie ein Produkt meiner allzu blühenden Phantasie erscheinen. Doch ganz aus der Luft gegriffen sind zumindest einige der skizzierten Entwicklungen nicht: Google Life Science wiederum, ein Unternehmen das inzwischen unter dem Namen Verily firmiert, hat im März 2015 ein Patent für ein Armband angemeldet, das tatsächlich die Anwesenheit schädlicher Stoffe im Blut (bestimmte Enzyme, Hormone, Proteine und gefährliche Zellen) bzw. eine ungesund hohe Konzentration davon identifizieren und bekämpfen soll. Das Patent trägt den Titel «Nanoparticle Phoresis», meldete N24 unter der Überschrift «Wie Google Krebs und Parkinson besiegen will».[5] Die Nanorobotik ist mittlerweile ein anerkannter Fachbereich zahlreicher Universitäten; dass darauf basierende medizinische Anwendungen absehbar zum Einsatz kommen werden, gilt als gesichert, siehe auch das oben bereits erwähnte Start-up Magforce von Ex-Fresenius-Manager Ben Lipps. «Vor allem im Kampf gegen den Krebs eröffnet die rasante Entwicklung der Nanomedizin ungeahnte Möglichkeiten», heißt es in der Tageszeitung Die

---

5 Siehe www.n24.de/n24/Nachrichten/Wissenschaft/d/6326918/
wie-google-krebs-und-parkinson-besiegen-will.html. (Zugriff am 12.05.2016)

Welt im Mai 2013, die Titelzeile frohlockt «Nanomedizin leitet Arznei-Revolution ein».

Die Stammzellenforschung, seit Jahren kontrovers diskutiert, befindet sich ebenfalls auf dem Vormarsch. Angeblich soll es bereits gelungen sein, aus pluripotenten – das heißt, nicht auf einen bestimmten Gewebetyp festgelegten – menschlichen Stammzellen spezialisierte menschliche Zellen zu züchten, darunter Herzmuskel-, Leber-, Bauchspeicheldrüsen- und Nervenzellen[6].

Zugleich boomt der Markt für Dienstleister, die das Nabelschnurblut von Säuglingen für eine spätere medizinische Verwendung einlagern[7]. Auch bei Zweifeln an einer weiteren Steigerung der Lebensdauer des Menschen ist Vorsicht geboten. Martin Korte etwa, Professor für Neurobiologe, glaubt nicht, dass es eine «biologisch festgelegte ‹Höchstlaufzeit› des menschlichen Lebens» gibt. Er verweist darauf, dass die Lebenserwartung sich allein im Zeitraum von 1900 bis 2000, also in 100 Jahren, um durchschnittlich 27 Jahre verlängert hat. Das sei exakt so viel, wie in den 5000 Jahren vor 1900 (siehe Korte 2014, S. 12). Nicht zu vergessen: Den Film *2030 – Aufstand der Alten* gibt es wirklich, inklusive der zitierten Inhalte.

Was heute noch vollkommen utopisch erscheint, kann übermorgen schon Wirklichkeit sein. Denken Sie einmal daran, wie Ihre Urgroßväter oder -mütter es aufgenommen hätten, wenn Sie ihnen 1916 erklärt hätten, im Jahre 2016 würde nahezu jeder ein Gerät von der Größe eines kleinen

---

6 Siehe «Human Embryonic Stem Cells Derived by Somatic Cell Nuclear Transfer» in *Cell*, Band 153, Heft 6, Juni 2013, S. 1228–1238.

7 Siehe u. a. www.deutsche-stammzellenbank.de; www.seracell.de; www.vita34.de.

Zigarrenkästchens mit sich herumtragen, das eine Vielzahl von Funktionen gleichzeitig erfülle. Die Menschen könnten damit nicht nur an beinahe jedem Ort der Welt mit einer gewünschten Person an beinahe jedem anderen Ort der Welt reden, sondern auch Musik hören, ihre Termine verwalten, Bilder verschicken und die Zeit ablesen. In unbekannten Städten müsste man sich nicht mehr mühsam mit Hilfe einer Karte zurechtfinden, stattdessen reiche es, die gewünschte Adresse in dasselbe Gerät zu tippen, und schon ertöne eine menschliche Stimme, die einem den richtigen Weg wiese, und zwar zuverlässiger als jede ortskundige Person. Kaum jemand sterbe noch an der berüchtigten «Schwindsucht», da Medikamente – sogenannte Antibiotika – entwickelt worden seien, die den Erreger bekämpften, gegen Diphtherie könne man sich impfen lassen, und nur wenige Frauen stürben noch im Kind- bzw. Wochenbett. Es gebe Pillen gegen ungewollte Schwangerschaften, und die meisten Frauen bekämen daher nur noch so viele Kinder wie beabsichtigt. In jedem Haushalt, ja sogar in den meisten Kinderzimmern stünden rechteckige flache Geräte, auf denen man sich per Knopfdruck Filme ansehen könne und vor denen die Menschen Stunden verbrächten, da sie viel mehr Freizeit hätten als die Menschen um 1900. Denn für vieles gäbe es dann Maschinen, die einem diese Arbeiten abnähmen: Wäsche waschen, Geschirr spülen – das alles erledige sich vollautomatisch. Vermutlich hätten Ihre Urgroßeltern Sie vor 100 Jahren für völlig verrückt gehalten!

Die Wissenschaft entwickelt sich immer rasanter, und was im Jahre 2116 möglich sein wird, übersteigt schlicht und ergreifend unsere Phantasie.

Natürlich wirft dies eine Reihe von Fragen auf: Wie füllen wir ein Leben, das 120, womöglich sogar 150 Jahre und länger währt? Ist unsere Psyche dafür gemacht? Welche Modelle gesellschaftlichen Zusammenlebens werden die neuen Lebensmodelle begleiten? Was tritt an die Stelle des Generationenvertrags in den Sozialsystemen? Welche Folgen wird die fortschreitende Digitalisierung für den Arbeitsmarkt haben? Werden sich die durch sie verschwundenen Arbeitsbereiche und Arbeitsstellen und die niedrigen Geburtenzahlen einigermaßen aufwiegen? Wir wissen es nicht. Doch eines ist sicher: Das «Alter», wie es bis zu Beginn des 21. Jahrhunderts gedacht wurde, wird es dann nicht mehr geben!

DAS BIOLOGISCHE ALTER – WIE UNSERE LEBENSWEISE UNS JUNG HÄLT ODER ALTERN LÄSST

Der Mensch ist ein bemerkenswertes Wesen. Er ist das intelligenteste Säugetier auf unserem Planeten, sein Erfindungsreichtum ist erstaunlich. Er hat Flugzeuge, Computer und Klettverschlüsse erfunden, Penizilline, Haftnotizen und Mobiltelefone. Aber – aus gesundheitlicher Sicht muss man «leider» sagen – auch Fahrstühle, Rolltreppen und Fastfood. Denn der Mensch fürchtet sich zwar vor der gefährlichen Infektionskrankheit SARS oder Flugzeugabstürzen. Doch die wirklichen, alltäglichen Todesgefahren – ein Leben zwischen Bürostuhl und Wohnzimmercouch, zu fettes, zu süßes und zu reichliches Essen – verbucht er unter «Ausruhen» und «Genuss»!
Doch noch nie wussten wir so viel über eine gesunde Lebensweise wie heute. Und noch nie hatten in unseren Breiten so viele Menschen die Chance, auch mit 70 oder 85 das Leben noch genießen zu können. Dabei ist eines sicher: Eine regelmäßige Investition in Körper und Geist rentiert sich im Hinblick auf ein vitales und «junges» Alter mehr als die beste Lebensversicherung.

Wussten Sie schon,
… dass es sogenannte blaue Zonen auf der Erde gibt, in denen sehr viele Menschen ungewöhnlich alt werden?
… dass 75-Jährige am Ende des 20. Jahrhunderts im

Schnitt so fit waren wie 60- bis 65-Jährige zu Beginn des Jahrhunderts?
... dass Winston Churchill ein begeisterter Reiter war und in Wahrheit nie gesagt hat, das Rezept seines langen Lebens sei «No Sports»?

DER FLUCH DER GENE? WARUM WIR ALTERN

Wenn Sie sich in den Finger schneiden, heilt die Verletzung binnen weniger Tage. Ihr Körper bildet neue Hautzellen und repariert die Wunde. Warum funktioniert das eigentlich nicht in großem Stil? Wieso altern wir überhaupt?

Der selbstverständliche Prozess des Alterns ist in Wahrheit so rätselhaft, dass die Wissenschaft seit Jahrzehnten über die Ursachen debattiert. Im *Lexikon der Biologie* geht Klaus-Günter Collatz von mehr als 300 verschiedenen Alterstheorien aus.[1] Es ist wie immer bei derlei komplexen Themen: «Die» Ursache fürs Altern gibt es nicht, stattdessen ist ein ganzes Bündel von Gründen, ein Zusammenwirken zahlreicher Faktoren am Werk. Dies zu wissen hilft, konstruktiv mit dem eigenen Alterungsprozess umzugehen: Wenn viele Dinge eine Rolle spielen, kann man ihn auch vielfältig beeinflussen.

Der niederländische Medizinprofessor und Altersforscher Rudi Westendorp stellt in seinem Buch *Alt werden, ohne alt zu sein. Was heute möglich ist* einige grundlegende Ansätze zur Erklärung des Alterungsprozesses vor, darunter:

1. Die Evolution – Die Theorie des «Wegwerfkörpers»:
Besonders alt zu werden stellt keinen evolutionären Vorteil dar. Sind einmal Kinder geboren und erwachsen geworden, werden ihre Erzeugerinnen und Erzeuger sozusagen überflüssig, weil die Arterhaltung gesichert ist. Hohes Alter ist daher kein Selektionsvorteil, entsprechend hat sich im Laufe der Jahrmillionen unsere Lebensspanne auch nicht wesentlich erhöht (Westendorp 2015, S. 54).

---

[1] Siehe www.spektrum.de/lexikon/biologie/altern/2492 (Zugriff am 12.05.2016).

2. Die Mechanik – Verschleiß:
Wie eine Maschine, die irgendwann kaputt geht, leidet auch unser Körper durch Abnutzung: Gelenke schmerzen z. B., weil der Knorpel gelitten hat (ebd., S. 39). Ebenso stellen die Ablagerungen in unseren Blutgefäßen (Arteriosklerose) und die dadurch begünstigten Erkrankungen (Herzinfarkt, Schlaganfall) Abnutzungserscheinungen unseres Körpers dar. Fehlhaltungen, dauernde schwere körperliche Arbeit, einseitige Belastungen, falsche Ernährung, all das hat daher Einfluss auf unseren Alterungsprozess. Wir können unseren Körper in vergleichsweise kurzer Zeit «abnutzen» oder aber pfleglich mit ihm umgehen.

3. Die Gene – günstige oder weniger günstige Anlagen:
Forschungen wie die Lang Leven Studie an der Universität Leiden in den Niederlanden deuten darauf hin, dass die Mitglieder von Familien mit vielen überdurchschnittlich alten Menschen einen genetischen Startvorteil haben. Einiges spricht beispielsweise dafür, dass sie einen besonders leistungsfähigen Stoffwechsel besitzen, der zu weniger Schäden an Blutgefäßen und Organen führt. Im Schnitt verlängert das die Lebenserwartung in diesen Familien um sechs Jahre. Die Altersforschung und die Medizin schätzen einhellig, dass unsere Gene zu etwa zehn bis 30 Prozent beeinflussen, wie wir altern – der Rest geht auf das Konto von Lebensführung und Glück (beispielsweise nicht lebensbedrohlich zu erkranken oder einen Unfall zu haben) (ebd., S. 43 ff. und 74). Erst jenseits der 85 gewinnt unsere genetische Disposition nach Beobachtung der medizinischen Forschung mehr Macht über unseren Alterungsprozess (Korte 2014, S. 15).

Man macht es sich also zu einfach, wenn man Alterungsprozesse oder gesundheitliche Beschwerden nur mit günstigen oder ungünstigen genetischen Anlagen erklärt. Wer bei «guten Genen» übergewichtig und bewegungsarm lebt, hat seinen Startvorteil rasch verspielt. Und wer weniger begünstigt ist, aber Sport treibt und auf sein Gewicht achtet, senkt sein Risiko für Bluthochdruck, Diabetes und Gefäßerkrankungen. Dies bestätigt auch Stefan Schreiber, Molekularbiologe und Leiter der Forschungsgruppe «Gesundes Altern» an der Universität Kiel: «Mit der Lebensführung können wir sowohl die Genetik zunichtemachen als auch schlechte Genetik überwinden», erklärt er.[2] Schreibers Institut verfügt über eine der weltweit umfassendsten Datenbanken mit dem Blut Hochbetagter. Sequenzier-Roboter suchen dort nach genetischen Gemeinsamkeiten unter mehr als 3000 Menschen, die älter als 92 und dabei erstaunlich fit sind. In Zuge dessen hat man bislang drei Gene isoliert, darunter FOXO3, ein «Tumorsuppressorgen». Dieses Gen erzeugt ein Protein, welches das Zellwachstum beschädigter oder kranker Zellen stoppt. Vermutlich gibt es noch Dutzende weitere solcher und ähnlicher «Gesundheitsgene» (vgl. Podbregar 2010), aber eben nicht *das eine* «Altersgen», dessen Manipulation uns irgendwann unsterblich machen könnte.

Um noch besser zu verstehen, warum die biologische Uhr überhaupt tickt und wir eben nicht mit ewiger Jugend ausgestattet sind, hilft der Blick mit dem Rastermikroskop in unsere Körperzellen.

---

2 Siehe dpa (2013): «Das Geheimnis unseres Alters».

4. Die Zellteilung – nachlassende Regenerationsfähigkeit:

Unsere Körperzellen können sich nicht endlos teilen, sondern im Schnitt etwa 40- bis 60-mal, wie die Zellbiologen Leonard Hayflick und Paul Moorhead schon 1961 entdeckten. Danach regenerieren sie sich nicht mehr und produzieren zum Teil andere, teils schädliche Substanzen, die im schlimmsten Fall zur Entstehung schwerer Erkrankungen beitragen. Die Ursache liegt in der Funktionsweise der Zellteilung: Jedes Mal muss der Chromosomenstrang kopiert werden, und bei jedem Kopiervorgang verkürzen sich die Schutzkappen am Ende der Stränge. Diese sogenannten Telomere übermitteln zwar keine genetische Information, sorgen aber dafür, dass es lange Zeit keine Rolle spielt, dass der Chromosomenstrang nicht in ganzer Länge kopiert werden kann. Doch irgendwann sind die Schutzkappen aufgebraucht und die Zelle teilt sich nicht mehr. So altern wir bereits vom Moment unserer Geburt an.

5. Das angriffslustige Immunsystem – Entzündungsherde im Körper:

Unser Immunsystem bekämpft Krankheitserreger und Zellen, die aus dem Ruder laufen. Es ist im Laufe der Evolution immer effizienter geworden und setzt bei seiner Arbeit unter anderem auf Entzündungen, bei denen die Körperabwehr durch eine bessere Durchblutung verstärkt wird. Doch manchmal tut das Immunsystem zu viel des Guten, und es kommt zu einer Überreaktion. Folge sind nicht nur Allergien als Autoimmunreaktionen (quasi Fehlattacken auf den eigenen Körper), sondern auch die Entstehung vieler kleiner Entzündungsherde im Körper, die wir gar nicht bemerken, die aber langfristig zur Entstehung von Krankheiten wie Arteriosklerose, Diabetes, manchen Krebsarten und möglicherweise auch Alzheimer beitragen (ebd., S. 75). Allerdings wirkt auch dieser Mechanismus nicht völlig unbeeinflusst von unserer Lebensweise. So begünstigen Fettreserven im Körper schädliche Entzündungsreaktionen – einer der Gründe, warum Übergewicht unser Leben verkürzen kann.

Dies ist nur ein kleiner Ausschnitt der Forschungsergebnisse zu den Ursachen des Alterns. Es ist daher schlicht fahrlässig, den Alterungsprozess auf eine einzige Ursache zu reduzieren, etwa auf «freie Radikale», von denen in letzter Zeit viel die Rede ist, und entsprechende Wundermittel zu propagieren, ob das nun hohe Vitamindosen, Sauerstofftherapien oder Ginseng-Präparate sind.

Westendorp spricht in diesem Zusammenhang vom «Versagen komplexer Systeme» und davon, dass erst mehrere unglückliche Umstände zusammenkommen müssen, um eine ernste Erkrankung wie etwa Krebs in Gang zu setzen (2015, S. 136 und 139). Ganz ähnlich argumentieren mathematische Theorien des Alterns, die davon ausgehen, dass der jeweilige individuelle Alterungsprozess durch das komplizierte Zusammenspiel einer Vielzahl innerer und äußerer Einflussfaktoren gekennzeichnet ist (Collatz 1999). Das Risiko aber, dass ein solches komplexes System versagt, nimmt mit der Zeit, also dem Alter, exponentiell zu, wie auch das Rechenmodell des britischen Mathematikers Benjamin Gompertz (1825) vorhersagt. Lässt man Unfälle und andere zufällige Ereignisse außen vor, verdoppelt sich statistisch gesehen das Sterberisiko alle acht Jahre. Für einen 88-Jährigen ist es also doppelt so hoch wie für einen 80-Jährigen.

Stark vereinfachend könnte man das Altern unseres Körpers mit der Lebensdauer eines technischen Geräts, zum Beispiel einer Waschmaschine vergleichen. Auch die altert: Keine Maschine hält ewig, irgendwann geht sie kaputt. Doch den Zeitpunkt, an dem sie versagt, können wir stark beeinflussen, indem wir pfleglich mit ihr umgehen, sie richtig aufstellen, nicht überladen, regelmäßig warten und bei Problemen einen Fachmann konsultieren, statt selbst an ihr herumzuschrauben. Es empfiehlt sich auch, merkwürdige Nebengeräusche nicht zu ignorieren, weil der Schaden dadurch in aller Regel nur noch größer wird. Wir können die richtigen Ersatzteile besorgen und Schäden durch Umwelteinflüsse – etwa sehr hartes Wasser – aktiv vorbeugen. Selbst für den Fall, dass es sich um ein Montagsgerät handeln sollte, sich irgendwo ein systemimmanenter Fehler versteckt, werden wir so aller Wahrscheinlichkeit nach lange Freude an der Maschine haben, dank eines ganzen Bündels von Maßnahmen.

Auch in zweiter Hinsicht stimmt der Vergleich: Theoretisch könnte die Maschine mit den richtigen Ersatzteilen und aufwendiger Wartung ewig halten. Genau das prognostizieren seriöse Wissenschaftlerinnen und Wissenschaftler für den Menschen. Denn je größer die Fortschritte der Medizin sind, desto länger können wir ein Leben ohne große Beeinträchtigungen führen. Schon heute verhindern Hörgeräte, Brillen und Hüftoperationen, dass 70-Jährige ein hilfloses Greisendasein mit Krückstock und eingeschränktem Aktionsradius führen müssen. Stents und Herzschrittmacher ermöglichen heute Personen ein beschwerdefreieres Leben, die noch vor 50 Jahren gestorben wären. Wer weiß, was 2050 alles möglich sein wird? In einem Punkt allerdings hinkt die Metapher: Eine Maschine hat keine Lebenseinstellung, die förderlich oder hinderlich für ein langes Leben sein kann. Doch wir wissen: Optimisten leben länger! (Siehe hierzu Kapitel 3 – Das gefühlte Alter.)

WAS WIR VERLIEREN, WENN WIR ÄLTER WERDEN

Die «Waschmaschinen-Metapher» hat Sie schon vorbereitet – reden wir also nicht länger drum herum: Älterwerden geht mit Abbau einher. Schon nach wenigen Jahren sind viele Kinder nicht mehr so gelenkig wie ein sechs Monate altes Baby, das sich mühelos den großen Zeh in den Mund steckt und dabei noch fröhlich lächelt. Gemessen daran sehen viele Siebenjährige alt aus! Dafür bekommen sie es auf jeden Fall noch mit, wenn jemand neben ihnen eine Hundepfeife benutzt. Ab etwa 25 müssen wir auch da passen: Viele Menschen können schon in diesem Alter sehr hohe Frequenzen nicht mehr hören. Allerdings können sie sich noch lustig machen über die Ü40-Jährigen, die im Restaurant immer die Lesebrille suchen, bevor sie die Speisekarte aufklappen. Spätestens mit Mitte, Ende 40 haben sie dann selbst die Brille auf der Nase, wundern sich aber, dass die Eltern inzwischen nachwürzen, weil ihr Geschmackssinn nachgelassen hat. Parallel dazu wird das Haar grau oder fällt aus, die Haut wird faltiger.

Wir altern bereits ab dem Moment unserer Geburt. Manche Alterungsprozesse sind unvermeidbar und unumkehrbar, entsprechend der gängigen Definition des Alterns als «irreversible zeitabhängige Veränderung von Struktur und Funktion lebender Systeme» (Collatz 1999, S. 1). Wir können nichts dagegen tun, dass die Linse in unserem Auge an Elastizität verliert und wir nahe Gegenstände immer schlechter fokussieren können. Übrigens setzt diese Altersweitsichtigkeit bereits im Teenager-Alter ein. Wir bemerken sie allerdings erst, wenn unser üblicher Leseabstand betroffen ist. Einige Altersvorgänge können wir verlangsamen, etwa die Hautalterung durch das Vermeiden ausgiebiger Sonnenbäder. Wieder andere Abbauprozesse können wir durch Hilfsmittel ausgleichen: Graue Haare kann man färben, Schwerhörigkeit durch ein Hörgerät kompensieren. Doch es bleibt dabei: Mit den Jahren verlieren wir an Sinnesschärfe, Kraft, Beweglichkeit, womöglich auch an Geisteskraft. Zahlreiche wissenschaftliche Studien haben sich diesem Prozess gewidmet. Nachfolgend einige zentrale Befunde.

Die physische Entwicklung unseres Körpers nimmt im Laufe unseres Lebens ab wie in Abbildung 1 dargestellt. Zentrale Körperfunktionen lassen im Schnitt ab einem Alter von 40 Jahren deutlich nach: Eine verringerte Nervenleitgeschwindigkeit im Gehirn verlangsamt unsere Reaktionsgeschwindigkeit. Weil elektrische Impulse nicht mehr ganz so schnell von unseren Nerven weitergeleitet werden, ist der Prozessor in unserem Gehirn, also das Arbeitsgedächtnis, nicht mehr so leistungsfähig wie früher (siehe Kapitel 1 – Das kalendarische Alter). Die Nieren filtern Giftstoffe aus dem Körper, regulieren Wasserhaushalt sowie Blutdruck und produzieren lebenswichtige Hormone. Entsprechend erhöht ein Rückgang der Nierenfunktion das Risiko von Herz-Kreislauf-Erkrankungen. Noch auffälliger ist der Abbau bei Muskelkraft und Lungenvolumen. Wenn wir nicht gegensteuern, haben wir bereits mit 60 Jahren weniger als halb so viel Kraft wie ein 20-Jähriger. Zudem sind wir dann schneller erschöpft, was unter anderem mit dem Rückgang des Lungenvolumens zusammenhängt. Denn während die Lunge eines 20-Jährigen

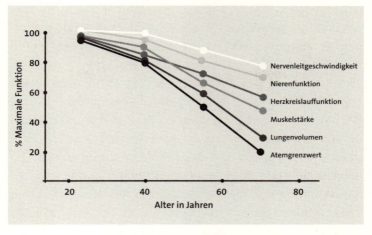

Abb. 1: Physischer Abbau verschiedener Körperfunktionen im Alter (Rybash et al. 1995)

im Durchschnitt etwa 6,2 Liter fasst, ist es bei einem 80-Jährigen nur etwas mehr als die Hälfte (3,6 Liter), siehe Abbildung 2.

Wie gesagt handelt es sich hierbei um Durchschnittswerte, die wir durch unser Verhalten und unsere Lebensführung erheblich beeinflussen können. Wenn Mick Jagger mit über 70 Jahren wie ein Derwisch über die Bühne fegt und dabei in einer Show angeblich fast 20 Kilometer weit rockt, dann braucht er dafür auch das entsprechende Lungenvolumen. Das klappt allerdings nur mit konsequentem Training und täglichem Sport – aber es funktioniert ganz offensichtlich, und so hat Mick Jaggers Physis wenig mit der vieler Personen im «Ruhestand» gemein. Derartige Abweichungen gibt es tatsächlich in jedem Lebensalter, schon bei Schulkindern unterscheidet sich die Fitness erheblich. Vielleicht erinnern Sie sich ja noch an die Mauerblümchen im Sportunterricht, die immer

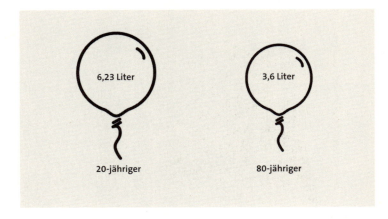

Abb. 2: Maximale Lungenkapazität mit 20 und 80 Jahren

als Letzte in die Mannschaft gewählt wurden, weil sie beim Ballspiel meistens im Weg herumstanden. Im Alter ist die Spannbreite der körperlichen Fitness dann wirklich enorm, wie wir auch im Abschnitt «Plastizität» noch sehen werden. In Abbildung 3 sehen Sie schon einmal einen wissenschaftlichen Beleg hierfür aus meiner Lieblingsstudie am Beispiel der Fingerkraft.

Die schwarze Linie zeigt den Durchschnittswert an; die Punkte stehen für individuelle Befunde. Man kann deutlich sehen, dass die Fingerkraft sich in Kindheit und Jugend relativ gleichmäßig entwickelt. Ab etwa 18 spreizt sich das Feld dann, denn ab diesem Zeitpunkt wiegen unser Verhalten und unsere Lebensumstände schwerer, wie etwa die Häufigkeit, mit der wir uns körperlich betätigen, sowie unsere Ernährungsgewohnheiten. So kommt es, dass es durchaus Mittzwanziger gibt, die beim Fingerhakeln mit manch 60-Jährigem alt aussähen, wie auch die eingekreisten Fälle verdeutlichen. Wie aber kommt es dazu? Beanspruchen wir

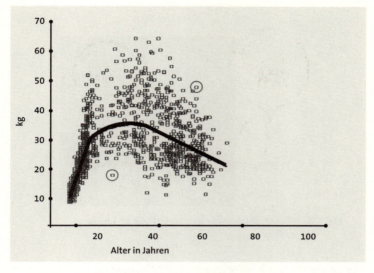

Abb. 3: Entwicklung der Fingerkraft im Lebensverlauf (Willimczik et al. 2006)

einen unserer Muskeln, ist er erst einmal erschöpft. Gönnen wir ihm dann ein, zwei Tage Ruhe, regeneriert er sich jedoch und steigert dabei seine Leistungsfähigkeit sogar noch ein wenig über das ursprüngliche Niveau hinaus. Wir können dann also sogar noch fester zupacken. Wiederholen wir dies in regelmäßigen Abständen mit einer höheren Belastung und sorgen außerdem noch für ausreichend Proteine und Schlaf, dann können wir unsere Leistung innerhalb weniger Wochen beachtlich steigern. Letztens habe ich diese Theorie in einem Selbstversuch während der Spielplatzbesuche mit meinen Kindern in die Praxis umgesetzt: Innerhalb kürzester Zeit war ich mit nur drei mal zehn Minuten Training pro Woche in der Lage, ganze 60 einarmige Klimmzüge zu machen, und zwar ohne Pause. Hochwertige Nahrungsmittel,

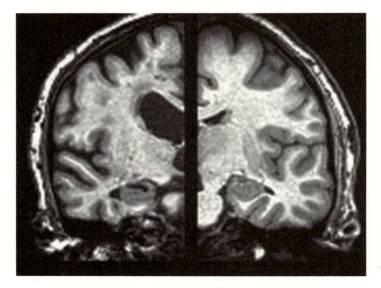

Abb. 4: Gehirnscans bei einem 27-Jährigen (rechts) und einem 87-Jährigen (links) (Oregon Brain Aging Study, 1989 durch NIA Layton Aging and Alzheimer's Disease Center Neuroimaging Lab[3])

darunter Chiasamen, Chlorellaalgen, Hanfsamen, Nahrungsergänzungsmittel auf Moringa- und Spirulinabasis sowie Quark mit Leinöl trugen zum Erfolg bei. Angesichts eines Körpergewichts von 75 Kilogramm liegt meine Fingerkraft damit jenseits der in der Graphik gemessenen Punkte, die quasi jeder, der es möchte, erreichen kann. Und dies ist nur ein mögliches Beispiel unserer erstaunlichen Plastizität, die wir über kleine Umstellungen unserer Verhaltensweisen nutzen können.

3 Vielen Dank an Professor Lisa Silbert, Ph.D., Direktorin des NIA Layton Aging and Alzheimer's Disease Center Neuroimaging Lab, und David Lahna für die exklusive Erstellung dieser Abbildung.

Viele Menschen befürchten, im Alter nicht mehr so gut laufen oder die Treppe in den ersten Stock nicht mehr bewältigen zu können. Noch größer ist die Angst vor einem mentalen Abbau: Vergesslichkeit oder womöglich sogar Demenz heißen die Schreckgespenster. Auch für solche mentalen Abbauprozesse gibt es physiologische Gründe. So nimmt die Gehirnmasse eines Erwachsenen mit zunehmendem Alter ab. Am größten und mit durchschnittlich 1,3 Kilogramm am schwersten ist das Gehirn eines 20-Jährigen. Bis zu einem Alter von 80 Jahren geht das Gewicht dann um über 10 Prozent zurück. Zusätzlich verändert sich auch noch die Zusammensetzung der Hirnmasse. Die graue Hirnsubstanz, die verantwortlich für die Intelligenz ist und in Zusammenhang mit Erinnerungsvermögen, Aufmerksamkeit und Sprache steht, nimmt ab und wird durch Hohlräume ersetzt, sogenannte Ventrikel. Abbildung 4 veranschaulicht diesen Prozess anhand von zwei Gehirnscans, die jeweils bei einem 27-Jährigen und einem 87-Jährigen durchgeführt wurden.

Unsere unterschiedlichen geistigen Fähigkeiten sind dabei nicht in gleichem Maße von Abbau betroffen, wie Abbildung 5 zeigt. Numerische und verbale Fähigkeiten, also der Umgang mit Worten und Zahlen, bleiben beispielsweise bis ins hohe Alter weitgehend stabil. Wahrnehmungsgeschwindigkeit und räumliches Vorstellungsvermögen nehmen hingegen ab, logische Schlussfolgerungen fallen uns zunehmend schwerer. Doch auch hierbei handelt es sich wieder um Durchschnittswerte. Außerdem geht dieser Niedergang nicht gegen null, wie das Bild auf den ersten Blick vielleicht suggerieren könnte: Die vertikale Achse beginnt nämlich bei einem Wert von 35. Was heißt das nun für den Alltag? Werden wir tatsächlich alle mit den Jahren vergesslich? Sind wir Jüngeren

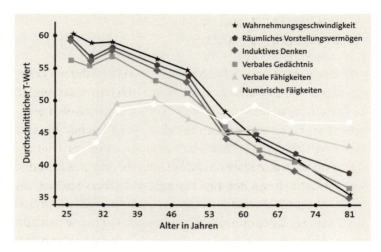

Abb. 5: Abbau kognitiver Fähigkeiten über die Lebensspanne (Hedden / Gabrieli 2004)

zwangsläufig kognitiv unterlegen? So einfach ist es glücklicherweise nicht. Vereinfacht gesagt: Alte Gehirne funktionieren anders als junge und können so erstaunlich leistungsfähig bleiben. Und wie vergesslich wir werden, hängt auch davon ab, was wir uns zutrauen und wie geübt wir darin bleiben, uns Dinge zu merken. Die Spannbreite des Alterns ist erstaunlich groß, wie wir in den nachfolgenden Abschnitten «Plastizität: Marathonlauf mit 100, Altersdiabetes mit 12» sowie «Die grauen Zellen und die Klugheit des Alters» weiter unten sehen werden.

PLASTIZITÄT: MARATHONLAUF MIT 100, ALTERSDIABETES MIT 12

Im Herbst 2015 kam ein Buch auf den Markt, auf dessen Cover ein junger Mann spielerisch ein Miniaturgewicht auf seinem Zeigefinger balanciert. Wahrscheinlich ging es vielen Menschen bei dem Foto ähnlich wie mir: Der Abgebildete kam mir vage bekannt vor. Über seinem Kopf prangte der Titel *Das Steiner Prinzip* und löste das Rätsel umgehend auf. Es handelt sich tatsächlich um den Gewichtheber Matthias Steiner, der 2008 mit 461 Kilogramm Olympiasieger im Zweikampf und 2010 mit 246 Kilogramm Weltmeister im Stoßen wurde. Bei den Olympischen Sommerspielen 2012 schied er dann aufgrund eines Unfalls aus, bei dem ihn die Gewichtsstange im Nacken traf. Im Frühjahr 2013 erklärte er schließlich seinen Rücktritt vom Profisport. Der Mann auf besagtem Buchumschlag sah aus wie der jüngere agile Bruder des bärigen Gewichthebers, den ich in Erinnerung hatte: Steiner hatte sein Gewicht innerhalb nur eines Jahres um fast ein Drittel von 150 auf gut 100 Kilogramm reduziert. Im Radiointerview fragte ein besorgter Moderator, wie es seine Frau denn finde, «plötzlich mit einem völlig anderen Mann verheiratet zu sein».

Wir sind nicht einfach, wie wir sind, auch wenn wir die meiste Zeit mit dieser Annahme durchs Leben gehen. Medizin, Sportwissenschaften und Neurologie bescheinigen dem Menschen eine erstaunliche Plastizität, einfach gesagt: Formbarkeit. Am offensichtlichsten wird dies bei unserem Körper. Wir können bei gleicher Größe 60 Kilogramm wiegen oder das Doppelte. Skelett, Muskeln und Organe können also den lieben langen Tag einen übervollen Zentnersack zusätzlich mit sich herumschleppen – bei jedem Schritt, jedem Aufstehen und jeder Treppe. Unser Körper macht das mit, zumindest eine Zeitlang. Der schwerste Mensch der Welt, der Mexikaner Manuel Uribe Garza, wog zeitweise fast das Zehnfache, ganze 592 Kilogramm, und überlebte das immerhin zwei Jahrzehnte, bevor er mit 48 Jahren an Herzversagen starb. Wir können unserem Körper also durchaus einiges zumuten. Deutlich wird allerdings auch: Unser Verhalten hat direkte Folgen: Glücklicherweise nicht nur im Negativen, sondern auch im Positiven!

Aus dem Leben gegriffen
Kettenraucher, Sportmuffel, Asthmatiker: Keine guten Voraussetzungen für die Gesundheit meines Bekannten S. Den Druck im mittleren Management kompensiert er durch den Griff zur Zigarette, zuletzt über 60 Stück am Tag. Für Sport ist einfach «keine Zeit». Schließlich schlagen etliche Kilo Übergewicht zu Buche. Dann die Kehrtwende: «Wenn Sie so weitermachen, können Sie sich an Ihrem 50. Geburtstag die Radieschen von unten ansehen!», prophezeit ein Arzt dem 45-Jährigen. Der drastische Appell zeigt Wirkung: S. schafft es, das Rauchen aufzugeben, und beginnt mit dem Joggen. Vom leidenschaftlichen Raucher mutiert er zum ebenso leidenschaftlichen Sportler. Zwei Jahre später absolviert er tatsächlich seinen ersten Ironman in Frankfurt. Und das Asthma? Verschwunden!

Nein, Sie sollen nicht bei einem Triathlon antreten. Es geht nicht darum, exzessiv Sport zu treiben, sondern sich regelmäßig in einem gesunden Maße zu bewegen. Rekorde loten dabei lediglich das Spektrum des Möglichen aus und führen uns so unsere festgefahrenen Vorstellungen vom «hinfälligen» Alter vor Augen. Das betrifft nicht nur Ausnahmepersönlichkeiten wie den Schweizer Charles Eugster. Er entdeckte erst mit 60 Jahren den Wettkampfsport für sich und machte im März 2015 als «schnellster 95-Jähriger der Welt» Schlagzeilen, weil er 200 Meter in 55,48 Sekunden und damit angeblich Weltrekord in seiner Altersklasse lief. Im Oktober 2015 legte er mit einer Zeit von 2:21,34 Minuten einen Weltrekord in seiner Altersklasse über 400 Meter nach.[4] Auch vom Bäcker um die Ecke dürfte Herr Eugster flotter zurück sein als viele 50-Jährige. Jenseits solcher Ausnahmeleistungen gibt es viele Ü80-Jährige, die unter Beweis stellen, dass selbst im hohen Alter noch einiges machbar ist. Nachfolgend eine Auswahl aktueller «Senioren-Bestleistungen» des Deutschen Leichtathletik-Verbandes (DLV) in verschiedenen Disziplinen (zum Vergleich ist die jeweilige Bestleistung der 40-Jährigen ebenfalls angegeben):

Disziplin	Bestmarke Männer 80	Bestmarke Männer 40
100-Meter-Lauf	14,66 Sekunden	10,7 Sekunden
5000-Meter-Lauf	14:18,20 Minuten	22:04,79 Minuten
Marathon	3:50,55 Stunden	2:16,05 Stunden
Stabhochsprung	2,10 Meter	5,40 Meter
Dreisprung	8,01 Meter	15,89 Meter

---

4 Siehe www.charleseugster.net sowie die Online-Ausgabe der FAZ vom 13.03.2015 unter www.faz.net/aktuell/gesellschaft/charles-eugster-ist-schnellster-95-jaehriger-der-welt-13480907.html (Zugriff am 12.05.2016).

Disziplin	Bestmarke Frauen 80	Bestmarke Frauen 40
100-Meter-Lauf	17,77 Sekunden	12,18 Sekunden
5000-Meter-Lauf	26:59,18 Minuten	16:16,08 Minuten
10 000-Meter-Lauf (statt Marathon)	58:40,3 Minuten	50:57,21 Minuten
Stabhochsprung	1,50 Meter	3,33 Meter
Weitsprung	3,16 Meter	6,49 Meter

(Quelle: www.leichtathletik.de/senioren/rekorde-und-bestenlisten – Stand: 15.11.2015)

Hand aufs Herz: Konnten Sie sich bislang vorstellen, dass es Wettbewerbe im Stabhochsprung für 80-Jährige gibt? Die Statistik des DLV hört übrigens nicht bei den 80-Jährigen auf, sie erfasst bei den Männern noch die Altersklassen 85, 90 und 95, bei den Frauen noch die Altersklasse 85. Schon der erste Blick auf die Tabellen macht deutlich, dass wir mit dem Alter weniger schnell sind und an Kraft einbüßen. Andererseits gibt es 80-Jährige, die so fit sind, dass sie locker an der Mehrheit der Marathonläufer vorbeiziehen. Die Durchschnittszeit beim Marathon beträgt einer US-Erhebung zufolge bei den Männern 4 Stunden, 29 Minuten und 52 Sekunden.[5] Da ist der schnellste Hochbetagte fast 40 Minuten schneller – ganz zu schweigen davon, dass ein beträchtlicher Anteil der 40-, 30- und selbst 20-Jährigen gar nicht erst in der Lage wäre, überhaupt eine Marathonstrecke zu bewältigen. Hier offenbart sich der Unterschied zwischen kalendarischem und bio-

---

[5] Siehe http://durchschnittliche.de/geschwindigkeit-mittelwerte/51-durchschnittliche-zeit-marathon (Zugriff am 26.11.2015).

logischem Alter. Während das kalendarische Alter sich am Geburtsdatum orientiert, bezieht sich das biologische auf den objektiven körperlichen Gesundheitszustand im Vergleich zu medizinischen Altersnormen. Ein Mensch kann bei gesunder Lebensführung biologisch weit jünger sein, als sein Geburtsdatum vermuten ließe – und als Folge unserer körperlichen Plastizität wie Fauja Singh in London noch mit 100 einen Marathon laufen (vgl. Voelpel 2015). Gleichzeitig können wir bei Bewegungsarmut und falscher Ernährung schon als Kinder kurzatmig und unbeweglich werden und sogar einen sogenannten Altersdiabetes (Typ-2-Diabetes) entwickeln. Davon sind in Deutschland etwa 1,6 Prozent der Kinder und Jugendlichen unter 18 betroffen. Das bedeutet: In jeder Schule gibt es pro Stufe statistisch gesehen mindestens ein Kind mit einer Krankheit, die eigentlich erst in höherem Alter auftritt.[6] Wenn sich zu einer genetischen Disposition noch Übergewicht und Bewegungsarmut gesellen, steigt das Risiko dafür, dass Kinder diese eigentlich für ältere Menschen typische Erkrankung entwickeln. Häufig kommen auch Bluthochdruck und ein hoher Cholesterinspiegel hinzu.

Im Internet kann man zahlreiche Tests zur Berechnung des eigenen biologischen Alters finden (beispielsweise unter www.das-biologische-alter.de, www.onmeda.de, www.praxisvita.de). Weiter unten ist der Test abgedruckt, den das Publikum im Rahmen der interaktiven Ausstellung «EY ALTER – Du kannst dich mal kennenlernen» durchführen konnte. Diese Ausstellung wurde ursprünglich von Mercedes-Benz

---

[6] Siehe Danne, Thomas: Diabetes mellitus und Übergewicht – Häufigkeit des Kinder-Diabetes verdoppelt unter www.diabetes-deutschland.de/archiv/3840.htm (Zugriff am 26.11.2015).

Cars initiiert und durch mein Team und mich wissenschaftlich begleitet. Was Sie in all diesen Tests ermitteln, ist Ihr persönlicher Näherungswert auf der Basis gesundheitsfördernder und -schädlicher Faktoren – etwa Normalgewicht, Bewegung, gesunde Ernährung auf der positiven und Rauchen, übermäßiger Alkoholgenuss, Bluthochdruck auf der negativen Seite. Die Altersdiagnose als solche ist dabei weniger wichtig als Ihre Sensibilisierung für Ihren persönlichen Lebensstil sowie die möglichen Folgen.

Gesund und fit oder ganz schön alt? Errechnen Sie Ihr biologisches Alter!
Und so geht es! Legen Sie einen Taschenrechner bereit und decken Sie die rechte Spalte zu. Kreuzen Sie die für Sie zutreffenden Antworten an. Anschließend ziehen Sie von Ihrem chronologischen Alter 15,6 Jahre ab (wenn Sie eine Frau sind) oder 10,6 Jahre ab (wenn Sie ein Mann sind). Zu Errechnung Ihres biologischen Alters addieren Sie anschließend die Werte neben Ihren Kreuzchen wieder dazu.
(P S: Wenn Sie gleich etwas für Ihre grauen Zellen tun wollen, lassen Sie den Taschenrechner weg und addieren im Kopf.)

Wie viel Zeit bleibt Ihnen für Entspannung im Alltag?

Ich bin leider oft angespannt und nervös.	☐	1,71
Ich habe häufig Stress, kann damit aber gut umgehen.	☐	1,14
Ich bin in meinem Alltag entspannt und gelassen.	☐	0,0

Wie viele Portionen Obst und Gemüse essen Sie pro Tag?

Ungefähr 5 Portionen	☐	0,0
Ungefähr 1–2 Portionen	☐	0,57
Keine Portion	☐	2,28

Wie hoch ist Ihr Body-Mass-Index (BMI)?*

Unter 17,5	☐	1,94
Zwischen 17,5 und 19	☐	0,0
19 bis 25	☐	0,23
Zwischen 25 und 27,5	☐	0,46
Zwischen 27,5 und 30	☐	1,94
Über 30	☐	3,07

(*BMI = Gewicht geteilt durch Größe hoch 2)

Haben Sie seit Ihrem 18. Geburtstag zugenommen?

Nein, oder höchstens ein paar Kilo.	☐	0,0
Ja, ich habe zwischen 5 und 15 Kilo zugenommen.	☐	1,12
Mit 18 habe ich mehr als 15 Kilo weniger gewogen als heute.	☐	2,85

Rauchen Sie?

Nein	☐	0,0
Nein, aber ich habe früher geraucht.	☐	1,59
Ja, aber weniger als fünf Zigaretten pro Tag.	☐	6,38
Ja, bis zu 20 Zigaretten täglich.	☐	7,51
Ja, mehr als 20 Zigaretten täglich.	☐	9,11

Wie viel Alkohol trinken Sie durchschnittlich?

Ich trinke täglich Alkohol.	☐	2,28
Ich trinke 2–3 Gläser pro Woche.	☐	0,0
Ich trinke selten oder nie Alkohol.	☐	1,14

Wie schlafen Sie im Allgemeinen?

Gut	☐	0,0
Eher gut	☐	0,85
Eher schlecht	☐	1,71
Schlecht	☐	2,28

Wie oft bewegen Sie sich mindestens 30 Minuten am Stück?

Nie oder selten	☐	4,55
Ungefähr 1 Mal pro Woche	☐	2,28
2–3 Mal pro Woche	☐	1,14
An den meisten Tagen der Woche	☐	0,0

Alles in allem, wie glücklich sind Sie mit Ihrem Leben?

Sehr glücklich	☐	0,0
Ziemlich glücklich	☐	1,14
Unglücklich	☐	2,28

Wie alt sind / wurden Ihre Großeltern?

Alle über 75 Jahre	☐	0,0
Alle unter 75 Jahre	☐	1,14
Zwei oder drei über 75 Jahre	☐	0,57
Drei unter 75 Jahre	☐	0,85

Auswertung

Ihr chronologisches Alter *minus 15,6 Jahre (wenn Sie eine Frau sind)* *minus 10,6 Jahre (wenn Sie ein Mann sind)*	
Addieren Sie den Wert aus der Tabelle	
Ihr biologisches Alter	

Wie das Beispiel der Kinder mit einem Typ-2-Diabetes schon vermuten lässt, kommt es nicht erst in der zweiten Lebenshälfte zu großen Unterschieden bei der individuellen Fitness. Eine Studie der renommierten Duke University in North Carolina, an der 1000 38-Jährige teilnahmen, ergab auf der Basis umfassender medizinischer Untersuchungen ein biologisches Altersspektrum zwischen 28 und 61 Jahren. Gemessen wurden dabei unter anderem Nieren- und Lungenfunktion, Herzfitness, Cholesterinspiegel, Leistungsfähigkeit des Immunsystems und Zahngesundheit.[7]

Dass wir unseren Körper durch Bewegung und gesunde Ernährung jung halten können, mag noch einleuchten. Aber wie steht es um unsere geistige Plastizität? Immer wieder versetzen Menschen in Erstaunen, die jenseits der 70 oder 80 bemerkenswerte intellektuelle Leistungen vollbringen. Woody Allen (*1935) dreht seit Jahren einen Film nach dem anderen. Frank Gehry (*1929) gilt bis heute als einer der bedeutendsten zeitgenössischen Architekten. Derzeit plant er den Bau des Guggenheim Museums in Abu Dhabi, das 2017 fertiggestellt

---

[7] Siehe Spiegel Online vom 06.07.2015 «Biologisches Alter» unter www.spiegel.de/wissenschaft/medizin/biologisches-alter-sie-glauben-sie-sind-38-vielleicht-sind-sie-schon-61-a-1042290.html (Zugriff am 12.05.2016).

werden soll. Auch Pablo Picasso (*1881) malte und zeichnete bis kurz vor seinem Tod im Alter von 91 Jahren.

Ausnahmen? Gewiss. Und es ist auch kein Zufall, dass sich unter den Ü80-Jährigen keine Gedächtniskünstlerin oder kein Schachweltmeister findet. Denn der Prozessor in unserem Gehirn, unser Arbeitsgedächtnis, lässt schon ab Mitte 20 nach. Keine Überraschung also, dass der amtierende Schachweltmeister Magnus Carlsen so jung ist (*1990) und Experten sich wundern, dass sein Vorgänger Viswanathan Anand (*1969) sich noch bis 2013 an der Weltspitze behaupten konnte. Der Hirnforscher Gerhard Roth unterstreicht: Der Mensch besitze zwar sowohl motorische als auch kognitive Plastizität, die motorisch-körperliche sei aber am größten. Das Gehirn baut mit dem Alter tatsächlich ab, wie wir im Abschnitt «Die grauen Zellen und die Klugheit des Alters» noch genauer sehen werden. Allerdings gleichen wir nachlassende Merkfähigkeit und Verarbeitungsgeschwindigkeit («fluide Intelligenz») durch einen Zuwachs an Wissen, Erfahrung und Routine («kristalline Intelligenz») aus. Bildlich gesprochen: Während der Prozessor an Geschwindigkeit verliert, verfügen wir über eine immer größere, gut geordnete Datenbank, in der wir zielsicher finden, was wir zum Lösen von Problemen brauchen. Überdies schafft es ein gut trainiertes Gehirn eher, Ausfälle zu kompensieren. «Betroffene Schaltkreise bilden Ersatzstrukturen, oder andere Schaltkreise übernehmen die Funktionen zumindest teilweise», so Gerhard Roth (2015, S. 15).

Aus dem Leben gegriffen
Bei der Fernsehsendung *Wer wird Millionär?* muss man hellwach sein, wenn man Erfolg haben will. Der älteste

Kandidat dieser Quizshow, Karlheinz Reher, gewann im Februar 2014 mit damals 86 Jahren 125 000 Euro. Der Diplom-Volkswirt, Journalist und frühere Controller spielte taktisch klug und stieg zum richtigen Zeitpunkt aus. «Wer rastet, der rostet», mit diesem alten Erfolgsrezept habe er sich seine geistige Fitness erhalten: «Ich habe immer viel gearbeitet und die Arbeit hat mir immer Spaß gemacht.» Bis heute ist Reher als Autor tätig.[8] Der älteste Quizkandidat Deutschlands ist er allerdings beileibe nicht. Diesen Rekord hält Elisabeth Betcke, die bei ihrem Auftritt stolze 95 Jahre alt war. Bei der Show *Deal oder no Deal* erspielte die ehemalige Pfarrerin im Juli 2015 17 300 Euro.[9] In noch größeres Staunen versetzt die Leistung der 1912 geborenen Ingeborg Syllm-Rapoport, die 2015 mit 102 Jahren die mündliche Doktorprüfung ablegte, die ihr die Nationalsozialisten 1938 wegen ihrer jüdischen Abstammung verweigert hatten. Sie ist damit der bislang älteste Mensch der Welt, der eine Promotionsprüfung abgelegt hat. Der Dekan der Medizinischen Fakultät der Hamburger Universität bescheinigte ihr nach dem Prüfungsgespräch: «Nicht nur unter Berücksichtigung ihres hohen Alters war sie einfach brillant.»[10] Syllm-Rapoport baute übrigens die Abteilung für Neugeborenenheilkunde an der Ostberliner Charité

---

8 Siehe www.rtl.de/cms/im-interview-spricht-karlheinz-reher-ueber-wer-wird-millionaer-1808511.html (Zugriff am 12. 05. 2016).

9 Siehe www.welt.de/vermischtes/article144350662/Quiz-Kandidatin-96-wettete-fuer-eigene-Beerdigung.html (Zugriff am 12. 05. 2016).

10 Siehe www.faz.net/aktuell/gesellschaft/menschen/102-jahre-alte-frau-erhaelt-promotionsurkunde-13630467.html (Zugriff am 12. 05. 2016).

auf und wurde dort 1968 zur ordentlichen Professorin berufen. Auch ihr Lebensweg ist ein weiterer Beleg für die Beobachtung, dass ein geistig reges Leben die beste Voraussetzung für ein geistig reges Alter ist.

Schaut man genauer hin, scheint in jedem Alter fast alles möglich. Die Altersforscherin und Bundesministerin a.D. Ursula Lehr, geboren 1930, saß im März 2016 gemeinsam mit mir auf der Bühne in der «Berliner Runde» des Berliner Demografie Forums (BDF). Auf dieser parteiübergreifenden globalen Plattform werden Fragen des demographischen Wandels diskutiert, Antworten gesucht und Impulse auf nationaler wie internationaler Ebene gesetzt. Das BDF bringt zu diesem Zweck Persönlichkeiten aus Politik, Wirtschaft, Wissenschaft und Zivilgesellschaft zusammen, um Lösungsansätze auszutauschen und zu einer nachhaltigen Entwicklung beizutragen. Was Lehr trotz ihres Alters noch mit Leichtigkeit gelingt. Bereits vor Jahren schlug sie vor: «Man müsste den Altersbegriff abschaffen (...). Es gibt fitte 100-Jährige genauso wie hinfällige 50-Jährige» (zit. n. Kleinschmidt 2010, S. 32).

Natürlich will nicht jeder im hohen Alter auf der politischen Bühne glänzen. Doch sein Leben selbstbewusst und mit Freude gestalten, das wollen die meisten von uns. Und das können wir auch, wenn wir die Angst vor dem Alter durch kluge Lebensführung ersetzen.

DAS RÄTSEL DER ALLERÄLTESTEN

Wir Menschen lieben die Mühelosigkeit. Am liebsten würden wir schlank im Schlaf (wie die gleichnamige Diät verspricht), erfolgreich ohne Mühe, reich ohne Anstrengung. Das Versprechen von geistiger und körperlicher Plastizität sowie von Fitness im Alter mag tröstlich sein – doch geschenkt gibt es sie nicht. Der Ausnahmefitness geht konsequentes Training voraus, sonst kann man nicht mehr mit 70, 80 und erst recht nicht mit 90 sportlich und geistig brillieren. Oder haben superfitte Ü100-Jährige ein Geheimnis, das sich einfach kopieren ließe? Gibt es Gemeinsamkeiten zwischen ihnen, die uns verraten, wie das geht: fit alt zu werden?

Sehr alte Menschen hat es auch früher gegeben, und schon immer haben sie ihre Mitmenschen fasziniert. In Thanes bereits erwähntem Buch *Das Alter. Eine Kulturgeschichte* findet sich ein Foto (sic!) des Chemikers Michel Eugène Chevreul, der 1786 und damit drei Jahre vor der Französischen Revolution geboren wurde. 100 Jahre später blickt er wach in die Kamera, mit dem Füllfederhalter in der Hand und über einen Folianten gebeugt (Thane 2005, S. 22). Chevreul starb 1889 mit 102 Jahren. Seitdem hat sich die Zahl der Menschen, die 100 Jahre und älter werden, vervielfacht. Allerdings werden nur wenige von ihnen älter als 110 und fast niemand wird 115. Kannisto, ein finnischer Demograph, wertete 1988 Geburtsregister aus 13 Industrienationen aus. Auf der Basis der Lebensdaten von 53 000 hochaltrigen Frauen errechnete er, wie groß die Chance einer 100-jährigen Frau ist, weitere 15 Jahre zu leben und ihren 115. Geburtstag zu feiern – sie beträgt 1 zu 200 Millionen.[11] Da ist ein Sechser im Lotto wahrscheinlicher; dafür stehen die Chancen bei 1 zu 16 Millionen.

Vor diesem Hintergrund hat Jeanne Calment, die am 4. August 1997 mit 122 Jahren, fünf Monaten und 14 Tagen starb, ein Mega-Los in der Lebenslotterie gezogen. Die Französin

---

11 Kannisto, Väinö (1988): «On the survival of centenarians and the span of life»; in: Population Studies, 42, S. 389 ff.

hat mit einiger Wahrscheinlichkeit das höchste Lebensalter erreicht, das bisher jemals für einen Menschen dokumentiert werden konnte. Wie sah das Leben dieser ungewöhnlichen Frau aus?

Jeanne Calment wurde 1875 als Tochter eines wohlhabenden Schiffbauers in Arles geboren. Noch in hohem Alter erzählte sie gerne, wie sie mit 13 Jahren Vincent van Gogh getroffen habe. Sie malte, spielte Klavier, liebte die Oper. Mit 21 Jahren heiratete sie und bekam eine Tochter, die sie ebenso wie ihren Mann um mehr als 50 Jahre überlebte. Noch mit 85 Jahren erlernte sie das Fechten, noch mit 100 fuhr sie Fahrrad. Als sie ungefähr 90 war, verkaufte sie ihre Wohnung an einen Anwalt, und zwar gegen Zahlung einer Leibrente. Der zahlte Monat für Monat und wartete 30 Jahre lang, bevor er mit 77 Jahren zwei Jahre vor Calment starb. Erst mit 110 zog Madame Calment in ein Altersheim. Mit 115 brach sie sich die Hüfte, erholte sich aber gut, auch wenn sie fortan auf den Rollstuhl angewiesen war. Selbst in ihren letzten Lebensjahren, fast blind und schwerhörig, verlor sie ihre gute Laune nicht: «Ich hatte ein gutes Leben. Ich lebe in meinen Träumen, in meinen schönen Erinnerungen», erklärte sie gegenüber einer Neuropsychologin, die ihr Gedächtnis regelmäßig testete und berichtete, die alte Dame habe bei den halbjährlichen Tests am Ende ihres Lebens sogar noch Fortschritte im Kopfrechnen gemacht. Täglich gönnte sie sich eine Zigarette und ein Glas Portwein, sie liebte Schokolade und Kuchen. Ihr Rezept, so alt zu werden: «Immer den Humor behalten. Ich werde lachend sterben!»[12]

---

[12] Siehe Jeune et al. 2010 sowie https://de.wikipedia.org/wiki/Jeanne_Calment (Zugriff am 12. 05. 2016).

Jeanne Calment ist bis heute eine Ausnahmeerscheinung. Berichte über Menschen, die angeblich 130 bis 150 Jahre alt geworden sind, haben sich im Nachhinein als falsch erwiesen, auch wenn sie es mit schöner Regelmäßigkeit auf die bunten Seiten der Tagespresse schaffen. Seriöse Quellen, etwa Geburtsurkunden oder Kirchenbuchauszüge, liegen vielfach nicht vor, sodass der Legendenbildung Tür und Tor geöffnet ist.

2010 hat eine internationale Gruppe von Demographen und Altersforschern die Quellenlage sorgfältig ausgewertet und eine Übersicht der 19 vermutlich langlebigsten Menschen der Welt veröffentlicht, mit Jeanne Calment an der Spitze. Die meisten dieser Supercentenarians, also der über 110-Jährigen, starben im Jahr nach ihrem 115. Geburtstag. Die derzeitige biologische Schallgrenze der Langlebigkeit scheint also bei 115 zu liegen, auch wenn es dank unseres medizinischen Fortschritts zukünftig gelingen mag, diese Grenze weiter hinauszuschieben. Nur zwei der Superalten waren übrigens Männer. Und nur eine Frau, nämlich die US-Amerikanerin Sarah Knauss, wurde mit 119 Jahren und 3 Monaten annähernd so alt wie Jeanne Calment (siehe Jeune et al. 2010). Gibt es verbindende Merkmale zwischen diesen Menschen? Können wir von ihnen lernen, unsere eigene Lebensspanne auszudehnen? Die Lebensgeschichte einer US-amerikanischen Schicksalsgenossin von Madame Calment gibt uns diesbezüglich tatsächlich zu denken. Die Rede ist von Maude Farris-Luse, die 1887 in Morley, Michigan geboren wurde. Als sie vier Jahre alt war, siedelte ihre Familie nach Angola über. Dort heiratete sie mit 16 einen Farmer und Tagelöhner. Zwischen ihrem 18. und 26. Lebensjahr brachte Farris-Luse sechs Kinder zur Welt, eine weitere Tochter 1928, also mit 41 Jahren. 1923 zog die Farmersfamilie nach Michigan zurück und lebte nun in Coldwater südlich von Detroit. Als ihr Mann starb, heiratete die alte Dame mit Mitte 70 ein zweites Mal. Sie ging mit 100 Jahren noch Fischen, ein Sport, den sie schon in jungen Jahren geliebt hatte. Nach dem Tode ihres zweiten Mannes lebte sie bis zum Alter von 104 Jahren allein, dann zog sie in ein Altersheim. Mit 110 Jahren schrieb sie einen Brief an Jeanne Calment, die zu diesem Zeitpunkt fast 122 Jahre alt war. Erst in ihren allerletzten Lebensjahren war sie ans Bett gefesselt und geistig verwirrt, bevor sie 2002 im Alter von 115 Jahren an einer Lungenentzündung starb.

Schon ein Blick genügt, um zu sehen, dass die beiden Biographien kaum etwas gemeinsam haben. Eine Tochter gegen sieben Kinder, ein behütetes großbürgerliches Leben gegen harte körperliche Arbeit, das ganze Leben in derselben Stadt gegen eines, das die Protagonistin auf verschiedene Kontinente führte – die Schnittmenge der beiden Lebenswege ist wahrlich begrenzt. Einzig eine positive Lebenshaltung lässt sich bei beiden herauslesen: Wer mit Mitte 70 noch einmal heiratet und mit 100 zum Fischen geht, stellt dieselbe Lebenslust unter Beweis wie jemand, der sich selbst von einem Knochenbruch mit 115 nicht aus der Bahn werfen lässt.

In der Tat hatte das sechsköpfige Demographen-Team um Bernard Jeune große Mühe, Schnittmengen zu finden. Unter den sogenannten Supercentenarians sind Kinderlose wie Kinderreiche. Eine afroamerikanische Frau gebar sogar 15 Kinder und wurde trotz dieser körperlichen Strapazen 115 Jahre alt! Manche der Superalten stammten aus bürgerlichen Verhältnissen, andere waren Arbeiter und Farmer, einige sogar die Kinder von Sklaven. Einige hatten Eltern und Geschwister, die ebenfalls überdurchschnittlich alt wurden, bei anderen war das nicht der Fall. Eins zeichnet sich jedoch ab: Extreme Langlebigkeit ist nichts, was wir überwiegend vererbt bekommen.

Die älteste Niederländerin, Hendrikje van Andel-Schipper (1890–2005), kam als Frühgeburt zur Welt. Zum Erstaunen aller überlebte das winzige Kind, doch nur dank der intensiven Fürsorge ihrer Großmutter in den ersten Wochen. Noch als Schulkind war Hendrikje zu kränklich, um eine öffentliche Schule zu besuchen, weswegen sie zu Hause unterrichtet wurde. Sie heiratete erst mit 49, gegen den Willen ihrer Eltern, und blieb kinderlos.

Von allen «Rezepten» für ein langes Leben ist das von Hendrikje van Andel-Schipper vielleicht das sicherste: «Nicht rauchen und nicht zu viel Alkohol», gab sie zu Protokoll, und darüber hinaus: «Einfach immer weiteratmen, sonst nichts.»[13] Der gemeinsame Nenner der Biographien extrem langlebiger Menschen beschränkt sich auf wenige, gleichwohl interessante Aspekte:

- Kein Einziger unter den Hochbetagten war während seines langen Lebens übergewichtig.
- Kaum jemand rauchte, und wenn doch (wie Madame Calment), dann nur sehr wenig.
- Die weit überwiegende Mehrheit waren Frauen. Offenbar ist es von Vorteil, zwei X-Chromosomen statt eines XY-Paares zu besitzen, weil so Gendefekte bei der Reproduktion der Zellen besser ausgeglichen werden.
- Die meisten lebten bis weit nach ihrem 100. Geburtstag selbständig und gaben erst sehr spät ihre Unabhängigkeit auf.
- Alle werden von ihren Verwandten als starke Persönlichkeiten mit eigenem Willen beschrieben. Es handelte sich jedenfalls bei allen um Menschen, die ihr Leben selbst in die Hand nahmen und gestalteten.

---

13 Siehe Jeune et al. 2010, Zitate vom Autor ins Deutsche übertragen.

- Gleichzeitig werden häufig der Humor und die Freundlichkeit der Betroffenen hervorgehoben.
- Am Ende ihres Lebens waren alle Befragten mit ihrem Leben ausgesöhnt. Sie hatten keine Angst vor dem Tod und wünschten sich ihre Jugend auch nicht zurück.

So belegen auch die Supercentenarians die erstaunliche Spannbreite menschlichen Alterns. Es gibt kein biologisches Grundprogramm, das uns unweigerlich mit 70, 80 oder 90 an den Rollator oder gar in die geistige Verwirrung zwingt. Selbst widrige Lebensumstände hindern manche Menschen nicht daran, sehr alt zu werden und dabei fast bis zum Ende hellwach zu bleiben. Gleichzeitig zeichnet sich ab, dass eine positive Lebenseinstellung und die Versöhnung mit dem Älterwerden eine Voraussetzung für das Ansammeln vieler guter Lebensjahre sein könnte. Mit Jammern und Lust am Schwarzsehen wird man nicht 110!

Natürlich kann das Leben uns schlechte Karten zuspielen – einen Unfall, eine schwere Krankheit oder die genetische Disposition für ein chronisches Leiden. Doch die allermeisten Krankenhausaufenthalte der Ü65-Jährigen in Deutschland gehen auf das Konto typischer Zivilisationskrankheiten und sind damit in erster Linie eine Folge unserer Lebensführung. Herzinsuffizienz steht bei beiden Geschlechtern mit großem Abstand an der Spitze. Bei den Männern folgen Lungenentzündungen und andere chronische Lungenerkrankungen, z.B. der sogenannte Raucherhusten, bei den Frauen Bluthochdruck sowie der Bruch des Oberschenkelhalsknochens (vgl. Statistisches Bundesamt 2015a, S. 38).

Darüber hinaus hatten wir im Vergleich zu den Porträtierten schon früh im Leben Zugang zu einer modernen Hochleistungsmedizin und werden diesen in Zukunft erst recht noch haben. Alle Langlebigen profitierten zwar im hohen Alter von medizinischen Errungenschaften, die ihnen eine neue Hüfte, ein Hörgerät oder die Behandlung mit Antibiotika verschafften. Doch wir werden dank des rasanten medizinischen Fortschritts auf Behandlungen zurückgreifen können, von denen Madame Calment und ihre Altersgenossinnen und -genossen nur träumen konnten!

DAS GEHEIMNIS DER «BLAUEN ZONEN»

«Blaue Zonen» nannten die Demographen Michel Poulain und Giovanni M. Pes die Regionen, in denen die meisten sehr alten Menschen lebten, einfach deswegen, weil sie die jeweiligen Bereiche auf der Landkarte mit blauen Kreisen markiert hatten. In den Bergdörfern der Provinz Nuoro in Sardinien, einer dieser Zonen, erreichen vor allem Männer ein Alter von 100 oder mehr: Es sind doppelt so viele wie im italienischen Durchschnitt. Poulain und Pes vermuten daher eine genetische Komponente (Poulain / Pes et al. 2004). Insgesamt ist der Anteil der Ü100-Jährigen, also Männer wie Frauen, in Nuoro etwa doppelt so hoch wie im europäischen Durchschnitt. Die Bewohner selbst sagten dem Magazin *National Geographic* im Jahr 2005, sie würden dafür neben anderen Faktoren auch die Tatsache verantwortlich machen, dass Männer und Frauen den Alltag hier gemeinsam bewältigen[14]. Ähnlich wie die Supercentenarians ziehen auch die blauen Zonen immer wieder Aufmerksamkeit auf sich, weil man sich von ihnen

---

14 http://ngm.nationalgeographic.com/2005/11/longevity-secrets/buettner-text (Zugriff am 15.06.2016).

eine Lösung des Rätsels außergewöhnlicher Langlebigkeit erhofft.

Sardinien beherbergt nicht die einzige blaue Zone auf unserem Planeten. Berühmt für ihr hohes Alter sind auch die Bewohnerinnen und Bewohner der japanischen Insel Okinawa, die als «Insel der Hundertjährigen» gilt. 2004 kamen hier auf 1,3 Millionen Einwohner 500, die 100 Jahre und älter waren; heute sollen es mehr als 900 sein. Im Vergleich zu Deutschland erreichen damit in Okinawa statistisch mehr als viermal so viele Menschen ein biblisches Alter. Als «Dorf der Hundertjährigen» gilt Ogimi, das Anne Schneppen für die Frankfurter Allgemeine Zeitung porträtierte[15]. «Mit 70 bist du ein Kind, mit 80 ein Jugendlicher, und mit 90, wenn dich deine Ahnen in den Himmel rufen, bitte sie, zu warten, bis du 100 bist – dann könntest du darüber nachdenken», steht auf der Tafel, mit der Ogimi seine Besucher begrüßt. Das Dorf mit rund 3500 Einwohnern liegt am Meer in grüne Hügel gebettet, eine Idylle mit kleinen Holzhäusern und blühenden Gärten. Berühmt geworden sind das Örtchen und die Insel durch die Publikation *The Okinawa Program* des US-amerikanischen Forschers Bradley Willcox aus dem Jahr 2002. In Deutschland sorgte ein weiteres Buch über die japanische Insel für Aufsehen, *Das Okinawa-Prinzip* von Jane Kennedy aus dem Jahr 2009.

Auf Okinawa werden seit über 125 Jahren verlässlich Familienmelderegister geführt. Wer hier von sich sagt, er sei über 100, der ist es auch wirklich. Ein Altersforscher der lokalen Universität, Kazuhiko Taira, macht für die Langlebigkeit der

---

15 Siehe www.faz.net/aktuell/gesellschaft/gesundheit/altersforschung-mit-70-ein-kind-mit-80-jugendlicher-1142522.html (Zugriff am 12.05.2016).

Bewohner «eine Mischung aus einer Vielzahl von Faktoren» verantwortlich: «Essgewohnheiten, Klima, Lebensstil, Bewegung, Schlafgewohnheiten». Die Bewohner essen wenig Salz und Fleisch, stattdessen viel Gemüse, Bohnen und Tofu, und sie essen vor allem in Maßen. Hier gilt die Maxime: viele kleine Portionen und den Magen nur zu 80 Prozent füllen.

Der soziale Zusammenhalt ist hoch, wie man unter anderem in Ogimi beobachten kann. Die Älteren treffen sich regelmäßig im Seniorenclub, zum Musizieren, Tanzen oder Ballspielen. Sie pflegen eine enge Beziehung zu ihren Familien, legen aber gleichzeitig großen Wert auf ihre Unabhängigkeit. «Wir können das Arbeiten nicht lassen», erklärt einer der Senioren. Und Ushi Okushima, mit 102 eine der Ältesten, berichtet, noch vor zwei Jahren habe sie ihre tägliche Morgengymnastik am Strand gemacht. Inzwischen bleibe sie allerdings auf Wunsch ihrer besorgten Familie im eigenen Garten. Das Klima auf Okinawa ist gemäßigt, man vermeidet Hetze und gönnt sich täglich ein kleines Mittagsschläfchen. Herz- und Kreislauferkrankungen kennt man hier kaum, die Krebsrate ist eine der weltweit niedrigsten, und Alzheimer ist seltener als auf den japanischen Hauptinseln. Sorge bereitet Professor Taira allerdings die junge Generation, die sich weniger bewegt und US-amerikanisches Fastfood liebt. Okinawa ist ein US-amerikanischer Stützpunkt, dadurch haben McDonald's und Co. Einzug gehalten. «Es kommt heute oft vor, dass Kinder und Enkel vor Oma und Opa sterben», so Taira.[16]

Weitere blaue Zonen sind Ikaria in Griechenland, die Adventistengemeinde Loma Linda in Kalifornien, Nicoya in Costa Rica. Auch Vilcabamba, das «Tal der Hundertjährigen»

---

16 Für eine ausführlichere Darstellung siehe Schneppen 2004.

in Ecuador, gehört dazu, wenngleich es in Verruf geraten ist, als sich herausstellte, dass einige geschäftstüchtige Bewohner ihre Altersangaben drastisch übertrieben hatten. Trotzdem erreichen die Menschen auch hier ein überdurchschnittliches Alter, was von einigen Wissenschaftlern auf sogenannte negative Ionen in der Gebirgsluft, von anderen auf das mineralreiche Wasser zurückgeführt wird. All das ist mehr oder minder spekulativ. Ein nüchterner Blick auf die Liste der blauen Zonen lässt auf andere Gründe schließen: So dürfte es kein Zufall sein, dass es sich ausnahmslos um überschaubare soziale Einheiten in gemäßigten Klimazonen, ohne den Stress und die Umweltverschmutzung eines modernen Großstadtdschungels handelt. Als Schnittmenge von Loma Linda, Okinawa und Sardinien kristallisieren sich für den Blue-Zone-Spezialisten Dan Buettner (2010) folgende Faktoren heraus:

- enge familiäre Bindungen,
- soziales Engagement,
- vorwiegend pflanzliche Ernährung, die Hülsenfrüchte einschließt,
- nicht rauchen und
- stetige moderate Bewegung.[17]

Langlebigkeit wird damit zu einer Frage des Lebensstils, und konsequenterweise liefert Buettner ein Rezept, wie jeder sich seine eigene, ganz persönliche blaue Zone kreieren kann: durch Zugehörigkeit («Belong»), richtige Ernährung (unter anderem entsprechend der 80-Prozent-Regel aus Okinawa), eine positive Lebenseinstellung (sinnerfüllt, stressreduziert)

---

17 Eine graphische Übersicht ist im Netz zu finden unter https://en.wikipedia.org/wiki/Blue_Zone#/media/File:Vendiagram.gif.

und kontinuierliche Bewegung (Buettner 2010, S. 223). In den nächsten Abschnitten werden wir sehen, dass diese Philosophie eine große Übereinstimmung mit sonstigen Erkenntnissen zu den Faktoren geistiger und körperlicher Fitness aufweist.

Wie schnell oder langsam wir altern, ist also kein schicksalhafter Prozess, sondern Produkt unserer Lebensumstände und eigenen Lebensführung. Das bestätigt auch ein Blick auf die von der Weltgesundheitsorganisation WHO herausgegebene aktuelle Liste der weltweiten Lebenserwartung: Die Top-5-Länder mit der höchsten Lebenserwartung waren 2013 wohlhabende Staaten wie Monaco (89,6 Jahre), Macao (84,5), Japan (84,2), Singapur (84) und San Marino (83,1). Zu den Schlusslichtern von weltweit 223 Nationen gehörten neben Afghanistan (50,1 Jahre) Regionen auf dem afrikanischen Kontinent, die sich durch teils extreme Armut auszeichnen: Swasiland (50), Guinea-Bissau (49,5), Südafrika (49,48) und der Tschad (49) (siehe www.laenderdaten.de). Ein Baby, das heute im Tschad geboren wird, hat also statistisch gesehen eine Chance auf nur gut halb so viel Leben wie ein Säugling, der im reichen Monaco zur Welt kommt. Diese Gegenüberstellung illustriert in schockierender Weise, wie wenig allein von der menschlichen Biologie als solcher abhängt und wie viel von der Art, wie ein Leben geführt wird oder – mit Blick auf Bürgerkriege, Armut und schlechte medizinische Versorgung in vielen Regionen der Welt – geführt werden *muss*.

Bei alldem geht es um statistische Trends. Natürlich leben auch im Tschad Greise, genau wie jeder Raucher todsicher einen Kettenraucher kennt, der steinalt geworden ist. Nur verdrängt er dabei die zahlreichen rauchenden Mitmenschen, die längst gestorben sind.

DIE GRAUEN ZELLEN UND DIE KLUGHEIT DES ALTERS

«In der ersten Lebenshälfte sind wir schneller, in der zweiten weiser», so fasst der Neurobiologe Martin Korte die Entwicklung unseres Gehirns zusammen. Die erstaunliche Variationsbreite in der mentalen Fitness überrascht ihn nicht: «Das Gehirn gehört zu den Organen des Menschen, die nicht durch Schonung, sondern durch ständiges Training besser werden bzw. in ihrer Leistungsfähigkeit erhalten bleiben» (Korte 2014, S. 85 und 90). Was das heißt? Der physische Abbau unseres Gehirns über die Lebensspanne ist unausweichlich, ein daraus resultierender mentaler Abbau ist es nicht. Ein wichtiger Faktor hierbei ist, wie schon in Kapitel 1 – Das kalendarische Alter beschrieben, dass unser Gehirn nicht einheitlich altert. Unsere fluide Intelligenz nimmt zwar ab, das heißt, wir können uns Fakten immer schlechter merken und verarbeiten Informationen immer langsamer, weil die Verarbeitungsgeschwindigkeit sinkt, weswegen uns beispielsweise das Erlernen neuer Sprachen zunehmend schwerer fällt. Andererseits nimmt unsere kristalline Intelligenz aber stetig zu. Damit ist unser Kontextwissen gemeint, also unser Schatz an Erfahrungen, unser strategisches Wissen, unsere Fähigkeit, neue Ereignisse auf der Basis allgemeiner Muster rasch, zutreffend und klug einzuschätzen.

Diese Tatsache ist uns im Alltag durchaus bewusst. In heiklen Situationen vertrauen wir eher einer erfahrenen Person (und damit meistens einer älteren) als einem «Grünschnabel» – gleichgültig, ob ein Unternehmen in wirtschaftliche Schieflage, ein Tanker in Seenot oder ein Angehöriger in eine lebensbedrohliche Situation geraten ist. Eine unserer Studien bestätigt, dass Mitarbeiterinnen und Mitarbeiter insbesondere in Krisensituationen eher einer älteren als einer jüngeren Führungskraft vertrauen (Spisak, Brian R. et al. 2014). Jemandem, der schon über drei oder vier Jahrzehnte gelebt hat, gestehen wir eher zu, eine komplexe Situation mit all ihren Aspekten wahrzunehmen, ganzheitlich abzuwägen und eine kluge Entscheidung zu treffen – ein Verhalten, das allgemein auch als «Weisheit» bezeichnet wird.

Die landläufige Meinung, die Weisheit käme automatisch mit dem Alter, ist allerdings falsch, denn wer sein Leben führt, ohne zu reflektieren, der wird auch nicht weiser. Grundsätzlich gilt jedoch: Mit 15 oder 30 Jahren kann man nicht in gleichem Maße «weise» sein wie jemand, der doppelt oder gar dreimal so alt ist – weil man schlicht und ergreifend zu wenige Vergleichssituationen erlebt hat. Jede Erfahrung hinterlässt Spuren im Gedächtnis, und je mehr Erfahrungen wir sammeln, desto größer ist die Chance, dass bestimmte Einzelereignisse oder Indizien bestimmte übergeordnete Muster aktivieren. Auf hirnphysiologischer Ebene werden dabei neuronale Netzwerke angesprochen, die anspringen, sobald ein Teil von ihnen stimuliert wird.

Wenn Sie in der Mitte des Lebens angekommen sind, kennen Sie das vermutlich: In manchen Situationen haben Sie einfach «ein ungutes Gefühl» und treffen Vorsichtsmaßnahmen. Sie bekommen beispielsweise am Arbeitsplatz ein Projekt übertragen und denken nach der ersten Besprechung: «Oha, das riecht nach Ärger!» Das kann an der Konstellation der Beteiligten liegen, an unrealistischen Zielvorgaben, an Teilaufgaben, die notorisch schwierig sind. All das ahnen Sie, weil es eben nicht ihr erstes oder zweites Projekt ist und weil Sie kleine Indizien deuten können. «Bauchgefühl» oder «Intuition» sind keine mysteriöse Hellseherei, sondern komprimiertes Erfahrungswissen, mentale Abkürzungen im

Gehirn, die unbewusst treffsichere Urteile ermöglichen. Ein junger Kollege, der neu in der Firma ist und vielleicht noch am Anfang seiner Laufbahn steht, kann dieses für gute Entscheidungen notwendige Bauchgefühl noch gar nicht haben. Dafür behält er müheloser viele Einzelinfos im Kopf, muss sich weniger notieren, ist reaktionsschneller und ermüdet später. In unseren Laborexperimenten konnten wir nachweisen, dass Menschen mit zunehmendem Alter intuitiv bessere Entscheidungen treffen: Angesichts der Aufgabe, ein Arbeitsteam zusammenzustellen, setzen Jüngere durchweg auf Teams mit geringer Diversität, d. h., sie achten weniger auf Vielfalt in Bezug auf Alter, Geschlecht, Nationalität, Kultur oder Religion. Und das unabhängig davon, ob nun einfache oder komplexe Aufgaben zu lösen sind. Ältere wissen hingegen vermutlich aufgrund ihrer Erfahrung intuitiv, dass sie für komplexe Aufgaben Teams mit hoher Diversität zusammenstellen müssen. Denn dank der unterschiedlichen Sichtweisen und verschiedenen kognitiven Inputs haben sie insgesamt höhere Erfolgschancen. Mehr zum Thema «Diversität» bzw. «Diversity» erfahren Sie in Kapitel 4 – Das soziale Alter im Abschnitt «Rente mit 63? 73? 93? Warum es uns guttut, länger zu arbeiten».

Auch privat verändert Lebenserfahrung unser Verhalten, etwa wenn es darum geht, in einer schwierigen Lage nach Lösungen zu suchen, diplomatisch zu agieren und die Interessenlagen anderer einzukalkulieren. Die Wahrscheinlichkeit, dass das gelingt, ist mit 40 höher als mit 14, ein Alter, in dem man vorzugsweise auf die Flucht nach vorn setzt, mit den Türen knallt und beleidigt ist. Das liegt auch daran, dass unsere beiden Gehirnhälften erst mit etwa 25 Jahren vollständig vernetzt sind. Vielleicht ein kleiner Trost, dies zu wissen, wenn wir das nächste Mal hilflos einem rebellischen Pubertierenden gegenüberstehen. Und ja, es gibt auch 70-Jährige, die mit den Türen knallen, dass die Wände wackeln. Doch im Schnitt haben wir unsere Emotionen im Alter besser im Griff, was ebenfalls mit Veränderungen im Gehirn zusammenhängt: Zum einen werden die beiden Gehirnhälften ausgewogener eingesetzt, zum anderen können wir die Amygdala, den sogenannten Mandelkern, besser kontrollieren. Als wichtiger Teil des limbischen Systems spielt sie nämlich bei der emotionalen Bewertung von Situationen eine zentrale Rolle (siehe Korte 2014, S. 160 ff.).

Dass Weisheit – als Treffen kluger Entscheidungen in komplexen Situationen – eher im Alter als in der Jugend anzutreffen ist, belegt die Berliner Altersstudie des inzwischen verstorbenen Paul Baltes. Er ermittelte mit Hilfe von Fragebögen, wie die Befragten sich in konkreten Situationen verhalten oder was sie auf bestimmte sehr allgemeine Fragen antworten würden. Anschließend wurden die Antworten einer zweiten Gruppe von Personen vorgelegt. Sie beurteilten dann, ohne die erste Gruppe zu kennen, welche Antworten sie für «weise» hielten. Fast alle Antworten, die als weise eingestuft wurden, stammten von über 65-Jährigen! Natürlich schützt Alter nicht automatisch vor Torheit, wie der Volksmund weiß. Aus einem geistig trägen jungen Menschen kann ohne weiteres ein geistig träger älterer Mensch werden, wenn der Betreffende wenig reflektiert und Entwicklungsmöglichkeiten nicht nutzt. Doch die Chance, über die Kompetenzen zu verfügen, die uns weise werden lassen, ist im Alter höher als in der Jugend. Die Komponenten, die Weisheit ausmachen, sind nach Baltes:
– Fakten- und Strategiewissen über grundlegende Lebensfragen,
– Wissen um die Ungewissheit des Lebens,

- Wissen um die Kontexte des Lebens und des gesellschaftlichen Wandels (d. h. das Bewusstsein, dass «richtig» oder «falsch» auch von der Lebenssituation eines Menschen und der Zeit, in der man lebt, abhängt),
- Wissen um die Relativität von Werten und Lebenszielen (d. h. das Bewusstsein, dass das, was für mich gilt, nicht unbedingt für mein Gegenüber richtig und wichtig ist) (vgl. Korte 2014, S. 181 ff.).

Aus dem Leben gegriffen
Interviews mit Politikerinnen und Politikern können gähnend langweilig sein. Ganz anders war das am Wahlabend der Bundestagswahl 2005 in der sogenannten Elefantenrunde mit den Spitzenkandidatinnen und -kandidaten der großen Parteien. Auch über zehn Jahre danach erinnern sich viele Menschen noch lebhaft an den Auftritt von Gerhard Schröder, der trotz herber Verluste nicht wahrhaben wollte, dass seine Zeit als Kanzler abgelaufen war. Schröder fiel völlig aus der Rolle und verstieg sich zu der Äußerung, Merkel könne doch nicht ernsthaft glauben, sie würde Kanzlerin! Weise war diese Pöbelei sicher nicht. Besonnener reagierte dagegen die Kontrahentin, die Schröders Angriffe einfach ins Leere laufen ließ, statt verbal mit ihm in den Ring zu steigen. Das war strategisch klug und weitsichtig. Ergebnis: Angela Merkel wirkte souverän, Schröder entlarvt.
Hier bewies die Jüngere eindeutig mehr Weisheit als ihr zehn Jahre älterer Vorgänger. (Das Video finden Sie unter www.youtube.com/watch?v=SdkuQNvuJgs.)

Im Alter ist unsere Festplatte ganz schön voll, was durchaus ein Vorteil ist. Viele Menschen hätten zwar gern die glatte

Haut oder die körperliche Energie der Jugend zurück, doch sie verzichten gerne auf die Fehler und Pannen, die man aus heutiger Sicht vermeiden oder gelassener bewältigen würde. Möglicherweise kommen auch Ihnen frühere Ereignisse in den Sinn, über die Sie heute sagen: «Wie konnte ich damals nur?!» Wir gewinnen also an Erfahrung und Lebensweisheit – verlieren aber an Reaktionsgeschwindigkeit und Schnelligkeit. Und das ist auch der Grund dafür, dass es uns mit zunehmendem Alter schwerer fällt, Vokabeln zu lernen, uns Namen zu merken oder im Supermarkt an alles zu denken, ohne auf den Einkaufszettel zu gucken. Wir werden allmählich vergesslicher, und wenn uns dann plötzlich nicht mehr einfällt, wie der Schauspieler aus unserem Lieblingsfilm im echten Leben heißt, fragen wir uns bestürzt, ob das nun ein erstes Anzeichen von Demenz ist.

Die gute Nachricht zuerst: Solange Sie noch merken, dass Sie sich nicht erinnern, besteht kein großer Anlass zur Sorge. Die schlechte Nachricht: Ja, es ist tatsächlich so, dass unser Faktengedächtnis nachlässt. Das hängt unter anderem damit zusammen, dass (auch) der Hippocampus von Alterungsprozessen betroffen ist, die Hirnregion also, die für die Speicherung von Fakten und sprachlich kodierten Gedächtnisinhalten wesentlich verantwortlich ist. In der Tat ist es so, dass unser «explizites Gedächtnis», in dem wir Daten, Details und singuläre Ereignisse abspeichern, in der Jugend besser funktioniert als später. Allerdings macht dieser Bereich nur einen Teil unseres Gedächtnisses aus. Darüber hinaus haben wir nämlich auch motorische Fähigkeiten und Handlungsfolgen abgespeichert, allgemeine Prinzipien und Muster, auch unbewusste Erinnerungen, und zwar in unserem «impliziten Gedächtnis». Wie man Fahrrad fährt, Schnürsenkel bindet oder bei der Planung einer Reise vorgeht, vergessen wir normalerweise nicht. Wie kommt es dann, dass uns Namen oder Fakten so leicht durchrutschen und es uns schwerer fällt, Neues zu lernen? Neben der Gehirnalterung spielen hier folgende Faktoren eine Rolle:

- Wir können uns im Alter – und zwar ebenfalls aufgrund hirnphysiologischer Veränderungen – schlechter konzentrieren und sind leichter ablenkbar. Dies hängt u. a. damit zusammen, dass unser Arbeitsgedächtnis nicht mehr ganz so rasch funktioniert.
- Gelegentlich gibt es auch organische Ursachen für Gedächtnispannen, beispielsweise Dehydrierung, weil wir zu wenig trinken, oder in manchen Fällen auch ein Vitamin- oder Mineralstoffmangel.
- Wir sind nicht mehr so geübt darin, uns Dinge einzuprägen, weil wir das anders als Schüler oder Studierende nicht mehr tagtäglich tun.
- Wir schreiben Vergesslichkeit oder andere Gedächtnisirrtümer einseitig unserem Alter zu, während jüngere Erwachsene andere Faktoren dafür verantwortlich machen, zum Beispiel Stress oder Müdigkeit. Auch mit 25 vergisst man schon den Einkaufszettel oder verlegt seinen Schlüssel!
- Wir trauen uns weniger zu und senken dadurch unsere Leistungsfähigkeit. Das belegen wissenschaftliche Untersuchungen mit Menschen über 65, die angaben, Gedächtnisprobleme zu haben und im Alltag häufig antriebslos und trübsinnig zu sein. Unter Laborbedingungen bestätigten sich die vermeintlichen Gedächtnisprobleme dann aber gar nicht. «Wer weniger von sich fordert, bekommt früher oder später auch recht», schlussfolgert Korte (2014, S. 136).

In einer für ganz Deutschland repräsentativen Studie an der Jacobs University Bremen fanden wir heraus, dass die Fähigkeit zu lernen und auch die Qualität der Lernstrategien im Laufe des Lebens zurückgeht. Bei Otto, einem der Partnerunternehmen in unserem WDN – WISE Demografie Netzwerk, war dieses Verhältnis aber umgekehrt: Je älter die Mitarbeiterinnen und Mitarbeiter wurden, desto besser konnten sie lernen. Dies lag ganz offensichtlich an den regelmäßigen Trainings, die alle Führungskräfte dort durchlaufen (Stamov Roßnagel et al. 2008; Stamov Roßnagel et al. 2009). Wieder einmal bestätigt sich: Alter ist Kopfsache! Ob und wie vergesslich wir im Alter tatsächlich werden, ist auch Einstellungs- und Übungssache. Wer es für unausweichlich hält, zunehmend zerstreut zu sein, produziert damit womöglich seine eigene Vergesslichkeit. Wer dagegen überzeugt ist, dass sein Gedächtnis noch mitspielt, prägt sich Dinge bewusster ein, stellt Störfaktoren so weit wie möglich ab und bleibt so in Übung.

Die Plastizität des Gehirns zeigt sich auch bei Konzentration und Arbeitsgedächtnis. Dies belegen Studien, bei denen Seniorinnen und Senioren gezielt ihr Reaktionsvermögen trainierten, etwa mit Hilfe von Computerspielen. Ein Versuch an der University of California ergab beispielsweise, dass Menschen zwischen 60 und 85 Jahren nach nur 12 Stunden Training innerhalb von drei Wochen so reaktionsschnell waren wie untrainierte 20-Jährige. Zum Einsatz kam das 3D-Spiel *NeuroRacer*, bei dem es darum geht, eine kurvige Fahrstrecke in möglichst kurzer Zeit zu bewältigen und gleichzeitig auf ein bestimmtes aufleuchtendes Signal hin eine Taste zu drücken. Arbeitsgedächtnis und Reaktionsvermögen hatten sich nicht nur im Spiel, sondern auch darüber hinaus verbessert, wobei dieser Effekt noch sechs Monate später nachweisbar war. «Unsere Ergebnisse sind ein eindrucksvolles Beispiel dafür, wie flexibel und formbar das ältere Gehirn noch ist», kommentierte Studienleiter Adam Gazzaley[18]. Knapp 35 Minuten Training pro Tag reichten offenbar aus, um das Gehirn zu verändern.

Aus dem Leben gegriffen

Mit Erfindung der bildgebenden Verfahren machte die Wissenschaft unter anderem die erstaunliche Entdeckung, dass unsere Gehirne sich ihrem Gebrauch anpassen und auch im Erwachsenenalter noch formbar sind. Legendär ist in diesem Zusammenhang eine Studie an Londoner Taxifahrerinnen und -fahrern, die bis zum Ende ihrer drei- bis vierjährigen Ausbildung rund 25 000 Straßennamen und 20 000 Londoner Sehenswürdigkeiten auswendig lernen müssen. Eine Langzeitstudie des University College of London stellte anhand von Vorher-nachher-Gehirnscans fest: Wer die Taxiausbildung erfolgreich absolviert hatte, bei dem war während der Ausbildung die graue Substanz im Hippocampus gewachsen. Wurde die Ausbildung hingegen abgebrochen, konnte eine solche Veränderung genauso wenig festgestellt werden wie bei einer Vergleichsgruppe, die keine Straßen und Orte lernen musste (Woollett / Maguire 2011).

Bis ins hohe Alter reagieren unsere grauen Zellen wie ein Muskel, der bei Beanspruchung wächst, betonen Neurologen unisono. Allerdings erfordert das wie beim Muskeltraining

---

18 Siehe Die Welt vom 04.09.2013, «Senioren können Hirnleistung mit Videospiel steigern».

Anstrengung: «Man sollte sich jeden Tag mit anspruchsvollen Dingen beschäftigen, das hält geistig fit. Das Denken sollte gern auch mal qualvoll sein, hin und wieder muss es wehtun», empfiehlt beispielsweise der Hirnforscher Gerhard Roth (2015, S. 26). Kreuzworträtsel dürften da kaum genügen, da sie nur das Faktenwissen trainieren. Empfehlenswert sind vielmehr komplexe Alltagsaufgaben, die uns ganzheitlich fordern: eine neue Sprache lernen oder ein Instrument, sich in einer neuen Stadt zurechtfinden oder sich wie (Herr R. aus Kapitel 1 – Das kalendarische Alter) fortbilden und beim Kochen immer wieder etwas Neues ausprobieren. Wer tut, was ihm Spaß macht, bleibt am Ball und trägt ganz nebenbei etwas zu seiner geistigen Fitness bei.

Was bedeutet all das für unsere Angst vor Demenz und Alzheimer? Beide Stichworte sind zu Synonymen für die Gebrechlichkeit und Hinfälligkeit des Alters geworden, denn mit den Lebensjahren nimmt die Zahl der Erkrankungen drastisch zu. Zwischen 75 und 79 Jahren ist in Deutschland rund jeder 14. betroffen, zwischen 80 und 84 ist es jeder Siebte, zwischen 85 und 89 jeder Fünfte und über 90 fast jeder Dritte. Frauen erkranken dabei etwas häufiger als Männer, so die Deutsche Alzheimer Gesellschaft.[19] Die Gefahr ist also real, auch wenn man umgekehrt feststellen kann, dass selbst von den über 90-Jährigen zwei Drittel geistig fit sind! Alzheimer ist mit 55 bis 60 Prozent die häufigste Form aller Demenzen. Etwa 20 Prozent der Patientinnen und Patienten leiden an vaskulären, also an gefäßbedingten Demenzen,

---

19 Zwischen 85 und 89 Jahren sind 20,85 Prozent der Männer betroffen und 28,35 Prozent der Frauen; bei den über 90-Jährigen 29,18 % der Männer und 44,17 % der Frauen. Die Zahlen beziehen sich auf das Jahr 2012. Siehe Deutsche Alzheimer Gesellschaft o. J. S. 2.

oft infolge mehrerer kleiner Hirninfarkte aufgrund von Arterienverschlüssen. Daneben existieren weitere seltene Formen von Demenz. Laut medizinischer Definition sind bei einer Demenz «die Hirnfunktionen so weit vermindert, dass das Alltagsleben beeinträchtigt ist» (Westendorp 2015, S. 145). Im Falle einer Alzheimererkrankung entgleitet den Betroffenen langsam das Leben, angefangen bei einzelnen Gedächtnislücken und Orientierungsproblemen bis hin zu gänzlicher Hilflosigkeit. Über die genauen Ursachen der Erkrankung rätseln die Forscher noch, auch wenn in den letzten Jahren Eiweißablagerungen im Gehirn, sogenannte Amyloid-Plaques, ins Visier geraten sind. Im Zusammenspiel mit einer weiteren Fehlfunktion im Gehirnstoffwechsel, der Bildung von sogenannten Tau-Fibrillen, die das Zellskelett angreifen, scheinen diese Plaques maßgeblich am geistigen Verfall beteiligt zu sein. Gelöst ist das Rätsel von Alzheimer damit jedoch noch nicht, denn überraschenderweise fand man bei der Obduktion von Menschen, die im hohen Alter geistig fit waren, ebenfalls solche Plaques. Da ist zum Beispiel der Fall einer Nonne, die mit 85 im Rahmen der Minnesota Nun Study in allen kognitiven Tests sehr gut abschnitt – obwohl ihr Gehirn, wie sich nach ihrem Herztod herausstellte, mit zahlreichen Plaques rein physisch dem Zustand «der höchsten Demenzstufe» entsprach. Ähnlich erstaunlich ist das Beispiel eines 73-jährigen Londoner Professors und leidenschaftlichen Schachspielers, der beunruhigt war, weil er nur noch vier statt sieben Züge vorausdenken konnte. Die üblichen Tests ergaben bei ihm keinerlei kognitive Einschränkungen, doch auch in diesem Fall fanden Ärzte bei der späteren Obduktion die für Alzheimer typischen Plaques und Tau-Fibrillen im Gehirn. Das Schachspieler-Gehirn war organisch bereits erkrankt, doch gleichzeitig so geübt, dass dies nur bei geistiger

Hochleistung ins Gewicht fiel und nicht im Alltag (Korte 2014, S. 224).

Fälle wie diese stützen die sogenannte Cognitive-Reserve-Theory. Sie geht davon aus, dass gut trainierte Gehirne den Ausbruch einer Demenz hinauszögern können, weil sie besser in der Lage sind, erste Ausfälle zu kompensieren. Dabei nimmt die Medizin einen möglichen Aufschub von sieben, zehn oder sogar mehr Jahren an. «Wenn man mit einem wachen Verstand gesegnet ist, kann das Gehirn mehr Schäden verkraften», schreibt der niederländische Altersforscher Rudi Westendorp (2015, S. 147). Dies korrespondiert mit der erschreckenden Tatsache, dass Menschen mit niedrigem Bildungsstand doppelt so häufig an Alzheimer erkranken wie Menschen mit hohem Bildungsstand (Korte 2014, S. 225).

Unsere Urgroßväter und -mütter hatten noch ein geringeres Demenzrisiko als wir: Schlicht und ergreifend deshalb, weil sie häufig schon starben, bevor die Krankheit ausbrechen konnte. Wir dagegen werden älter, und damit steigt unser Demenzrisiko. Gleichzeitig haben wir aber aufgrund größerer Bildungschancen mehr Möglichkeiten, dem geistigen Verfall vorzubeugen.

Aus dem Leben gegriffen
Wie viel Zeit verbringen Sie in Ihrem Alltag damit, Neues zu entdecken und zu lernen? 2003 veröffentlichte das Statistische Bundesamt die Ergebnisse einer repräsentativen Studie unter dem Titel «Wo bleibt die Zeit?». Kinder und junge Erwachsene im Alter zwischen 10 und 18 Jahren verbringen demnach im Schnitt 3,5 Stunden pro Tag mit Lernen. Dabei zählen Selbststudium und Learning by Doing genauso wie Kurse und institutio-

nelle Aus- und Weiterbildung.[20] Zwischen 18 und 25 Jahren sinkt die Lernzeit bereits auf 1,5 Stunden täglich, zwischen 25 und 45 sind es noch 19 Minuten, zwischen 45 und 65 Jahren reduziert sich der zeitliche Aufwand auf 7 Minuten Lernen pro Tag. Bei den Ü65-Jährigen sind es noch ganze zwei Minuten – ungefähr so lange, wie Sie brauchen, um eine Seite dieses Buches zu lesen! Wie immer bei Durchschnittswerten verdecken diese Angaben die Extrempole, in diesem Fall wissbegierige Menschen auf der einen Seite und Menschen, die Lernerfahrungen komplett aus dem Weg gehen, auf der anderen Seite. Bei den Ü65-Jährigen scheint die zweite Gruppe allerdings erschreckend groß zu sein!

Möglicherweise hat sich das Blatt in den letzten zehn Jahren gewendet, denn der Anteil der über 65-Jährigen an den Gaststudenten, die an den deutschen Universitäten eingeschrieben sind, ist seit 2005 von 31 auf 42 Prozent (2015) gestiegen. Darüber hinaus hat sich der Anteil dieser Altersgruppe in Volkshochschulkursen im gleichen Zeitraum von 5,9 Prozent auf 15,4 Prozent fast verdreifacht (Statistisches Bundesamt 2015a). Wer im Alter noch studiert oder etwas Neues lernt, tut etwas für seine geistige Fitness. Neben der rein kognitiven Komponente wirkt sich hier auch der Kontakt zu anderen Menschen positiv aus. Denn soziale Kontakte zu pflegen oder sich sozial zu engagieren senkt Studien zufolge das Alzheimerrisiko um 12 Prozent. Eine noch positivere Wirkung zeigt

---

20 Die niedrige Zahl für Schülerinnen und Schüler wird plausibel, wenn man Ferien, Wochenenden und Feiertage abzieht. Damit bleiben weniger als 200 Schultage pro Jahr, während sich der Durchschnittswert von 3,5 Stunden täglich auf 365 Tage bezieht.

sportliche Aktivität: Wer regelmäßig Sport treibt, verringert das Risiko einer Erkrankung sogar um 38 Prozent (Korte 2014, S. 226)! Die Gründe hierfür sind ebenfalls noch nicht bis ins Letzte geklärt. Bei gefäßbedingten Demenzen leuchtet der Zusammenhang von Bewegung und Demenzprophylaxe noch ein, denn alles, was den Blutgefäßen nützt, kommt auch den Gefäßen im Gehirn zugute: Vermeidung von Bluthochdruck, Übergewicht und Bewegungsmangel, außerdem von Nikotin- und Alkoholmissbrauch. Auch Diabetes und Herzrhythmusstörungen als weitere Risikofaktoren treten bei einem gesunden Lebensstil seltener auf. Bei Alzheimer ist die gegensteuernde Wirkung des Sports nicht ganz so naheliegend, auch wenn sie sich in Untersuchungen immer wieder bestätigt. Möglicherweise führt die bessere Durchblutung des Gehirns dazu, dass die Nervenzellen umfassender mit Nährstoffen und Sauerstoff versorgt und Abfallprodukte gleichzeitig besser entsorgt werden können.

Sie sind dem Risiko, an Demenz zu erkranken, also nicht hilflos ausgeliefert. Ganz im Gegenteil: Sie können aktiv gegensteuern. Dafür ist es nie zu spät und selten zu früh. Organische Veränderungen setzen ein, lange, bevor die Krankheit sich manifestiert. Wer mit 80 noch fit sein will, treibt daher am besten schon im mittleren Alter regelmäßig Sport. Für eine Langzeitstudie an der Boston University begaben sich vor gut 20 Jahren 1094 gesunde Männer und Frauen im Alter von zirka 40 Jahren aufs Laufband. Dabei wurde anhand eines MRT-Hirnscans das Hirnvolumen sowie die kardiovaskuläre Fitness gemessen, also die Fitness von Herz und Gefäßen. Beide Tests wurden nach knapp 20 Jahren wiederholt. Als Ergebnis zeigte sich: Je schlechter die Fitness beim ersten Test war, umso kleiner das Gehirnvolumen 20 Jahre später. Die kardiovaskuläre Fitness im mittleren Alter ist also ein wichtiger Aspekt, um sich im Alter eines funktionierenden Gehirns zu erfreuen. Achten wir über die gesamte Lebensspanne auf reichlich Sport und Bewegung, erhalten wir uns maximal lange unser Gehirnvolumen (Spartano et al. 2016).

Um Missverständnissen vorzubeugen: All das heißt nicht, «selbst schuld» zu sein, wenn man schließlich doch erkrankt. Dazu sind Krankheitsursachen und -verläufe zu komplex. Es trifft auch schlanke, sportliche und geistig rege Menschen. Doch die statistische Wahrscheinlichkeit, dass es Sie trifft, senken Sie mit einem gesunden und vitalen Lebensstil erheblich.

Gleichzeitig sollten Sie im Blick behalten, dass Demenz zwar eine reale Gefahr ist, aber längst nicht so flächendeckend und unausweichlich, wie man angesichts von öffentlicher Schwarzmalerei und Panikmache vermuten könnte. Möglicherweise ist unsere Wahrnehmung hier durch das Altersbild früherer Jahrhunderte geprägt, als die sogenannte Senilität eine nahezu unausweichliche Begleiterscheinung des Alters war (von lateinisch *senium* = Greisenalter). Wenn junge Leute abschätzig von «Omis» und «Opis» sprechen, die es «nicht raffen», wenn bei «Altennachmittagen» Lieder gesungen und Basteleien angefertigt werden wie im Kindergarten – kurz: wenn Menschen jenseits der 70 oder 80 nicht mehr ernst genommen und infantilisiert werden –, dann wird es höchste Zeit, sich zu wehren. Denn wer sich das geistige Greisenmäntelchen umhängen lässt, läuft Gefahr, dass sich seine grauen Zellen mangels Herausforderung tatsächlich in den Ruhestand verabschieden.

FÜR KÖRPER UND GEIST: FITNESS FIRST!

Raucherinnen und Raucher verweisen mit Vorliebe auf den kettenrauchenden Helmut Schmidt, der 2015 mit 96 starb. Übergewichtige haben ziemlich sicher eine fidele Tante, eine gemütliche Nachbarin oder einen lustigen Großvater, die alle miteinander kugelrund steinalt wurden. Das stellt auch keiner in Abrede. Dennoch: Die Statistik sagt etwas anderes. Es ist ein bisschen wie beim russischen Roulette: Sie können Glück haben – oder auch nicht. Und je mehr Kugeln im Revolver sind (also beispielsweise Rauchen + Übergewicht + Bewegungsmangel), desto größer die Gefahr, dass es für Sie schiefgeht.

Der Urmensch war vermutlich die meiste Zeit in Bewegung – jagen, sammeln und bei drohender Gefahr Reißaus nehmen. Die Forschung schätzt, dass Jäger und Sammler etwa 10 bis 15 Kilometer täglich zu Fuß zurücklegten (Blech 2015, S. 97). Unser Körper hat sich in den letzten 50 000 Jahren nicht gravierend verändert, unsere Lebensweise hingegen sehr wohl. Statt 10 bis 15 Kilometer gehen Büromenschen heute schätzungsweise noch 1000 bis 1500 Schritte am Tag. Das entspricht ungefähr 700 bis 1000 Meter. Wer keinen Sport treibt, hat seine Bewegung also auf weniger als zehn Prozent des Vorzeitlichen reduziert. Wir müssen uns unser Fleisch nicht mehr erjagen, und statt Beeren, Pilzen und Früchten locken an jeder Ecke Fastfood, Kuchen und Schokolade. Die Folgen sind bekannt: Übergewicht und Zivilisationskrankheiten wie Bluthochdruck, Herz-Kreislauf-Erkrankungen, Diabetes, Adipositas (starkes Übergewicht). Dieser Umstand lässt eigentlich nur zwei Schlussfolgerungen zu: Wer lange gesund – und damit biologisch jung – bleiben will, sollte sich gut ernähren und ausreichend bewegen. Eigentlich gehört das inzwischen zum Common Sense. Doch die Dauerdebatte über gesundes Essen und der Hype um Kochshows stehen in einem merkwürdigen Kontrast zu unseren tatsächlichen Ernährungsgewohnheiten, zu Tiefkühlpizza und Leberkäs-Semmel, Chips vor dem Fernseher und Coffee to go. Aktuell spaltet sich die Gesellschaft in viele, die nach dem Motto essen «Hauptsache, es schmeckt und geht schnell», und wenige, die viel Zeit damit verbringen, über einen veganen, vegetarischen oder «flexitarischen» Lebensstil zu diskutieren und darüber, welche Nahrungsmittel als schädlich oder gesundheitsfördernd gelten.

Dies hier ist kein Ernährungsbuch, und nüchtern betrachtet hat noch niemand die Wunderdiät entdeckt, die spielend einfach und auf gesunde Weise schlank hält. Im Grunde genommen gilt immer noch, was die Deutsche Gesellschaft für Ernährung in ihrem *Ernährungskreis* empfiehlt: wenig Fett und Zucker, mäßig Fleisch, wöchentlich Fisch, täglich Obst und Gemüse und in Maßen Kohlenhydrate, dabei ausreichend trinken (vgl. Abbildung 6).

Darüber hinaus sollte jeder selbst herausfinden, was ihr oder ihm guttut. Jeder Körper reagiert anders: So gibt es ausgesprochene Rohkostfans und andere, deren Magen auf zu viel Rohes grummelnd reagiert. Tut mir gut, was ich esse? Fühle ich mich danach wohl – oder träge und müde?

Denn «gesunde Ernährung» bedeutet nicht, dass man sich zu Weihnachten den Gänsebraten, auf der Geburtstagsfeier den Kuchen oder das gelegentliche Glas Wein oder Bier verkneifen muss. Man sagt ja nicht ohne Grund: Zuerst sterben die Alkoholiker und gleich darauf die Abstinenzler. Vor allem für Herz und Gefäße soll Alkohol gesund sein, allerdings um den Preis einer Erhöhung des Krebsrisikos. Die positive Wirkung von Alkohol auf Herz und Gefäße kann man allerdings auch durch andere Nahrungsmittel erzielen, und zwar ganz

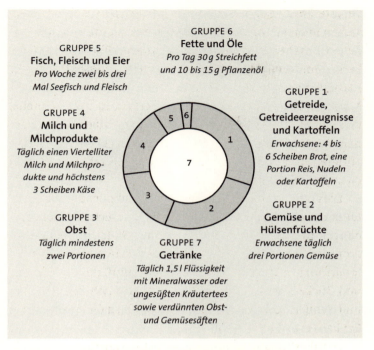

Abb. 6: Der Ernährungskreis der Deutschen Gesellschaft für Ernährung (adaptiert von: Voelpel / Fischer 2015, S. 43)

ohne Nebenwirkungen und mit noch höherem Erfolg, dazu zählen etwa Knoblauch oder Leinöl. Sie verringern gleichzeitig das Risiko von Bluthochdruck, Krebs sowie Diabetes. Doch auch Genuss ist gut für die Gesundheit und hält jung! Worum es hier geht, sind schädliche und weniger schädliche Gewohnheiten. Und aus dieser Perspektive kann man von täglichem Alkoholkonsum, viel Fleisch, von fettem, frittiertem, vorgefertigtem Essen einfach nur abraten.

Auch die Empfehlungen für das Körpergewicht sind schon so oft publiziert worden, dass ich sie nur wiederholen kann. Als ein Anhaltspunkt gilt der sogenannte Body-Mass-Index (BMI). Er errechnet sich aus dem Körpergewicht in Kilogramm geteilt durch die Körpergröße im Quadrat. Wenn Sie 1,75 Meter groß sind und 65 Kilo wiegen, ist Ihr BMI = $65 : (1{,}75 \times 1{,}75) = 21$. Bei der Beurteilung Ihres BMI hilft Ihnen die folgende Tabelle:

	BMI männlich	BMI weiblich
Untergewicht	Unter 20	Unter 19
Normalgewicht	20 bis 25	19 bis 24
Übergewicht	26 bis 30	25 bis 30
Adipositas	31 bis 40	31 bis 40

Abb. 7: Gewichtsempfehlungen des Body-Mass-Index

Bei starkem Übergewicht oder gar Adipositas empfiehlt es sich, die Gewichtsreduktion gemeinsam mit einem Arzt anzugehen. Leichtes (!) Untergewicht dagegen ist kein Grund zur Sorge – im Gegenteil. In Tierversuchen deutet sich an, dass Nahrungsreduktion den Stoffwechsel bremst und womöglich lebensverlängernd wirken könnte. Zumindest funktioniert das bei Mäusen (siehe Westendorp 2015, S. 174 ff.). Neueste Forschungsergebnisse zeigen auch, dass Krebszellen in Kulturen, die mit geringer Konzentration von Glukose und Aminosäuren wachsen, vor den gesunden Zellen sterben. Bei Versuchen mit krebskranken Mäusen konnten 60 Prozent die Krankheit durch Fasten besiegen. Es ist nicht unwahrscheinlich, dass dies auch bei Menschen der Fall sein kann. Bisher konnte immerhin gezeigt werden, dass die schweren Nebenwirkungen von Chemotherapien bei Krebspatientinnen und -patienten durch Fasten fast vollkommen verschwinden. Und unser vielzitierter ältester Marathonläufer Fauja Singh schließlich ernährt sich auf Basis frischer vegetarischer Kost und isst dabei immer nur 50 Prozent einer normalen Portion. Wer zur Askese neigt, kann diesen Lebensstil also gefahrlos verfolgen, solange er es nicht übertreibt und darauf achtet, genügend Nährstoffe, Vitamine und Mineralstoffe zu sich zu nehmen. Hier ist wohlgemerkt *nicht* von Magersucht oder extremem Untergewicht die Rede, sondern lediglich von sehr schlanken Menschen, die bis heute den Vorwurf hören, sie hätten «ja gar nichts ‹zuzusetzen›!».

Weniger bekannt als der BMI ist die Tatsache, dass der Grundumsatz des Menschen im Laufe des Lebens automatisch sinkt, das heißt, wir benötigen im Alter immer weniger Kalorien, um unsere Körperfunktionen aufrechtzuerhalten (vgl. Abbildung 8). Zu den dort genannten Verbrauchswerten kommen noch die Kalorien hinzu, die Sie durch körperliche Aktivität verbrennen. Bei einer sitzenden Tätigkeit sind dies rund 600 Kalorien täglich, bei mäßiger Muskelarbeit 900 bis 1200 Kalorien pro Tag.

Alter	Männer	Frauen
18	1800	1600
24	1700	1500
42	1600	1500
66	1500	1400
75	1400	1300

Abb. 8: Alterstypischer Grundumsatz in Kilokalorien (adaptiert von: Voelpel / Fischer 2015, S. 26)

Selbst wenn Sie Ihre Ernährungs- und Bewegungsgewohnheiten im Laufe Ihres Lebens nicht verändern, werden Sie trotzdem automatisch dicker – einfach, weil Ihr Körper zuerst 100, später 200 und schließlich sogar 300 bis 400 Kalorien weniger pro Tag verbraucht. Täglich 100 Kalorien mehr oder weniger kann man nach einem Jahr auf der Badezimmerwaage ablesen, nämlich als 5 Kilo mehr oder weniger. Noch gravierender ist, dass sich durch Gewichtserhöhung aufgrund von erhöhter Kalorienzufuhr meist der Körperfettanteil erhöht: Das Verhältnis von Muskelmasse zu Fett verschiebt sich zugunsten des Fettanteils. Muskeln verbrennen jedoch mehr Energie als Fett. Entsprechend nimmt der Grundumsatz weiter ab und es wird schrittweise weniger Energie verbraucht. Ein höherer Körperfettanteil beschleunigt daher die Gewichtszunahme. Wer also seine Figur aus Studenten- oder Ausbildungstagen behalten will, muss langfristig weniger essen bzw. seine Ernährungsgewohnheiten ändern, beispielsweise Wasser statt Saft trinken und / oder auf den Schokoriegel nach dem Mittagessen verzichten.

Kurzkettige Kohlenhydrate erhöhen den Blutzuckerspiegel, woraufhin das Zellwachstum angeregt wird. Dadurch steigt aber auch das Risiko, dass unliebsame Zellen wie Krebszellen verstärkt wachsen. Deshalb sollte man lieber auf Vollkornprodukte mit Ballaststoffen und langkettige Kohlenhydrate zurückgreifen (beispielsweise Chiasamen). Weil sie den Zucker langsamer abgeben, sorgen sie auch für ein lang anhaltendes Sättigungsgefühl.

Statt weniger Kalorien zu sich zu nehmen, kann man sich auch mehr bewegen oder – noch besser – beides machen. So werden gleichzeitig Muskeln aufgebaut und Kalorien verbrannt. Und Bewegung ist nicht nur für unsere körperliche Fitness gut, sondern auch für unsere geistige.

Dass Sport körperlich jung hält, liegt auf der Hand. Wer regelmäßig läuft, schwimmt, tanzt oder die Muskeln trainiert, senkt sein biologisches Alter. Doch in den letzten Jahren mehren sich die Befunde, dass Sport außerdem ein Jungbrunnen für den Geist ist. «Schnell im Kopf» titelte das Magazin Der Spiegel Anfang August 2015 und schob hinterher «Wie Bewegung das Denken verbessert». Aufhänger war eine unveröffentlichte Studie des Max-Planck-Instituts für Bildungsforschung in Berlin, an der 52 Personen mit einem Durchschnittsalter von 66 Jahren teilgenommen hatten. Die Kernfrage: Verbessert regelmäßiges körperliches Training die kognitiven Fähigkeiten? Dafür trainierten die Teilnehmerinnen und Teilnehmer über ein halbes Jahr hinweg pro Woche drei Stunden lang auf einem Fahrradergometer und absolvierten Tests zu ihrer geistigen Leistungsfähigkeit. Das Ergebnis war eindeutig: «Das Ausdauertraining hat die Gehirne wieder jugendlicher gemacht», so das Fazit der Sportpsychologin Sabine Schäfer (zit. n. Blech 2015, S. 91). Die Max-Planck-Studie aus dem Jahr 2015 kommt damit zu demselben Ergebnis wie ein Team um die Bremer Altersforscherin Ursula Staudinger im Jahr 2009, das im Rahmen der weltweit ersten Langzeitstudie den Einfluss von körperlicher Aktivität auf die Gehirnleistung maß: Regelmäßiges, moderates Ausdauertraining – in diesem Fall dreimal pro Woche Nordic Walking – verbesserte bei wiederholt durchgeführten Intelligenztests die Reaktionsgeschwindigkeit. Bei einer zweiten Gruppe, die über denselben Zeitraum ein Koordinationstraining – genauer gesagt Tai-Chi-Chuan, eine Kampfkunst aus China – ausübte, erhöhte sich die Antwortpräzision. Die Art der körperlichen Aktivität beeinflusst also die Art, wie wir denken (Voelcker-Rehage et al. 2009). Deshalb empfehle ich mein liebstes Hobby Tanzen: Denn man trainiert nicht nur gleichzeitig Ausdauer und Koordination, sondern profitiert auch von der Musik und der intensiven sozialen Interaktion beim Führen und Geführtwerden. Metaanalysen zufolge, die weltweit bekannte Studien zusammenfassen, verbessern sich dadurch zahlreiche menschliche Leistungsparameter, inklusive der Gesundheit. Dabei werden als Folge einer erhöhten Bewusstheit und Achtsamkeit Stress reduziert, die Wahrnehmung geschärft, negative Affekte verringert und die Vitalität sowie Bewältigungsfähigkeiten verbessert.

Aus dem Leben gegriffen
Mit Mitte 70 führt die Berlinerin Ursula Cezanne ein typisches Rentnerleben, zurückgezogen in einer kleinen Wohnung, mit wenig Bewegung und hohem Blutdruck. Dann liest sie in der Zeitung, das Max-Planck-Institut in Berlin-Dahlem suche ältere Probandinnen und Probanden, die «im Alltag wenig körperliche Bewegung haben und bereit sind, an einer sechsmonatigen Trainingsstudie teilzunehmen». Weil sie die gebotene Aufwandsentschädigung von mehr als 1000 Euro gut gebrauchen kann, meldet sich Cezanne bei dem Institut und steigt drei Mal wöchentlich auf das Fahrradergometer. Dann habe es irgendwann im Kopf «Klick gemacht», sagt sie heute. Inzwischen fühlt sie sich nicht nur jünger und fitter, sie traut sich auch mehr zu. Jüngster Beleg: Sie hat eine Komparsenrolle an der Schaubühne am Lehniner Platz übernommen. In dem Stück *Ödipus der Tyrann* spielt sie eine Karmeliterin, schreitet über die Bühne und singt lateinische Kirchenlieder (siehe Blech 2015, S. 91).

Sport kann das Leben verändern, weil bei körperlicher Aktivität u. a. Stoffe freigesetzt werden, die mit dem Blut ins Gehirn gelangen und dort zur Freisetzung des Nervenwachstumsfaktors BDNF (von eng. «brain-derived neurotrophic factor») führen. Dieser kurbelt die Bildung von Nervenfortsätzen und Synapsen, also den Verknüpfungen zwischen den Nervenzellen, an. Außerdem werden die Gehirnregionen, die unsere Motorik steuern, beim Sport stärker durchblutet. Dies wirkt sich auch günstig auf Nachbarregionen aus, beispielsweise auf das Sprachzentrum und den Bereich, der unsere Aufmerksamkeit steuert (siehe Engeln 2015, S. 34). BDNF als Schlüsselfaktor für geistige Fitness und die Bildung neuer Nervenzellen wird also nicht nur bei geistigem Training gebildet, sondern auch bei Bewegung. Gleichzeitig hilft Sport beim Stressabbau, indem Stresshormone abgebaut und verstärkt Neurotransmitter wie Serotonin freigesetzt werden. Da dauerhafter Stress dazu führt, dass Gehirnzellen im Hippocampus absterben und unser Gedächtnis beeinträchtigt wird, wirkt Sport auf diese Weise ebenfalls segensreich auf das Gehirn (vgl. Korte 2014, S. 94 und S. 293). Wie sehr Bewegung beim Abschalten und Entspannen hilft, lässt sich hirnphysiologisch nachweisen: Sport verringert die elektrische Aktivität im präfrontalen Cortex, einem Teil der Großhirnrinde, und «ermöglicht eine erholsame Denkpause», nach der man umso besser denken kann (Blech 2015, S. 90). Darüber hinaus senkt sportliche Aktivität die Wahrscheinlichkeit von Stürzen und bewahrt uns damit vor den im Alter oft gravierenden Folgen, beispielsweise dem gefürchteten Oberschenkelhalsbruch.

Zusammenfassend kann man also festhalten: Sport hält nicht nur körperlich, sondern auch geistig jung; er stärkt das Immunsystem, beugt Zivilisationskrankheiten wie Herzinfarkt, Diabetes oder Schlaganfall vor, senkt das Risiko einer Demenz und mancher Krebserkrankungen und lindert Depressionen (vgl. Medina 2009). Eigentlich kann kein vernünftiger Mensch auf Sport verzichten. Warum tun wir es dennoch?

Denn der jüngsten Zeitverwendungsstudie des Statistischen Bundesamtes (2015b) zufolge investieren gerade einmal knapp 28 Prozent der 45- bis 64-Jährigen überhaupt Zeit in «Sport, körperliche Bewegung». Bei den über 65-Jährigen steigt der Anteil Aktiver immerhin auf knapp 38 Prozent. An der Spitze der Aktivitäten in beiden Gruppen steht «Spazieren gehen».

Noch negativer fällt das Bild der Gesundheitsberichterstattung des Bundes (2012) aus: Danach ist der Anteil derjenigen, die gar keinen Sport treiben, bei den Ü65-Jährigen mit 49 Prozent am höchsten. Bei den 45- bis 64-Jährigen sind knapp 35 Prozent sportabstinent, bei den 30- bis 44-Jährigen 31 Prozent. Auf die empfohlenen mindestens zwei Stunden Sport wöchentlich kommen bei den Ü64-Jährigen rund 32 Prozent, bei den Ü45-Jährigen rund 42 Prozent und bei den Ü30-Jährigen rund 44 Prozent.[21]

Stolze 18,5 Stunden verbringen die über 65-Jährigen im Schnitt wöchentlich vor dem Fernseher und sind damit einsame Spitzenreiter beim Fernsehkonsum (Statistisches Bundesamt 2015a, S. 24). Viele Ruheständler tun also genau das, was sie ihren Kindern einst streng verboten haben: ausgiebig vor der Glotze zu hocken! Das ist beunruhigend, denn ab 55 nehmen die chronischen Erkrankungen deutlich zu. Laut einer Erhebung der Techniker Krankenkasse ist ab diesem

---

[21] Siehe Gesundheitsberichterstattung des Bundes (2012), im Internet unter www.gde-bund.de (Zugriff am 29.11.2015).

Alter fast jeder Zweite von ihnen betroffen (Techniker Krankenkasse 2013, S. 35).

Woran also liegt es, dass wir trotz all unserer Intelligenz nicht das tun, was gut für uns wäre? An Unkenntnis kann es kaum liegen, dazu ist die Botschaft «Sport tut gut» zu allgegenwärtig. Wir wissen also eigentlich genau, was wir tun sollten, lassen es aber doch lieber bleiben. Die gängigen Entschuldigungen kennen wir alle, die beliebteste: keine Zeit! Wir lassen uns lieber von unserem inneren Schweinehund besiegen, und dem steht eher der Sinn nach Couch und Fernbedienung als nach Fahrradsattel, Schwimmzeug oder Sporthalle. Möglicherweise hängt das auch damit zusammen, dass wir beim Sport kurzfristig Unlust überwinden müssen, um langfristigen Lustgewinn zu erfahren. Kurzfristig ist Sport anstrengend und das Sofa bequem, kurzfristig drohen Atemnot und Muskelkater statt Wohlfühleffekte. Und so nutzen wir unseren Grips im Wesentlichen dafür, um gute Ausreden zu finden, warum es für Sport gerade jetzt eher ungünstig bzw. anderes wichtiger ist oder wieso ein träges «Wellness-Wochenende» doch auch der Gesundheit dient. Noch schwieriger wird es, wenn positive Vorbilder fehlen, wenn Eltern und Großeltern uns nach einem anstrengenden Arbeitsleben vermittelt haben, Freizeit sei gleichbedeutend mit Ausruhen, Nichtstun, Füßehochlegen. Vorbilder prägen – oft mehr, als uns bewusst ist. Das erlebe ich selbst immer wieder mit meinen kleinen Söhnen.

Aus dem Leben gegriffen

Für Sportkurse oder Besuche im Fitnessstudio fehlt mir in der derzeitigen Rushhour meines Lebens einfach die Zeit. Schließlich wollen zahlreiche berufliche Projekte während des Semesters durchgeführt und Vorlesungen gehalten werden, während gleichzeitig die Renovierung und der Umzug in ein Haus zu managen sind. In meiner knappen Freizeit möchte ich mich natürlich um meine Familie kümmern. Und so verbinde ich das Angenehme mit dem Nützlichen: Ein paar Dutzend Klimmzüge und Kniebeugen, wahlweise mit Kind auf dem Arm, sind auch auf dem Spielplatz drin: Und schon hat man ein intensives 10-Minuten-Training absolviert. Ergebnis: Mein einjähriger Sohn legt neuerdings Sandschaufel und Eimer beiseite, grinst mich verschmitzt an und macht drollige Kniebeugeversuche, während mein 3-Jähriger sich mit den Händen an eine Stange hängt und ebenfalls Klimmzüge versucht. Das alles, ohne dass ich sie jemals dazu aufgefordert hätte. Ich bin optimistisch, dass Bewegung für sie später genauso zum Leben dazugehören wird wie für mich.

Wenn es Ihnen ähnlich geht und Ihr Tag auch ohne offizielles Sportprogramm schon voll genug ist, dann integrieren Sie mehr Bewegung in Alltägliches. Hier einige Vorschläge:
- Fahren Sie mit dem Fahrrad ins Büro statt mit dem Auto oder parken Sie Ihr Auto weiter weg, und gehen Sie den Rest des Weges zu Fuß.
- Steigen Sie bei öffentlichen Verkehrsmitteln eine Haltestelle früher aus, und laufen Sie den Rest.
- Nutzen Sie Wartezeiten (beispielsweise am Bahnhof) dazu umherzulaufen, statt bewegungslos auf dem Bahnsteig zu verharren.
- Schlagen Sie vor, Zweier- oder Dreierbesprechungen draußen im Gehen abzuhalten statt wie üblich im Besprechungsraum.
- Verwandeln Sie Sitzungen in «Stehungen». Gerade

stundenlanges Sitzen hat sich als schädlich erwiesen. Vielleicht werden Sie in einer «Stehung» sogar schneller fertig!
- Arbeiten Sie zwischendurch am Stehpult, telefonieren Sie im Stehen und/oder dehnen Sie sich dabei und gehen Sie zu Ihrem Kollegen hin, statt ihm eine E-Mail zu schreiben.
- Nehmen Sie prinzipiell die Treppe statt den Fahrstuhl oder die Rolltreppe.
- Stellen Sie den Drucker weit entfernt auf, wenn möglich in einen Raum am Ende des Flures.
- Lernen Sie ein paar einfache, minutenschnelle Lockerungs- und Kräftigungsübungen für den Büroalltag (für Anregungen siehe Voelpel/Fischer 2015, S. 169 ff.).
- Ersetzen Sie Kaffee- oder Raucherpausen durch kurze Bewegungspausen.
- Kaufen Sie sich ein Fahrradergometer, einen Crosstrainer oder Hanteln und trainieren Sie beim Fernsehen, beispielsweise täglich 15 Minuten während der Nachrichten.
- Spielen Sie Fußball oder Fangen mit ihren Kindern, toben oder tanzen Sie mit ihnen.
- Gehen Sie tanzen, wenn Ihnen das schon früher Spaß gemacht hat, oder überlegen Sie, ob das ein Hobby für Sie sein könnte.
- Machen Sie einfaches, aber effektives Muskeltraining zu Hause. Dazu brauchen Sie nicht unbedingt Geräte, sondern nur die richtigen Übungen, die Sie sich in Kursen, durch Bücher oder anhand von YouTube-Videos aneignen können.

Aus dem Leben gegriffen
Immer wieder experimentiere ich herum, wie ich in meinem stressigen Alltag auf ökonomische Weise fit bleiben kann. Jüngste Erfahrung: Wenige Minuten tägliches Hanteltraining bringen in drei Monaten acht Kilogramm Muskelmasse. Dafür habe ich zwei bis zu 20 Kilo schwere Hanteln 15 Minuten ohne Pause gestemmt und im täglichen Wechsel die vorderen und die hinteren Muskeln trainiert. Danach gab es Quark mit Leinöl und Marmelade oder Obst. Wegen meiner Dienstreisen oder langer Bürozeiten kam ich nur zirka drei Mal die Woche dazu, dennoch: In nur zwölf Wochen veränderte sich mein Körper enorm!

Sobald Sie merken, wie gut Ihnen Bewegung tut, fällt es Ihnen auch leichter, durchzuhalten. Es ist übrigens nie zu spät, mit dem Sport anzufangen. Sportwissenschaftlerinnen und -wissenschaftler betonen, dass gerade ältere Menschen und selbst Hochbetagte enorm von Ausdauer- und Krafttraining profitierten – in Form von mehr Lebensqualität und Selbständigkeit. «Die Muskeln wirken als natürlicher Jungbrunnen», sagt Wend-Uwe Boeckh-Behrens von der Universität Bayreuth. Entscheidend sei ein sanftes, auf die Altersgruppe abgestimmtes Training (vgl. Kunz 2013). Vielleicht suchen Sie sich für die Überwindung der Anfangshürde Verbündete, die mitmachen oder die Sie regelmäßig daran erinnern, was Sie sich vorgenommen haben? Wählen Sie einen Sport, der Ihnen Spaß macht, und seien Sie am Anfang nicht zu ehrgeizig, wenn Sie länger nicht aktiv waren. Mäßig, aber regelmäßig lautet dann die Devise.

PS: Profis im Zeitmanagement behaupten übrigens, «keine Zeit» für etwas zu haben, bedeute in Wahrheit, es nicht wichtig zu nehmen. Und ein chinesisches Sprichwort sagt: «Wer glaubt, keine Zeit für seine körperliche Ertüchtigung zu haben, wird früher oder später Zeit zum Kranksein haben müssen.» Wie wichtig ist es Ihnen tatsächlich, dem Alter ein Schnippchen zu schlagen?

DAS GEFÜHLTE ALTER –
WIE UNSER SELBSTBILD DAS ALTER BEEINFLUSST

Wenn wir Pech haben, verbringen wir die erste Lebenshälfte damit, das Alter zu leugnen, und die zweite damit, uns vor dem Alter und seinen möglichen Begleiterscheinungen zu fürchten. Dabei wäre es am klügsten, jede Lebensphase voll auszukosten. Doch Jugendwahn und Alterspanik sind Geschwister: Wenn glatte Haut und makellose Körper in einer Gesellschaft mehr zählen als Persönlichkeit, Intelligenz oder Humor, ist es nicht immer leicht, dem eigenen Alter gute Seiten abzugewinnen. Glücklicherweise spielen uns dabei viele Faktoren in die Hände, die unser «gefühltes» Alter senken: unsere Tendenz zu schmeichelhaften Vergleichen, unsere größere Aufmerksamkeit für Positives, wenn wir älter werden, und nicht zuletzt das Phänomen der selbsterfüllenden Prophezeiung: Wer das Alter positiv sieht, altert positiv! Das gilt übrigens auch im Hinblick auf Liebe und Sexualität.

Wussten Sie schon,
… dass der wahre Jungbrunnen in unserem Kopf sitzt – dass wir uns auch ohne Sport oder gezieltes Training körperlich verjüngen können?
… dass Menschen mit einer positiven Einstellung zum Alter im Schnitt 7,5 Jahre länger leben?
… dass manche 60-Jährige mehr Sex haben als viele 30-Jährige?

AUSSEN FALTEN, INNEN JUNG?

Aus dem Leben gegriffen

«Zeitpapst» Lothar Seiwert ist empört: Zwei Monate vor seinem 60. Geburtstag gratuliert ihm seine Heimatstadt Heidelberg per Brief und nutzt auch gleich die Gelegenheit, ihm ein «Karte-ab-60-Glückwunsch-Abo» anzubieten, eine Jahreskarte mit Sonderkonditionen für den öffentlichen Nahverkehr. «War es jetzt so weit?», fragt Seiwert im Vorwort seines Buches *Das neue Zeit-Alter*: «War ich plötzlich einer von denen, für die man Seniorenteller auf die Speisekarte schreibt? (...) Einer von denen, die zum ‹Autowandern› mit dem Seniorenbus ins Elsass fahren, um den lieben langen Tag mit Rumsitzen, Spazierengehen und Essen totzuschlagen?» Seine Irritation gipfelt in der Frage «Ich soll alt sein? – Ja, sind die denn verrückt?» (Seiwert 2014, S. 15).

Das obige Zitat macht deutlich, dass sich der Buchautor und Zeitmanagement-Experte noch lange nicht «alt» fühlt. Ich schätze, auch Bundeskanzlerin Angela Merkel oder Daimler-Chef Dieter Zetsche würden wenig Wert auf ein Seniorenticket legen, obwohl sie beide Anfang 60 sind. Doch es hätte schlimmer kommen können: Das Internetportal *Mal alt werden* widmet sich in aller Ausführlichkeit dem Thema Basteln. Im Dezember 2015 startet man mit einer «Malvorlage Nikolaus» für «Senioren und Menschen mit Demenz» in die Adventszeit und ergänzt weitere, durchaus kindergartentaugliche Anregungen.[1] Aufschlussreich ist die subtile Gleich-

---

1 Siehe http://mal-alt-werden.de/category/basteln/ (Zugriff am 14.12.2015).

setzung von Seniorinnen und Senioren mit Demenzkranken. Wer wie ich im Netz zum Thema «Alter» recherchiert, wird umgehend mit Werbung für Treppenlifte versorgt. Auch Informationsangebote zum Thema «Inkontinenz» blinken plötzlich an den Rändern der Websites auf. Offenbar setzt ein Teil der Werbeindustrie auf ein sehr traditionelles und eher pessimistisches Altersbild. Wie ist es bei Ihnen: Wie alt oder jung fühlen Sie sich? Mit dem Test auf Seite 121 können Sie Ihr Altersgefühl ausloten.

So viel ist jedenfalls sicher: Mit der Selbstwahrnehmung der meisten Ü60-Jährigen haben tradierte Altersbilder wenig zu tun. Ab 45 Jahren fühlt sich rund die Hälfte der Menschen jünger, als sie ist, fand eine repräsentative Umfrage des Instituts für Demoskopie Allensbach 2012 heraus; 14 Prozent fühlen sich sogar viel jünger. Bei den 60- bis 74-Jährigen schätzen sich fast 60 Prozent jünger ein, bei den über 75-Jährigen ist es die Hälfte. Die Ü75-Jährigen nehmen sich dabei im Schnitt zehn Jahre jünger wahr, als ihr Geburtsdatum besagt, bei den Ü60-Jährigen sind es acht Jahre (Institut für Demoskopie Allensbach 2012, S. 4). «Etwas» oder gar «viel älter» fühlen sich laut Allensbach-Umfrage bei den Ü60-Jährigen wie Ü75-Jährigen gerade einmal vier Prozent. Bei den übrigen rund 30 bzw. rund 40 Prozent entspricht das gefühlte Alter dem kalendarischen. Die Antworten der tausenden Besucherinnen und Besucher unserer Ausstellung *Ey Alter* bestätigen diese Ergebnisse.

Wie kommt es, dass ein erfreulich hoher Anteil der Menschen sich jünger fühlt, als er ist? Zum einen vergleichen sich die Befragten mit Gleichaltrigen vor zehn oder zwanzig Jahren und betrachten sich vor diesem Hintergrund als jünger. Zum anderen wählt man auch beim Blick auf aktuelle Altersgenossen gern schmeichelhafte Vergleiche: Wir messen uns mit Vorliebe an denjenigen, neben denen wir ein gutes Bild abgeben, hat die Altersforscherin Ursula Staudinger festgestellt (vgl. Rühle 2011). Eine im Vergleich bessere Gesundheit und Fitness rechtfertigen die positive Selbsteinschätzung in vielen Fällen, wie wir im Abschnitt «Außen Falten, innen jung?» gesehen haben. Erfreulich ist die gefühlte Jugendlichkeit auch deshalb, weil unser Selbstbild großen Einfluss darauf hat, wie fit wir tatsächlich bleiben. Wer sich jung fühlt, bleibt tatsächlich länger jung und agil. Und bedrohlich sind die erwähnten Altersstereotype von «Bastelnachmittag» bis «Treppenlift» deshalb, weil die gefühlte Vitalität es nach wie vor erfordert, sich aktiv über gängige Altersstereotype hinwegzusetzen.

«Das Thema [Alter] wird von außen an mich herangetragen, ich fühle mich nicht so», sagte Luzia Braun, die frühere Moderatorin des ZDF-Kulturmagazins *Aspekte* im März 2015 der Tageszeitung taz. «Ich werde 61, fühle mich aber wie 40. Nur blickt mich, wenn ich in den Spiegel schaue, eben keine Vierzigjährige an.»[2] Das Gesicht mag Falten zeigen, doch Lebensgefühl und Lebenslust knittern nicht zwangsläufig mit. Je älter man wird, desto stärker wird einem bewusst: Es gibt ihn nicht, den drastischen inneren Wandel, den man sich als Teenager immer vorgestellt hat und der dazu führen würde, dass man sich spätestens ab 40 genauso (ur-)alt fühlt, wie man in diesem Alter auf 15-Jährige wirkt. Ich selbst bin Anfang 40. In manchen Momenten, etwa nach durchgearbeiteten Nächten und Arbeitstagen, an denen ein Termin den nächsten jagte, fühle ich mich wie Mitte 60 – bzw. so, wie ich mir vorstelle, dass man sich in diesem Alter wohl so fühlt. Wobei ich dann möglicherweise den Irrtum aus Teenagerzeiten wiederhole. An anderen Tagen, beispielsweise nach erreich-

---

2 Siehe «Alter», taz vom 07.03.2015; im Internet unter www.taz.de (Zugriff am 14.12.2015).

ten Erfolgen, ausreichend Schlaf und dem Ausblick auf einen entspannten Vormittag oder beim Tanzen fühle ich mich hingegen wie 25. Mein vorherrschendes Lebensgefühl ist zurzeit «Mitte Dreißig». Damit entspreche ich der Allensbach-Norm einer leicht verjüngenden Selbsteinschätzung.

Noch längst nicht «alt»? Oder doch schon älter? Präzisieren Sie Ihr Lebensgefühl, Ihr «gefühltes Alter»!

Und so geht es: Kreuzen Sie auf den Skalen spontan an, wie Sie sich einschätzen. Die Auswertung finden Sie auf den nachfolgenden Seiten.

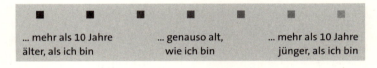

... mehr als 10 Jahre älter, als ich bin   ... genauso alt, wie ich bin   ... mehr als 10 Jahre jünger, als ich bin

1. Wenn ich Treppen steige, fühle ich mich, als sei ich ...

2. Wenn ich in den Spiegel schaue, fühle ich mich, als sei ich ...

3. Wenn ich an meine Interessen und Hobbys (Filme, Musik, Sport, Politik usw.) denke, fühle ich mich im Großen und Ganzen ...

4. Im Vergleich zu anderen Menschen meines Alters fühle ich mich, als sei ich ...

5. Wenn ich daran denke, was ich in meinem Leben schon alles gesehen und erlebt habe, fühle ich mich, als sei ich ...

■   ■   ■   ■   ■   ■   ■

Auswertung:

Und so geht es: Gehen Sie bei jeder Frage von Ihrem kalendarischen Alter aus und addieren bzw. subtrahieren Sie dann die Jahre entsprechend der von Ihnen jeweils angekreuzten Antwort. Tragen Sie das Ergebnis in die rechte Spalte («Wert») ein. Beispiel: Sie sind 46 und haben bei Frage 1 die Antwort ganz rechts angekreuzt. Das ergibt den Wert «31». Addieren Sie dann alle Werte und teilen Sie das Ergebnis durch 5.

	Ihr kalendarisches Alter	Wert
1. Wenn ich Treppen steige, fühle ich mich, als sei ich ...		
+15 Jahre ■		
+10 Jahre ■		
+5 Jahre ■		
+/−0 Jahre ■		
−5 Jahre ■		
−10 Jahre ■		
−15 Jahre ■		
2. Wenn ich in den Spiegel schaue, fühle ich mich, als sei ich ...		
+15 Jahre ■		
+10 Jahre ■		

+5 Jahre	■		
+/−0 Jahre	■		
−5 Jahre	■		
−10 Jahre	■		
−15 Jahre	■		

3. Wenn ich an meine Interessen und Hobbys (Filme, Musik, Sport, Politik usw.) denke, fühle ich mich im Großen und Ganzen ...

+15 Jahre	■		
+10 Jahre	■		
+5 Jahre	■		
+/−0 Jahre	■		
−5 Jahre	■		
−10 Jahre	■		
−15 Jahre	■		

4. Im Vergleich zu anderen Menschen meines Alters fühle ich mich, als sei ich ...

+15 Jahre	■		
+10 Jahre	■		
+5 Jahre	■		
+/−0 Jahre	■		
−5 Jahre	■		
−10 Jahre	■		
−15 Jahre	■		

5. Wenn ich daran denke, was ich in meinem Leben schon gesehen und erlebt habe, fühle ich mich, als sei ich ...

+15 Jahre	■		

+10 Jahre	■		
+5 Jahre	■		
+/−0 Jahre	■		
−5 Jahre	■		
−10 Jahre	■		
−15 Jahre	■		
Gesamtwert:			
Geteilt durch 5 = Ihr gefühltes Alter			

Vermutlich kennen Sie das auch: Tage, an denen man sich «alt» fühlt, und andere, an denen man Bäume ausreißen könnte. Es ist eben ein Unterschied, ob man tags zuvor Freunden beim Umzug geholfen oder nur einen langen Spaziergang gemacht hat, ob man gezecht hat oder früh zu Bett gegangen ist, ob man gerade auf einer Erfolgswelle schwimmt oder gestresst ist. Die spannende Frage ist: Wo liegt der gefühlte Durchschnittswert? Welches Altersgefühl betrachtet man als Regel, welches als Ausnahme? Und wie richtet man das eigene Leben danach aus? Würde ich mein «Heute-bin-ich-65»-Gefühl als Regel akzeptieren – und in der Tat gibt es in manchen Wochen etliche solcher Tage –, hätte dies über kurz oder lang Auswirkungen darauf, was ich mir noch zutraue, was ich plane und wie ich mein Leben gestalte. Vielleicht würde ich mich dem «Durchschnittsleben» eines weniger aktiven 65-Jährigen anpassen. Der Gedanke wirkt absurd, denn das wäre eine völlig verfehlte und unnötige Selbstbeschränkung. Ist es weniger absurd, wenn ein 75-Jähriger sich genauso unnötig und in drastischer Weise dem anpasst, was gemeinhin für Mittsiebziger als «normal» und altersgemäß gilt?

Ein Beispiel verdeutlicht, worauf ich hinauswill: Neben Demenz oder Vergesslichkeit gehört auch Bettlägerigkeit zu den Schreckgespenstern des höheren Alters. Schon lange, bevor ich begann, mich wissenschaftlich mit dem Alter zu beschäftigen, wunderte ich mich darüber, dass es in meinem Heimatdorf in Bayern gelegentlich hieß, eine ältere Nachbarin oder ein entfernter Verwandter habe «sich ins Bett gelegt» und «sei nicht mehr aufgestanden». Bettlägerigkeit schien die Menschen zu überfallen wie ein Virus und von einem Tag auf den anderen dauerhaft ans Bett zu fesseln. Die Pflegewissenschaftlerin Angelika Abt-Zegelin hat sich intensiv mit diesem Thema befasst. Unter anderem befragte sie Dutzende Menschen zwischen 62 und 98 Jahren, die ans Bett gefesselt waren, wie es zu diesem Zustand gekommen war. Alle Befragten konnten zuverlässig Auskunft geben, das heißt, sie waren durch die Bank weder psychisch krank noch dement. Professor Abt-Zegelin stellte bei den Schilderungen rasch den «immer gleichen» Ablauf fest: Die Betroffenen seien beim Gehen unsicher gewesen, in manchen Fällen schon über Jahre. Ein Sturz oder Beinahesturz habe sie dann gesundheitlich noch weiter beeinträchtigt. Manche von ihnen seien daraufhin auch ins Krankenhaus eingewiesen worden. Als besonders verheerend erwies sich dabei, dass für viele Menschen «Krankenhaus» gleichbedeutend ist mit «im Bett liegen bleiben», auch wenn man durchaus in der Lage wäre, zwischendurch aufzustehen. Damit nahm das Unglück seinen Lauf: «Mehrere von ihnen gaben an, sie hätten nach einer Woche aufgrund von Muskelschwund und Kreislaufproblemen das Bett nicht mehr verlassen können. Daraufhin habe man sich entschieden, sie direkt vom Krankenhaus in ein Altenheim zu verlegen», so Abt-Zegelin. Ähnlich ist der Ablauf, wenn ein älterer Mensch sich zu Hause dauerhaft ins Bett legt und von Angehörigen nicht motiviert wird, wieder aufzustehen. Die Wissenschaftlerin unterstreicht, dieser «Kaskadeneffekt» habe sich auch in vielen anderen Untersuchungen bestätigt (vgl. Abt-Zegelin 2006, S. 107).

Wer sich wenig zutraut und meint, dauerhaftes Liegen sei im Alter nichts Ungewöhnliches, kann also schon bettlägerig werden, wenn er bloß durch einen unglücklichen Umstand eine Woche im Krankenhaus landet und dort nicht zum Aufstehen ermuntert wird! Selbst eine derart gravierende Lebenseinschränkung ist also in vielen Fällen kein unausweichliches Schicksal, sondern kopfgesteuert. Auch Abt-Zegelin hält die Haltung der Betroffenen und ihrer Umgebung für ursächlich: «Die Entwicklung dorthin [zur Bettlägerigkeit] kann im Grunde auch wieder zurückgedreht werden, wenn die Menschen selbst das wollen» (ebd., S. 108). Mit anderen Worten: Oft ist nicht eine körperliche Beeinträchtigung für Bettlägerigkeit verantwortlich, sondern ein pessimistisches Selbstbild: «Ich bin alt. Da passiert das schon mal.» Wird dieses Bild von der Umgebung geteilt oder bestärkt, nimmt das Unheil seinen Lauf, und der körperliche Niedergang setzt ein. Kein Wunder: Verharrten Sie oder ich wochenlang im Bett, würde unsere Vitalität ebenfalls in Windeseile dahinschwinden.

Wer sich «alt» fühlt, läuft Gefahr, sich selbst zu beschränken und seine Lebenswirklichkeit dem anzupassen, was er – irrtümlich oder zumindest viel zu pauschal – als altersgemäß betrachtet. Deshalb ist es gut, sich jung zu fühlen, denn das lässt uns anders handeln. Wer meint, er sei «doch noch jung», reagiert anders auf erste Unsicherheiten beim Gehen als jemand, der meint, er sei «schon ganz schön alt». Der Erste wird sich vermutlich erst recht bewegen, weil er die sich abzeichnende Beeinträchtigung für sich nicht akzeptiert. Der Zweite wird dagegen Bewegung vermeiden und dadurch erst recht unsicherer werden, möglicherweise irgendwann stürzen und so jene Negativkaskade in Gang setzen, vor der Abt-Zegelin eindringlich warnt.

Wir können uns also tatsächlich jung denken, denn unser Denken beeinflusst unser Handeln, und unser Handeln erzeugt unsere Wirklichkeit. Und das gilt nicht erst für den Extremfall der Bettlägerigkeit. Dieser Effekt greift schon viel früher. Der niederländische Mediziner Rudi Westendorp stellt fest, die moderne Diagnostik führe dazu, dass manche Menschen schon mit Mitte 40 in die Opferrolle schlüpften. Hat der Arzt einen zu hohen Blutdruck oder Cholesterinspiegel diagnostiziert, wird womöglich sogar eine Operation der Herzkranzgefäße erforderlich, haftet den Betroffenen ab sofort das Etikett «chronisch krank» an. Wer sein Leben dieser medizinischen Zuschreibung unterwirft – und immerhin erinnert die tägliche Medikamentendosis beharrlich daran –, macht sich de facto älter, als es angesichts der erfolgversprechenden Behandlungsmöglichkeiten heutzutage angemessen ist. An die Stelle gesunder und aktiver Lebensführung tritt die zaghafte Schonhaltung eines «chronisch Kranken», zu der vielfach auch wohlmeinende Angehörige raten (vgl. Westendorp 2015, S. 178 ff.). Zudem verschafft einem die Opferhaltung die Aufmerksamkeit anderer, häufig allerdings um den Preis einer körperlichen Abwärtsspirale. Auf diese Weise wird man dann rasch so alt, wie man sich unnötigerweise fühlt.

ZUFRIEDEN ODER VERBITTERT? PERSÖNLICHKEIT UND DAS ALTER

Vor rund 2400 Jahren schrieb der griechische Philosoph Platon sein berühmtes Buch *Der Staat (Politeia)*. Dort ist das Alter schon auf den ersten Seiten Thema. Sokrates will von seinem greisen Freund Kephalos wissen, ob das Alter «schwer zu leben» sei. Kephalos schildert zunächst, wie es ist, wenn er Altersgenossen trifft: «Die meisten von uns nun jammern, wenn wir beisammen sind, indem sie der Vergnügungen der Jugend sehnsüchtig gedenken, der Liebeslust und des Trunks und der Gastmähler und was damit noch sonst zusammenhängt, und sind verdrießlich, als ob sie nun großer Dinge beraubt wären, und damals zwar herrlich gelebt hätten, nun aber kaum noch lebten. Einige beschweren sich auch über die üblen Behandlungen des Alters von Seiten der Angehörigen und stimmen aus diesem Ton vorzüglich ihre Klagelieder an (...).» Auch in der Antike gab es sie offenbar schon: die «Früher-war-alles-besser»-Tiraden sowie die Klagen über die Kinder, die nie Zeit haben. Kephalos fährt fort: «Aber die Klagen hierüber sowohl als über die Angehörigen haben einerlei Ursache; nicht das Alter, oh Sokrates, sondern die Sinnesart der Menschen. Denn wenn sie gefasst sind und gefällig, so sind auch des Alters Mühseligkeiten nur mäßig: wenn aber nicht, oh Sokrates, einem solchen wird Alter sowohl als Jugend schwer durchzumachen» (Platon, o.J., S. 3f.). Kurz gesagt: Das Leben im Alter ist für Kephalos eher eine Frage des Charakters als eine Frage objektiver Lebensumstände. Wir altern unserer Persönlichkeit entsprechend, aus jungen Nörglern werden alte Nörgler, aus jungen Lebenskünstlern alte Lebenskünstler, so die These. Vielleicht lassen Sie ältere Menschen, denen Sie schon länger verbunden sind, im Geiste einmal Revue passieren: Wie waren sie früher, wie sind sie heute? Wie haben sie ihr Leben früher gestaltet, wie gestalten sie es aktuell? Und fragen Sie sich dann einmal selbst: Auf welche Stärken und Ressourcen werden Sie selbst bauen, wenn Sie älter sind?

Zum Thema Persönlichkeit gibt es zahllose Theorien und

Tests. In der Psychologie geht man heute davon aus, dass viele Persönlichkeitsmerkmale sich durch fünf fundamentale Dimensionen beschreiben lassen – die sogenannten Big Five:
- Neurotizismus, auch bekannt als «emotionale Instabilität»: Wie nervös, launenhaft erregbar und stresssensibel ist jemand?
- Extraversion: Wie gesellig, aktiv, offen für andere Menschen und Anregungen von außen ist jemand?
- Offenheit für Erfahrung: Wie wissbegierig, vielfältig interessiert, aufgeschlossen für Neues und wie unabhängig in seinem Urteil ist jemand?
- Verträglichkeit: Wie mitfühlend, verständnisvoll, hilfsbereit und vertrauensvoll ist jemand – oder wie wettbewerbsorientiert und distanziert?
- Gewissenhaftigkeit: Wie diszipliniert, ordentlich, zuverlässig, zielstrebig, anstrengungsbereit und ehrgeizig ist jemand?

Die Dimensionen sind als bipolare Skalen konzipiert, mit hoher emotionaler Stabilität an einem Ende, niedriger emotionaler Stabilität am anderen Ende, hoher Extraversion auf der einen, niedriger Extraversion auf der anderen Seite usw. (siehe zum Beispiel Myers 2014, S. 573 ff.).

Unsere Persönlichkeit ist teilweise angeboren, wird aber auch durch Umwelt und Erfahrung geformt. Lange Zeit nahm man an, der Charakter würde nur bis ins junge Erwachsenenalter geprägt und sei dann weitgehend ausgereift. Erst in den letzten Jahren setzt sich mehr und mehr die Auffassung durch, dass Persönlichkeitsentwicklung ein Prozess ist, der nie gänzlich abgeschlossen wird (siehe dazu den nächsten Abschnitt «Wandel oder Verlust?»). Das stützt die Auswertung umfangreicher soziologischer Erhebungen, die einen kurzen

Big-Five-Fragenbogen beinhalteten: die *British Household Panel Study* (BHPS) mit rund 14 000 Befragten sowie das *Sozio-oekonomische Panel* (SOEP) in Deutschland mit knapp 21 000 Befragten. Danach nehmen Offenheit und Extraversion über die Lebensspanne ab, ebenso die Gewissenhaftigkeit im hohen Alter. Die Verträglichkeit dagegen nimmt zu, während für Neurotizismus in Deutschland leicht steigende, in Großbritannien fallende Werte errechnet wurden (vgl. Donnellan/Lucas 2008). Interessant ist diese Studie deshalb, weil sie im Unterschied zu vielen anderen Erhebungen tatsächlich Menschen höheren Alters einschließt, und zwar bis Mitte 80. Häufig endet das Interesse vieler Wissenschaftlerinnen und Wissenschaftler bereits bei 60- oder 70-Jährigen.

Den skizzierten Veränderungen der Persönlichkeitsprofile zum Trotz: Aus einem Partylöwen wird im Alter sehr wahrscheinlich kein Kind von Traurigkeit, aus einem eher zurückgezogenen und introvertierten Menschen vermutlich kein Hansdampf in allen Gassen. Wir altern weitestgehend so, wie wir gelebt haben. Daran ändert auch nichts, dass neurologische Befunde uns ebenfalls eine tendenziell größere Verträglichkeit im Alter sowie eine höhere Selbstkontrolle und Beherrschung unserer Emotionen bescheinigen (vgl. Korte 2014, S. 160 ff.). Es liegt auf der Hand, dass manche Persönlichkeitszüge ein gutes, erfolgreiches Altern erleichtern, wie schon am vielzitierten Beispiel des «Optimismus» deutlich wurde: Offenheit, auf andere Menschen zugehen zu können, sich neuen Erfahrungen nicht zu verschließen, neue Interessen entwickeln zu können, Zielstrebigkeit, Anstrengungsbereitschaft und Disziplin bei der Umsetzung eigener Vorhaben beispielsweise. Wer so gestrickt ist, hat gute Chancen, sich sein Leben so einzurichten, dass er es als glücklich und lebenswert empfindet. Eigenschaften wie diese helfen, Lebenskrisen zu bewältigen, sich positive Altersvorbilder zu wählen, Veränderungen anzunehmen und sich weiterhin Ziele zu setzen, tätig zu sein, soziale Kontakte zu pflegen und gesellschaftliche Teilhabe zu leben. All diese Aspekte sind für ein «sinnerfülltes Alter» von wesentlicher Bedeutung, so die Quintessenz eines Forschungsprojektes unter dieser Überschrift, das sich für die Lebenssicht von Menschen zwischen 75 und 102 Jahren interessierte. Spiritualität und/oder Religiosität stellen eine weitere Stütze dar (siehe Mahs o.J.). Wer mit positiver Psychologie oder Glücksforschung in Berührung gekommen ist, wird viele Aspekte wiedererkennen: Die Dinge, die uns im Leben Zufriedenheit schenken, ändern sich nicht grundsätzlich. Zwischen Lebenskunst und Alterskompetenz existiert offenbar eine große Schnittmenge. Kein Wunder, denn Älterwerden ist im Grunde genommen nichts anderes als Leben für Fortgeschrittene.

Verbitterung ist vor allem die nagende Enttäuschung über unwiederbringlich verpasste Chancen und vergangene Möglichkeiten: Dinge, die man nicht getan hat, oder Dinge, die man nicht mehr tun kann oder meint, nicht mehr tun zu können. Wenn Menschen verbittern, dann weil sie meinen, das Leben habe ihnen übel mitgespielt und führe sie auch im Alter geradewegs in eine Sackgasse. Im schlimmsten Fall fließt alle Energie in ohnmächtige Wut über erlittene Kränkungen statt in Aktivitäten, die Freude machen und Körper wie Geist stärken. Je umfassender jemand das Leben ausgekostet und je tatkräftiger er es gestaltet hat, desto weniger Anlass besteht für die wehmütige Rückschau. Und desto größer ist vermutlich die Begabung, auch jenseits der 60 noch genug Gründe und Gelegenheiten zum Auskosten zu finden. Wem das heitere Gemüt des Lebenskünstlers fehlt, der kann sich zum Beispiel daran zurückerinnern, was er früher gern gemacht hat, und eine vergessene Aktivität neu beleben – ein Instrument wieder aus dem Koffer holen, den Tennisschläger wieder in die Hand nehmen, sich Gleichgesinnten anschließen – oder sich mutig auf eine Expedition zu neuen Ufern begeben. Für die Farbe im Leben müssen wir schon selbst sorgen. Auch jenseits der 60.

Vielleicht ist das die größte Herausforderung angesichts unserer erfreulicherweise verlängerten Lebensspanne: Den Ruhestand, der ohnehin immer mehr zum Unruhestand wird, nicht einfach auf sich zukommen zu lassen, sondern das Mehr an Leben frühzeitig aktiv zu gestalten. Wer jenseits der 60 ein erfülltes Leben führen möchte, sieht sich vor der Herausforderung, zwei, drei Lebensjahrzehnte zusätzlich selbstverantwortlich zu gestalten. Frühzeitige Planung kann da nicht schaden. *Mit 40 schon an 80 denken*, empfiehlt Carola Kleinschmidt im Untertitel ihres Buches *Jung alt werden* – und sich dabei nicht von gesellschaftlichen Stereotypen und negativen Mythen in die Irre führen und beschränken zu lassen. Dazu gehören Mythen wie die sogenannte Midlife-Crisis, die ein Psychologe 1978 erfand, weil er feststellte, dass Maler um die 50 häufig ihren Malstil ändern und dunklere Farben benutzen (kein Scherz! Siehe Kleinschmidt 2010).

Offenbar taugt diese Scheinkrise so gut als Entschuldigung für kleine und größere Eskapaden, dass sie sich im Alltagsbewusstsein festgesetzt hat. In eine ähnliche Kategorie fällt auch das Empty-Nest-Syndrom (Leeres-Nest-Syndrom), das neuerdings in aller Munde ist. Angeblich befällt es Eltern unweigerlich, wenn erwachsene Kinder ausziehen, und hindert sie daran, die neu gewonnene Freiheit zu genießen. Dabei gibt es viele Paare, die ihr «Empty-Nest-Freedom» in vollen Zügen genießen.

Ebenfalls auf tönernen Füßen steht die These der sogenannten Altersdepression, die unter anderem übersieht, dass Depressionen in Wahrheit im Alter seltener vorkommen als in jungen Jahren (vgl. Korte 2014, S. 150 ff.). Und selbst das Schreckgespenst der Pflegebedürftigkeit, das viele Menschen umtreibt, ist in Wirklichkeit, das kann ich nur immer wieder betonen, kleiner, als die überhitzte öffentliche Debatte glauben machen möchte: Der prognostizierte Anstieg resultiert im Wesentlichen daraus, dass einerseits die geburtenstarken Jahrgänge so langsam in die Jahre kommen und man andererseits von einer kontinuierlich steigenden Lebenserwartung bei einer gleichzeitig unverändert hohen Pflegequote ausgeht. Auf diese Weise kann das Missverständnis entstehen, wir würden zwar immer älter, verbrächten dadurch aber mehr Jahre in Krankheit und Hilfsbedürftigkeit. Das ist jedoch Unsinn! Schon vor Jahren sprach die Altersforscherin Ursula Lehr von einer «Kompression der Morbidität» (zit. n. Kleinschmidt 2010, S. 41). Übersetzt heißt das: Die Anzahl an Jahren, die man am Lebensende möglicherweise krank ist, schrumpft. Auch Korte verweist auf Studien, die belegen, dass sich mit der Lebenserwartung «nicht die Anzahl der Pflegejahre erhöht, sondern die der gesund gelebten und erlebten Jahre» (2014, S. 322). Und bei alldem sind der beständige medizinische Fortschritt und das zunehmende Wissen über gesundes Altern noch gar nicht berücksichtigt. Es spricht also absolut nichts dagegen, zufrieden und glücklich zu altern! Wir müssen dies nur wollen und entsprechende persönliche Ressourcen mobilisieren. Um was es sich dabei aus Sicht von Psychologie und Altersforschung handeln kann, ist das abschließende Thema dieses Kapitels.

«SCHON ALT» ODER «NOCH JUNG»? UNSER SELBSTKONZEPT

Im Alltag gehen die meisten Menschen davon aus, dass ihre körperliche Fitness zwar von Schlaf, Ernährung und Bewegung beeinflusst wird, daneben aber auch Einflüssen unterworfen ist, die sie nicht kontrollieren können. Man kann beispielsweise einen Unfall erleiden oder sich mit einer Krankheit anstecken. In der Regel gilt auch das Alter als ein unkontrollierbarer Einflussfaktor auf unsere Vitalität. Bis zu einem gewissen Grad stimmt das. Ein 80-Jähriger wird selbst mit viel Training einem trainierten 30-Jährigen in den meisten Fällen nicht davonlaufen. Doch selbst hier gibt es Ausnahmen. Gichin Funakoshi, Begründer des Shōtōkan-Karate, bei dem ich selbst Schwarzgurt bin, beschreibt in seiner Biographie *Karate-Dō: Mein Weg*, wie er mit über 80 Jahren von einem Räuber mit einem Stock angegriffen wurde, woraufhin er den jungen Angreifer mit bloßen Händen vermöbelte. Allerdings räumt er ein, dass er damit gegen den rechten Weg im Karate verstoßen habe: Eigentlich hätte er seinen leeren Beutel für den Dieb öffnen und so den Kampf vermeiden sollen. Eine seiner wichtigsten Verhaltensregeln besagt, dass man lernen sollte, seinen Geist zu kontrollieren – ein passendes Motto für dieses Kapitel. Bis hierher haben Sie ja viele erstaunliche Beispiele für die Plastizität des menschlichen Körpers lesen können. Dennoch würden die meisten Menschen wohl den Kopf schütteln, wenn man sie fragte, ob sie sich zutrauen, allein durch die Kraft ihrer Einstellung «jünger» zu werden. Das klingt eher nach esoterischem Hokuspokus als nach einem seriösen Vorschlag. Und doch funktioniert es, wie die Sozialpsychologin Ellen J. Langer in ihrem berühmten «Counterclockwise»-Experiment gezeigt hat, das ich schon in Kapitel 1 – Das kalendarische Alter auf Seite 18 f. kurz erwähnt habe.

1979 versetzt Langer eine Gruppe von Männern, die zwischen 70 und Anfang 80 waren, für eine Woche um 20 Jahre zurück. Die Gruppe zog zu diesem Zweck in ein altes Kloster in New Hampshire. Dort lagen Zeitungen des Jahres 1959 aus, im Radio wurde die Musik von damals gespielt. Die Teilnehmer kleideten sich leger und möglichst wie Ende der fünfziger Jahre. Sie brachten zur Dekoration ihres Zimmers Gegenstände mit, die ihnen in jener Zeit wichtig gewesen waren, etwa Fotos oder Trophäen. Außerdem wurden die Teilnehmer gebeten, ihre Unterhaltungen auf Ereignisse zu beschränken, die zu dieser Zeit tatsächlich schon passiert waren und in der Gegenwartsform über das damalige Zeitgeschehen zu sprechen – kurz: Die Illusion sollte bei der Experimentalgruppe so perfekt wie möglich sein. Eine Kontrollgruppe sollte sich in derselben Umgebung nur an die Vergangenheit erinnern, ohne sie erneut zu erleben. Beide Gruppen wurden nicht wie Greise behandelt, sondern ihrem «neuen» Alter entsprechend und auf Augenhöhe. Zudem organisierten sie ihren Alltag weitgehend selbst. Der Effekt war verblüffend: «Trotz der offensichtlichen und extremen Abhängigkeit von Verwandten, die sie zu den vorbereitenden Interviews in die psychologische Abteilung der Harvard University gefahren hatten, kamen fast alle sofort nach ihrer Ankunft in dem Tagungshaus ohne Hilfe zurecht», schreibt Langer und berichtet, dass die Teilnehmer sich geistig wie körperlich in verblüffender Weise verjüngten. In Vorher-nachher-Tests erwiesen sich Hörfähigkeit und Gedächtnis als besser, die Greifkraft hatte zugenommen und durch die Abschwächung einer vorhandenen Arthritis waren sogar die Finger messbar länger geworden. In Intelligenztests schnitten 63 Prozent der Experimentalgruppe, die in der Vergangenheit gelebt hatte, und immerhin 44 Prozent der Kontrollgruppe, die sich nur an die Vergangenheit erinnert hatte, besser ab als vorher. Auch die Gehfähigkeit und die Körperhaltung verbesserten sich sichtlich. Unbefangene Beobachter beurteilten vor allem die Experimentalgruppe anhand von Fotos als «deutlich jünger» (Langer 2011, S. 14 f.). Man darf nicht vergessen: All diese Veränderungen vollzogen sich in nur einer Woche!

Besonders frappierend sind Langers Schilderungen zur An- und Abreise der Experimentalgruppe. Nach dem Abschied von ihren Verwandten wurden die Teilnehmer aufgefordert, in den Bus zu steigen, der sie zum Versuchsort bringen sollte. «Während ich sie zum Bus stolpern sah – einige mussten fast getragen werden – kamen mir erneut Zweifel, auf was ich mich da eingelassen hatte», berichtet die Harvard-Psychologin. Die Abreise von dem Kloster eine Woche später gestaltete sich völlig anders. Während die Gruppe auf den Bus wartete, warfen sich einige der begleitenden Doktoranden einen Football zu. «Ich fragte Jim, einen Mann, der mir beim ersten Kennenlernen als besonders gebrechlich erschienen war, ob er Lust hätte, sich am Fangen zu beteiligen. Er war einverstanden, und schon bald gesellten sich noch ein paar andere Männer zu uns. Innerhalb weniger Minuten hatte sich auf dem Rasen vor dem Haus ein spontanes Footballspiel entwickelt. Niemand hätte die Spieler mit der NFL [National Football League] verwechselt, doch zu Beginn unserer Studie hätte wohl niemand so etwas für möglich gehalten» (ebd., S. 38 und S. 164). Fast hat es den Anschein, Langer habe die Teilnehmer in einem Jungbrunnen baden lassen. Doch wenn überhaupt, dann sitzt dieser Jungbrunnen im Kopf jedes Einzelnen! Im Laufe vieler Jahre und vieler Studien habe sich ihre Überzeugung verfestigt, es sei nicht der Körper, sondern die «geistige Einstellung zu unseren physischen Grenzen», die uns einschränke, so Langers Fazit (ebd., S. 15).

Es ist also der Einstellungswandel, die Umstellung der Einstellung, neudeutsch: Mindset-Change, der diese Effekte auslöst. Studien zu Placebo-Effekten zeigen zum Beispiel, dass nur durch eine vermutete medizinische Behandlung körperliche Verbesserungen zwischen 34 % und 100 % eintreten (Turner 1994). Auch in anderen Fachdisziplinen wie der Psychologie, Pädagogik, der Soziologie und den Sportwissenschaften haben Studien die erstaunliche Wirkung einer positiven Einstellung festgestellt. Diesen Effekt bezeichne ich als Positiv-Effekt. Der Positiv-Effekt ist eine wertschöpfende Veränderung eines Menschen, der durch die Verarbeitung von optimistischen Einstellungen, Emotionen und/oder Handlungen hervorgerufen wird. Das, wovon wir überzeugt sind, beeinflusst unser Verhalten und damit letztlich unsere Welt und unser Leben.

Wenn ich mit gut 40 Jahren einen Hexenschuss bekomme und mich tagelang nicht aufrichten kann, komme ich vermutlich zu dem Schluss, dass ich mich in letzter Zeit zu wenig bewegt habe. Vielleicht überlege ich auch, ob ich warm genug angezogen war oder ob ich künftig regelmäßig Rückengymnastik betreiben sollte. Doch schon heute ernte ich viele spöttische Kommentare, wenn ich davon erzähle: vom mäßig einfühlsamen «Ja, ja, man wird nicht jünger» bis zur schadenfrohen Erinnerung daran, dass es «ab 40 bergab geht». Bis ich 70 bin, werde ich wahrscheinlich Hunderte solcher Bemerkungen gehört haben, und zwar jeweils anlässlich einer Vielzahl kleinerer Unpässlichkeiten, vom Ziehen im Knie bis zum Nachlassen der Sehstärke. Ist es da so verwunderlich, dass mancher 70-Jährige den Hexenschuss zum Anlass nimmt, sich in sein Schicksal zu fügen und eine angeblich altersgemäße Schonhaltung zu kultivieren? Eine Haltung, die allerdings fatalerweise die nächsten Rückenprobleme schon programmiert und die Selbstdiagnose «ich bin halt alt» auf diese Weise bestätigt und zementiert?

Unsere Einstellung dazu, was wir können, sollen und dürfen, was unserem Alter entspricht, also altersgemäß ist – kurz: unser Selbstbild –, trägt entscheidend dazu bei, wie wir altern. Zu Beginn des Langer-Experiments hätten die Teilnehmer die Aufforderung, sich an dem improvisierten Football-Spiel zu beteiligen, vermutlich empört zurückgewiesen: unmöglich, kann ich nicht, viel zu gefährlich! Nach nur einer Woche waren solche Gedanken vom Tisch; wohlgemerkt: nach einer Woche, in der die älteren Herren nicht etwa körperlich trainiert, sondern sich «nur» als jünger erlebt, lebhaft diskutiert und ihren eigenen Alltag stärker selbstbestimmt gestaltet hatten. Sie waren jünger im Kopf – und der Körper zog nach. Unser Selbstbild, die Wahrnehmung und Einschätzung unserer eigenen Person, bestimmt unser Handeln, welche Ziele wir uns setzen, ob wir uns überhaupt welche setzen, wie hartnäckig wir sie anstreben und wie wir im Zweifelsfall mit Misserfolgen umgehen. Und je mehr Jahre wir zugeteilt bekommen, desto wichtiger ist es, nicht den längst überkommenen Bildern von Rückzug und zwangsläufigen körperlichen Einschränkungen im Alter aufzusitzen. Hilfreich ist dabei, wie auch schon viel früher im Leben, ein positives Selbstkonzept.

Hier ein Beispiel: Vor einiger Zeit wurden in meinem Bekanntenkreis zwei Frauen aufgrund einer Unternehmensinsolvenz arbeitslos. Beide, nennen wir sie Susanne und Brigitte, waren nach gängiger Auffassung auf dem Arbeitsmarkt schwer vermittelbar: Zum fraglichen Zeitpunkt war Susanne 47, Brigitte war Anfang 50. Susanne konsultierte die Arbeitsagentur und bewarb sich auf einige Stellenanzeigen, die sie dort im Computer gefunden hatte. Sie habe allerdings nicht besonders viel Hoffnung, erzählte sie mir frustriert: «Du weißt ja, in meinem Alter ...» Brigitte sah ich mehrere Wochen nicht, weil sie bei einem britischen Unternehmen, einem früheren Geschäftspartner, ein Auslandspraktikum absolvierte. Parallel dazu bewarb sie sich und nutzte frühere Geschäftskontakte, um dort ihre freie Mitarbeit anzubieten. Nach sechs Monaten bekam Brigitte ein Jobangebot. Gehalt und Position waren sogar besser als zuvor. Kommentar der weiterhin arbeitslosen Susanne: «Du hast eben immer Glück!» Beide Frauen waren in derselben Situation, doch sie gingen auf unterschiedliche Weise damit um, die eine aktiv und zuversichtlich, die andere passiv – bzw. auf «das Amt» vertrauend – und resignativ. Doch «Glück» ist auf weite Strecken hausgemacht, auch wenn Susanne das vermutlich bestreiten würde. Und «Alter», wie schon gesagt, ebenso.

Carol Dweck, Psychologin an der Stanford University, hat die beiden Grundhaltungen, die sich bei den Bewerberinnen abzeichnen, als «statisches» und «dynamisches Selbstbild» bezeichnet. Menschen mit einem statischen Selbstbild sagen Sätze wie «Da kann man nichts machen», «Das liegt mir nicht», «Das habe ich schon mal probiert. Hat nicht funktioniert», «Klingt gut, aber ...». Menschen mit einem dynamischen Selbstbild geben hingegen nicht so schnell auf. Sie sind der Auffassung, dass es sich lohnt, sich anzustrengen, und dass man den Lauf der Dinge selbst beeinflussen kann. Sie sagen eher Sätze wie «Es ist noch kein Meister vom Himmel gefallen» oder «Wenn x nicht klappt, dann versuche ich eben y». Menschen mit einem statischen Selbstbild ziehen sich eher auf angeborene Talente und vermeintlich festgelegte Fähigkeiten zurück, während Menschen mit einem dynamischen Selbstbild glauben, dass eine persönliche Entwicklung möglich ist. Beide gehen unterschiedlich mit Misserfolgen um: Für statisch geprägte Menschen sind sie eine traurige Bestätigung der Vergeblichkeit ihrer Anstrengungen, für dynamisch geprägte Menschen lediglich eine mögliche Etappe auf dem Weg zum Ziel. Bei der Entstehung solcher Selbstbilder wirken Vorbilder, Erziehung und Ausbildung, gesellschaftliche Rollenzuweisungen und allgegenwärtige Stereotypen. Sie führen zu Glaubenssätzen, die uns ein Leben lang steuern, wenn wir sie nicht kritisch hinterfragen (vgl. Dweck 2009).

Astrid Schütz, die an der Universität Bamberg Psychologie lehrt, ist dem Zusammenhang von Selbstbild und Gesundheit im Rahmen einer repräsentativen Umfrage nachgegangen. Erfreulicherweise war eine deutliche Mehrheit von 80 Prozent der gut 1000 Befragten grundsätzlich der Meinung, man könne selbst etwas für seine Gesundheit tun. Allerdings nimmt dieser Anteil mit dem Alter deutlich ab. «Man kann den grundlegenden eigenen Gesundheitszustand nicht beeinflussen», meint nur jeder Fünfte unter 40, aber mehr als jeder Dritte über 60 (Schütz 2015, S. 13). Mit zunehmendem Alter nimmt offenbar in etlichen Fällen die Überzeugung ab, das eigene Wohlbefinden steuern zu können. Das Selbstbild geht bei einer Reihe von Menschen in späteren Jahren von einem dynamischen zu einem statischen Konzept über (siehe ebd., S. 31). Das ist fatal, denn eine Grundfitness bekommt man zwar mit 20 oder 30 Jahren fast geschenkt, doch mit 60 oder 70 muss man schon gezielt etwas dafür tun. Gerade zu dem Zeitpunkt, an dem Eigenaktivität am meisten bewirkt, sinkt also das Vertrauen in den Sinn solcher Aktivitäten, weil sich die Betroffenen für «zu alt» halten.

Überlegen Sie einmal, was passiert, wenn Sie Ihr eingegipstes Bein nicht benutzen oder zwei Wochen im Bett liegen – genau, dieser vergleichsweise kurze Zeitraum genügt, damit sich der überwiegende Teil der Muskulatur abbaut.

Und vergleichbar ist es auch mit dem Geist. Die Hintertür in die Resignation ist leicht zu finden. Den Weg dorthin weisen einem die bekannten Altersstereotype, die einem allerorten begegnen, wenn sie einem nicht gleich mehr oder minder charmant unter die Nase gerieben werden: «Na ja, in deinem Alter», «Deine beste Zeit hast du aber auch schon hinter dir», «Puh, du bist vielleicht unflexibel und laaaaangsam!» Auch wenn die Ü60-Jährigen heute fitter und interessierter sind als die Generationen vor ihnen, wirken solche Stereotype immer noch (nach). «Wer die fünfundsechzig überschritten hat, verliert in der öffentlichen Wahrnehmung, vor allem in politischen Debatten und medialer Darstellung, seine Persönlichkeit», wundert sich Regina Mönch in der Frankfurter Allgemeinen Zeitung. In Unfallmeldungen mutiere diese Gruppe zum (hilflosen?) «Rentner», in den Nachrichten bebildere man das Thema Alter mit einem einzigen Foto: «einsame Alte auf der Parkbank» (Mönch 2012). Hand aufs Herz: Wer über 50 hat sich angesichts eines neuen Zipperleins noch nie bang gefragt, ob er oder sie jetzt «vielleicht doch alt wird»?! Solange ein agiles, selbstbewusstes Dasein in der zweiten Lebenshälfte den trotzigen Gestus der Abgrenzung von verbreiteten Entmündigungsbildern erfordert, sind die Stereotype nicht wirklich überwunden. Im schlimmsten Fall beeinflussen sie unser Selbstbild, wenn wir gesellschaftliche Rollenzuweisungen unkritisch akzeptieren.

Aus dem Leben gegriffen

In der Vorweihnachtszeit 2015 brachte ein Lebensmittelkonzern einen gefühligen Werbespot heraus, der schnell Kultstatus erreichte. Ein Mann Anfang bis Mitte 80 (Typ: netter Großvater, weißhaarig, gepflegt) sitzt an Heiligabend mutterseelenallein vor seinem Weihnachtsessen.

Seine Kinder haben, eines nach dem anderen, Nachrichten auf dem Anrufbeantworter hinterlassen, dass sie es «dieses Jahr leider nicht schaffen». Offenbar ein Jahr später erreicht die Söhne und Töchter in der ganzen Welt die Nachricht vom Tod des Vaters. Bestürzt reisen sie mit ihren Familien zum Elternhaus. Dort finden sie statt der Trauergemeinde eine festlich geschmückte Tafel vor – und den quicklebendigen Vater, der aus der Küche hervorlugt und ein wenig schuldbewusst fragt: «Wie hätte ich euch denn sonst alle zusammenbringen sollen?» Das Ganze endet in einer fröhlichen, ausgelassenen Feier.[3] So weit, so schlecht. Denn: So stimmig das Ganze inszeniert ist, so stereotyp ist das hier gezeichnete Bild des Alters:

– Alter bedeutet Einsamkeit.
– Nur die eigenen Kinder können alte Menschen daraus erlösen.
– Die Eltern sind für die erwachsenen Kinder eine Last.
– Ältere Menschen sind traditionell. Sie feiern Weihnachten wie vor 50 Jahren: mit Tannenbaum, Wachskerzen und Gänsebraten.

So provokant die List des älteren Herrn erscheinen und so berechtigt sein Wunsch auch sein mag, einen Familienfeiertag mit seiner Familie zu verbringen – irgendwie beschleicht einen ein ungutes Gefühl: Offenbar fällt ihm nichts anderes ein, als Jahr für Jahr darauf

---

3 Siehe www.youtube.com/watch?v=5nJOMLtkHEc (Zugriff am 12.05.2016).

zu hoffen, dass seine Kinder für etwas mehr Leben in seinem Leben sorgen. Als bliebe den älteren Geschwistern der 68er trotz Jugendrevolte und WG-Erfahrung im Alter nichts anderes übrig, als die Verhaltensmuster ihrer Eltern zu kopieren (zu alternativen Lebensmodellen siehe Kapitel 4 – Das soziale Alter).

Wie stark neben gesellschaftlichen Konventionen auch familiäre Vorbilder unser Selbstbild im Alter prägen, stellte Ellen Langer in einer Studie fest, die das Altersbild älterer Menschen miteinander verglich: Die einen hatten als Kleinkinder mit einem Großelternteil zusammengelebt, die anderen erst als Teenager. Langer nahm an, dass die erste Gruppe positiver altern würde, weil sie ihre eigenen Großeltern als jünger erlebt hatte. Und in der Tat bescheinigten unvoreingenommene Wissenschaftlerinnen und Wissenschaftler, die Langers Hypothese und die Gruppeneinteilung nicht kannten, den Enkelkindern der jüngeren Großeltern «eine jugendlichere geistige Einstellung». Sie wurden als aktiver, unabhängiger, aufmerksamer und munterer eingeschätzt (Langer 2011, S. 142). Offenbar lernen wir nicht nur lesen oder schwimmen; wir lernen von unserer Umgebung auch, wie man älter wird. Schön, wenn wir «Lehrerinnen und Lehrer» haben, die uns Möglichkeiten vorleben statt Einschränkungen.

Fazit: Ein dynamisches Selbstbild lässt uns fragen: «Was möchte ich erreichen?» und «Wie komme ich dorthin?». Ein statisches Selbstbild lässt uns zweifeln: «Kann ich das noch?» Die Wahrscheinlichkeit ist groß, dass wir uns im ersten Fall «noch jung», im zweiten dagegen «schon alt» fühlen, denn mit letzterer Einstellung berauben wir uns der Möglichkeit, Widerstände zu überwinden und Erfolg zu haben. In beiden Fällen wird sich allerdings unsere Sicht auf uns selbst bestätigen. Solange wir noch etwas wagen, können wir uns jung fühlen. Sobald wir anfangen, von vornherein zu resignieren, sind wir tatsächlich für viele Dinge «zu alt». Eine Lebenssituation, die ältere Menschen jeglicher Eigenverantwortung beraubt und ihnen alle Herausforderungen aus dem Weg räumt, erzeugt eben jene Hilflosigkeit, auf die sie zu reagieren vorgibt. Und so kommt es zu dem deprimierenden Phänomen, dass schon wenige Entscheidungsfreiräume, die Ermunterung zur Eigeninitiative und sogar schon die Verantwortung für eine Zimmerpflanze (!) den objektiven wie subjektiven Gesundheitszustand von Altenheimbewohnerinnen und -bewohnern spürbar verbessert, sie aktiver und aufmerksamer werden lässt und sogar ihre Sterblichkeitsquote innerhalb der folgenden 18 Monate halbiert (vgl. Langer / Rodin 1976).

KÖRPER UND GEIST:
WIE WIR UNS ALT DENKEN ODER JUNG BLEIBEN

Wir haben uns daran gewöhnt, dass Fußballer nach einem Sieg verkünden, sie seien «mental gut drauf gewesen». Und wir haben es Jürgen Klinsmann längst verziehen, dass er bei der WM-Vorbereitung ab 2004 Mentaltrainer engagierte, mehr noch: Wir erwarten heute geradezu, dass eine Profisportlerin oder ein Profisportler sich psychologisch beraten lässt. Der Körper allein macht es nicht, auch die Einstellung muss stimmen, das wissen wir. Nur mit unserem eigenen Leben scheint das alles herzlich wenig zu tun zu haben. Doch die faszinierende Wechselwirkung von Einstellung und Handeln, von Geist und Körper wirkt bei jedem von uns, ob Kind, ob Greis.

Vielleicht erinnern Sie sich noch, wie Sie Radfahren gelernt haben. Meist stabilisiert ein Erwachsener das Rad am Gepäckträger. Und meist radelt man schon eine ganze Weile fröhlich allein vor sich hin, bevor man plötzlich merkt: «Huch, Papa ist weg!» – oder wer auch immer für die Hilfestellung vorgesehen war. Das ist dann der Moment, in dem man prompt umkippt. Die plötzliche Angst verunsichert uns – wir stürzen. Im Alter ist es nicht anders: In dem Moment, in dem wir uns einschränkenden Glaubenssätzen unterwerfen, altern wir tatsächlich. Das negative Altersbild, vor dem wir uns fürchten, bringt uns erst ins Straucheln. Wie kommt das? In diesem Abschnitt geht es um psychologische Effekte, mit denen wir uns selbst ein Bein stellen.

Das Phänomen der selbsterfüllenden Prophezeiungen gehört inzwischen zum Alltagswissen – was uns aber nicht davor schützt, ihm auf den Leim zu gehen. Bei der Selbsterfüllung suchen wir bewusst oder unbewusst nach Bestätigungen für eine Vorhersage und sorgen erst dadurch dafür, dass sie dann auch wirklich eintrifft. Beispielsweise kann die Vermutung, ein Unternehmen stehe kurz vor der Pleite, dazu führen, dass Gläubiger Außenstände einfordern, Kunden bei der Auftragsvergabe zögern und Banken Kredite verweigern. All das löst dann tatsächlich die Insolvenz aus und bestätigt die Vorhersage. Häufig spielt bei selbsterfüllenden Prophezeiungen die Selektivität unserer Wahrnehmung eine Rolle. Das verdeutlicht der sogenannte Rosenthal-Effekt. Der US-Psychologe Robert Rosenthal täuschte gegenüber Grundschullehrkräften einen wissenschaftlichen Test vor und informierte sie anschließend, rund 20 Prozent ihrer Schülerinnen und Schüler stünden kurz vor einem intellektuellen Entwicklungsschub. In Wahrheit erfolgte die Zuteilung zur Gruppe der Hoffnungsträgerinnen und -träger nach dem Zufallsprinzip. Von denjenigen, denen ein solches «Aufblühen» prophezeit worden war, hatte am Schuljahresende jede bzw. jeder Zweite den Intelligenzquotienten tatsächlich gesteigert, und zwar teilweise um bis zu 20 IQ-Punkte. Vermutlich hatten die Lehrkräfte den angeblich vielversprechenden Schülerinnen und Schülern mehr Aufmerksamkeit gewidmet, sie stärker ermutigt und freundlicher behandelt (vgl. Rosenthal/Jacobson 1966). Da gängige Tests den Durchschnitts-IQ bei 100 Punkten ansetzen und ab 130 Punkten bereits von einer seltenen Hochbegabung ausgegangen wird, machen 20 Punkte einen beachtlichen Unterschied aus.

Pauschal gesagt: Worauf wir unsere Aufmerksamkeit richten, das wächst und gewinnt an Bedeutung. Möglicherweise trägt dies dazu bei, dass Menschen mit einer positiven Einstellung zum Alter im Schnitt 7,5 Jahre länger leben als Menschen mit einer negativen Einstellung, wie eine Langzeitstudie der Psychologin Becca Levy ergab. Levy befragte Personen zwischen 40 und 50 zu ihrem Altersbild und erhob 20 Jahre später deren Sterblichkeitsrate. Dabei erwies sich, dass eine positive Einstellung einen weitaus größeren positiven Effekt hatte als objektive Gesundheitsdaten wie gute Cholesterin- und Blutdruckwerte oder die Vermeidung von Nikotin und Übergewicht (vgl. Korte 2014, S. 296 ff.). Durch den zeitlichen Abstand von zwei Jahrzehnten und den Abgleich mit Gesundheitsdaten ist es unwahrscheinlich, dass der Zusammenhang eigentlich umgekehrt ist – und Betroffene, die von vornherein gesünder waren, erst dadurch zu Altersoptimisten wurden. Naheliegender ist, dass Menschen mit einem positiven Altersbild ähnlich «mental gut drauf sind» wie der siegende Fußballer und ihr Leben tatkräftiger in die Hand nehmen – was sie wiederum fit hält und ihre positive Einschätzung des Alters bestätigt. Diese Auffassung bestätigt Clemens Tesch-Römer vom Deutschen Zentrum für Altersfragen (DZA) in unseren Forschungsgruppentreffen sowie in seinen Vorträgen und Publikationen. Er hält das «Selbstbild im Alter» für ebenso wichtig wie Ernährung oder Bewegung. Im Rahmen des *Deutschen Alterssurveys* (2014), einer turnusmäßigen repräsentativen Befragung von Menschen über 40, habe sich gezeigt: «Menschen mit einem negativen Altersbild sind im Verlauf ihres Lebens weniger körperlich aktiv und kränker als Menschen mit einem positiven Altersbild.» Auch die kognitive Leistungsfähigkeit ist bei Altersoptimistinnen und -optimisten höher, so der Neurobiologe Martin Korte (siehe Korte 2014, S. 196).

Wer das Alter positiv sieht, altert also positiv – eine klassische selbsterfüllende Prophezeiung. Dafür gibt es weitere erstaunliche Indizien. Ellen Langer und ihr Team beispielsweise drehten in einem Versuch die Sehtest-Tafel beim Optiker kurzerhand andersherum: In ihrer Version begann die Tafel oben mit der kleinsten Zeile und endete unten mit der größten. Ergebnis: Plötzlich konnten die Menschen «besser sehen» und Zeilen lesen, die sie zuvor auf der herkömmlichen Tafel nicht entziffert hatten. Die Erwartung, bei der üblichen Tafelanordnung fortlaufend immer weniger erkennen zu können, trübt offenbar das Sehvermögen (Langer et al. 2009). Und auch umgekehrt wirkt der Effekt der selbsterfüllenden Vorhersage: So stellte ein Team von Neurowissenschaftlerinnen und -wissenschaftlern sowie Psychologinnen und Psychologen fest, dass ältere Menschen, die Angst vor Stürzen haben, tatsächlich signifikant häufiger stürzen (Delbaere et al. 2010).

> **Aus dem Leben gegriffen**
> Wer zuversichtlich ist, traut sich mehr zu, bleibt körperlich und geistig fitter und bestätigt seine eigene Prognose. Er lässt sich von Beeinträchtigungen nicht so

schnell unterkriegen und findet bei Problemen immer noch genug Lebenswertes, das seine positive Weltsicht bewahrt. Besonders beeindruckt haben mich in diesem Zusammenhang die 100-Jährigen, die der Fotograf Andreas Labes in seinem Buch *100 Jahre Leben* porträtiert hat. Zu ihnen gehört Alois Kleinhenz, geboren 1905 in Dachau, also ein Kind während des Ersten Weltkriegs, im Zweiten Weltkrieg dann Sanitäter, nach dem Krieg Kolonnenführer beim Roten Kreuz und viel unterwegs. Später entdeckt Kleinhenz seine Leidenschaft für die Naturfotografie. Bald hält er Vorträge mit Aufnahmen, die auf seinen Ausflügen in die Berge entstehen. Als seine Frau ein halbes Jahr nach der Goldenen Hochzeit tödlich verunglückt, ist das ein schwerer Schicksalsschlag für ihn, doch der Lebensmut verlässt ihn nicht. Labes zitiert ihn mit den Worten: «Ich habe mir aber gesagt: Jetzt beginnt ein neuer Lebensabschnitt.» Zu diesem Zeitpunkt ist Alois Kleinhenz fast 90 Jahre alt (vgl. Labes 2015, S. 28)!

Vielfach wird unabhängig vom Altersbild eine optimistische Grundhaltung als gesundheitsfördernd und lebensverlängernd betrachtet. Es gibt eine Reihe von Untersuchungen, die in diese Richtung weisen:
– Wer mit 25 optimistisch ist, weist im Alter zwischen 45 und 60 Jahren einen deutlich besseren Gesundheitszustand auf als Menschen, die in jungen Jahren eher pessimistisch sind, so das Resultat einer Langzeitstudie von Martin Seligman und seinen Kolleginnen und Kollegen. Seligman, einer der Pioniere der Positiven Psychologie, setzte dazu Fragebogenergebnisse von 1946, die Aufschluss über die Haltung von 25-jährigen

Männern gaben, mit deren Gesundheitszustand 35 Jahre später in Beziehung (vgl. Langer 2011, S. 62).
- Frauen nach der Menopause, die eine optimistische Lebenseinstellung aufweisen, haben ein deutlich geringeres Sterblichkeitsrisiko sowie ein geringeres Risiko, eine koronare Herzerkrankung zu entwickeln. Zu diesem Ergebnis kam die US-Biologin Hilary Tindle aufgrund von Persönlichkeitstests mit über 97 000 Frauen und anschließenden Gesundheitserhebungen acht Jahre später. Von 10 000 Pessimistinnen waren inzwischen 63 gestorben, bei den Optimistinnen waren es 46. Herzkrank waren 60 von 10 000 Pessimistinnen und 43 von 10 000 Optimistinnen. Die niedrigen absoluten Zahlen täuschen: Prozentual gesehen bedeutet das bei der Sterblichkeit einen Anstieg um 37 Prozent, bei den Herzerkrankungen einen Anstieg um 40 Prozent, und das möglicherweise allein durch eine negativere Lebenshaltung (vgl. Heinrich 2013).
- Unabhängig von objektiven Gesundheitsdaten – wie etwa Blutdruck, Vorliegen chronischer Krankheiten, Rauchen oder Nichtrauchen – weisen Männer, die auf die Frage «Wie fühlen Sie sich im Allgemeinen?» mit «sehr gut» antworten, ein dreimal geringeres Sterberisiko auf als Männer, die auf dieselbe Frage nur mit «gut» oder negativ antworten. So das Ergebnis einer Langzeitstudie der Universität Zürich mit 8200 Probanden, deren Lebensweg über 30 Jahre verfolgt wurde. «Raucher leben länger, wenn sie Optimisten sind», folgert Studienleiter Matthias Bopp (vgl. Vonhoff 2012).
- Optimistische Menschen stecken sich seltener mit einer Erkältung oder Grippe an, ergab eine Studie von Sheldon Cohen. In seinem Versuch wurden Personen,

deren Einstellung er vorab erhoben hatte, gezielt entsprechenden Viren ausgesetzt (vgl. Langer 2011, S. 63).
– Menschen mit einer optimistischen Einstellung genesen nach koronaren Bypass-Operationen rascher als solche mit einer pessimistischen, beobachteten die Psychologen Michael Scheier und Charles Carver (ebd.). Auch der Mediziner Rudi Westendorp zitiert Studien, denen zufolge ältere Patientinnen und Patienten mit optimistischer Haltung bei Herzinfarkten seltener starben, sich rascher erholten und nach der Rehabilitation ein höheres Leistungsniveau aufwiesen (vgl. Westendorp 2015, S. 221).

Gelegentlich wird kritisch eingewandt, dass Ursache und Wirkung bei solchen Erhebungen nicht eindeutig seien: Bleiben wir gesünder, weil wir optimistisch sind, oder werden wir zu Optimisten, weil wir eine stabile Gesundheit haben? Untersuchungen wie die Züricher Studie, bei der die unterschiedlichen objektiven Gesundheitsdaten der Optimisten berücksichtigt wurden, stärken die Vermutung, dass eine optimistische Grundhaltung tatsächlich gesund und damit jünger hält. Dies entspricht unserer Alltagserfahrung: Menschen, die sich «nicht hängen lassen» und während einer Krankheit zuversichtlich bleiben, kommen schneller wieder auf die Füße. Auch der bekannte Psychoanalytiker Fritz Riemann war sich sicher: «Nichts lässt uns schneller altern als Resignation» (zit. n. Kleinschmidt 2010, S. 168).

Geist und Körper sind also (noch) enger miteinander verbunden, als uns im Alltag gemeinhin bewusst ist. Dabei gibt es eine ganze Reihe weiterer Zusammenhänge, die eine solche Verbindung belegen. Dazu gehören psychosomatische Erkrankungen, etwa stressbedingte Kopf- oder Rückenschmerzen oder Magenbeschwerden aufgrund von Lebensproblemen. Dass der Arzt keine «organische Ursache» finden kann, ändert nichts an den realen Schmerzen der Betroffenen. Wenn unser Geist aber Beschwerden erzeugen kann, warum sollte er nicht auch umgekehrt in der Lage sein, dabei zu helfen, sie zu lindern oder zu vermeiden? Dafür spricht auch die Wirksamkeit von Placebos, also Scheinmedikamenten, die meist aus Zucker und Stärke bestehen (vgl. Langer 2011, S. 100 ff.). Offenbar lösen Placebos bei vielen Patientinnen und Patienten eine positive Erwartungshaltung aus, die ihren körperlichen Zustand unmittelbar positiv beeinflusst. Das geht so weit, dass teure Placebos Beschwerden besser lindern als günstigere, wenn die Patientin bzw. der Patient den Preis des Medikamentes kennt. Von einem weiteren Beispiel berichtete die Medical Tribune im Mai 2015: In einer Studie mit Menschen, die an der Parkinson-Krankheit litten, spritzten Ärzte im Abstand von vier Stunden zweimal Kochsalzlösung, die allerdings als Medikament deklariert wurde. Obwohl es sich um ein Placebo handelte, verbesserten sich die motorischen Funktionen der Betroffenen. Bei einer Injektion mit einem angeblichen Wert von 1500 US-Dollar war dieser Effekt noch um 28 Prozent stärker als bei einem vergleichsweise günstigen «Medikament» für 100 US-Dollar (vgl. Braunwarth 2015).

Wie unmittelbar unser Geist auf unseren Körper und unsere Fähigkeiten wirkt, zeigt schließlich auch der Effekt des sogenannten Priming. Darunter versteht man die unbewusste Beeinflussung unserer Wahrnehmung und unseres Verhalten durch vorangehende Reize. Beispielsweise wird in Worterkennungsexperimenten das Wort «Krankenschwester» schneller erkannt, wenn ihm ein sinnverwandtes Wort wie «Arzt» vorausgeht. In der Psychologie spricht man auch vom «Kontexteffekt», der auf der neuronalen Vernetzung von Gedächtnisinhalten basiert. In einem sehr bekannten Priming-Experiment zum Thema Alter wurden Versuchspersonen gebeten, Buchstabenrätsel (sogenannte Anagramme) zu lösen. Ein Teil von ihnen wurde dabei mit negativen Altersstereotypen «geprimt», das heißt im Vorfeld mit Worten wie «Vergesslichkeit» konfrontiert. Die Kontrollgruppe löste hingegen neutrale Anagramme ohne solche Stichworte. Unmittelbar danach stoppte man, wie lange die Probandinnen und Probanden für den Gang zum Aufzug brauchten. Können Sie es sich schon denken? Die Gruppe, die negativen Altersstimuli ausgesetzt worden war, ging deutlich langsamer als die andere Gruppe (Bargh et al. 1996).

Nicht nur dieses viel diskutierte Experiment, sondern auch andere Versuche untermauern Priming-Effekte. Beispielsweise erledigten ältere Mitarbeiter in einem Großhandel ihre Aufgabe – die Kontrolle zusammengestellter Lieferungen – signifikant schneller, wenn sie zuvor positiven Altersstereotypen («weise», «erfahren») ausgesetzt waren (Kirchner et al. 2015). Ähnliche Wirkungen wurden in vielen Zusammenhängen festgestellt, beispielsweise schneiden Frauen in Mathematiktests tatsächlich schlechter ab, wenn ihnen zuvor ihr Geschlecht durch entsprechende Primes bewusst gemacht wurde (vgl. Langer 2011, S. 97). Priming ist auch im Alltag allgegenwärtig – wir alle werden ständig durch Reize geprimt. In einer Behörde mit abweisender Fassade, Räumen mit hohen Decken und Türklinken in Brusthöhe verhalten wir uns intuitiv anders als in einem kleinen Gebäude, dessen Räume in freundlichen Farben gestaltet sind, etwa einem Kindergarten. Einem Gegenüber im teuren Maßanzug begegnen wir anders als demselben Gegenüber in Shorts und T-Shirt.

Vor dem Hintergrund solcher Einflüsse ist die Allgegenwart negativer Altersstereotypen im Alltag bedenklich:

«Altersarmut», «Alterspyramide», «Alzheimer», «Demenz», «demographischer Wandel», «Einsamkeit», «Pflegestufe», «Rentenlücke», «Überalterung» – die Dominanz solcher Stichworte im öffentlichen Diskurs übers Älterwerden, in Zeitungsberichten, in den Nachrichten und Stammtischdiskussionen, wirkt wie eine permanente Negativsuggestion, die wirklich jeden, auch bei noch so viel Altersoptimismus, wankelmütig werden lassen kann. Dabei ist vitales Älterwerden eine Lebensaufgabe, die man am besten genauso tatkräftig, planvoll und zuversichtlich angeht wie den Einstieg ins Berufsleben oder die Familiengründung. Je positiver gestimmt und je aktiver jemand ist, desto positiver altert er oder sie – wir sind, was wir denken. Damit wird «jung altern» zur Charakterfrage, bei der Menschen mit sonnigem Gemüt und hoher Selbstverantwortung von vornherein im Vorteil sind: Unsere Persönlichkeit hat nicht nur großen Einfluss darauf, wie wir leben, sondern auch darauf, wie wir älter werden.

Aus dem Leben gegriffen

Unsere Leichen leben noch nannte der Filmemacher Rosa von Praunheim seine schrille Abrechnung mit dem diskriminierenden Bild älterer Frauen (1981). Handlung: Fünf Frauen über 60 reden, trinken, kiffen, vergnügen sich mit einem liebestollen Polizisten und verhalten sich überhaupt ganz anders, als man es von dieser Altersgruppe gemeinhin erwartet. Die trotzige Verweigerung eines resignativen Altersbildes trägt der Film schon im Titel, vielleicht in Anspielung auf die Teenagersprüche, alte Leute seien «Friedhofsgemüse» oder befänden sich gar «zwischen Scheintod und Verwesung». Schrill wirkte der Film vor allem vor dem Hintergrund dessen, was für Ü60-Jährige damals als «altersgemäß» galt. Und dieser Rahmen war ganz schön eng gesteckt. Aber hat sich in den letzten dreieinhalb Jahrzehnten wirklich so viel geändert?

Noch eine gute Nachricht zum Schluss: Es gibt Hinweise darauf, dass wir im Alter ganz von selbst positiver gestimmt sind als in der Jugend. Darauf deuten Arbeiten der Standford-Psychologin Laura L. Carstensen hin, die Anfang der 1990er Jahre eine Theorie der «sozio-emotionalen Selektivität» formulierte. Diese besagt kurz gefasst, dass ältere Menschen sich angesichts ihres kürzeren Zeithorizonts stärker auf ihr emotionales Wohlbefinden und als wertvoll empfundene positive Kontakte beschränken. Jüngere Menschen konzentrieren sich dagegen stärker darauf, Wissen und Ressourcen für die noch in weiter Ferne liegende Zukunft zu sammeln. Darüber hinaus verschiebt sich mit zunehmendem Alter die Aufmerksamkeit auf positive Ereignisse, und es verstärkt sich gleichzeitig der Hang, sich vorwiegend an positive Erlebnisse aus der Vergangenheit zu erinnern (vgl. Carstensen 2006 und Charles/Carstensen 2010). Mit dem Bewusstsein für die Begrenztheit unserer Lebenszeit wächst also auch die Fähigkeit, das Leben stärker zu genießen und sich auf das zu konzentrieren, was Freude macht. Neurologisch korreliert diese Entwicklung übrigens mit einer leichten Machtverschiebung von der rechten zur linken Hemisphäre im Zuge der Gehirnalterung. Da die linke Gehirnhälfte bei der Verarbeitung positiver Emotionen eine größere Rolle spielt, besteht also die Chance, dass wir schon allein deshalb ein wenig zufriedener werden, weil wir älter werden (vgl. Korte 2014, S. 154 ff.)!

AB 60 HÖRT DER SPASS AUF? SEXUALITÄT

«Emma (...) erinnert sich noch genau an den Tag der Ankunft von Willis (...). Hier, wo es nichts mehr für sie zu tun gab, hatten sie alle Zeit der Welt. Beide entdeckten eine neue Lust an der Zärtlichkeit. ‹Am liebsten küssten wir uns draußen›, lacht Emma ... ‹Wenn wir mal in ein Feld reingegangen sind, wenn man so frei war, wissen Sie, das war schön› ...» Was klingt wie eine Teenagerliebe, wird erzählenswert durch die besonderen Umstände: Emma ist 91 Jahre alt, Willis zählt 85 Lenze, und kennengelernt haben sie sich in einem Altenheim (zit. n. Luft et al. 2005, S. 5). Die moderne westliche Gesellschaft kennt wenige Tabus, erst recht nicht beim Thema Sex. Wir sind umgeben von Werbung, die uns mit leicht bekleideten oder nackten Körpern alles Mögliche anpreist, vom Schlankheitsdrink bis zur Wohnzimmercouch. Das Internet ist voll von pornographischen Seiten, und selbst im 20-Uhr-Krimi der öffentlich-rechtlichen Sender geht es eindeutig zur Sache. Doch beim Thema «Sex im Alter» wird nicht nur Teenagern mulmig, die sich beim besten Willen nicht vorstellen können, dass ihre Eltern miteinander schlafen. Denn: Sexualität ist im öffentlichen Raum gekoppelt an Jugend, an schöne, straffe, makellose Körper. Und wenn ältere Prominente, ob nun Peter Maffay oder Demi Moore, sich betont männlich oder in knapper Badekleidung und mit erheblich jüngeren Partnerinnen bzw. Partnern zeigen, gibt es die öffentliche Absolution in der Boulevardpresse dafür nur, wenn der Körper noch «knackig» ist.[4] «Älter» bedeutet hier über 50 im Fall von Schauspiele-

---

[4] Siehe Bunte vom 02.01.2014 («Demi Moore: Sie hat einen neuen Toyboy») und die Titelseite der Bild am Sonntag vom 10.01.2016 («Maffay zeigt seinen jungen Körper»).

rin Moore und Mitte 60 beim Rocksänger Maffay, also nach heutigem Empfinden noch relativ jung. Immer noch wird bei Männern und Frauen mit unterschiedlichen Maßstäben gemessen. Graue Schläfen beim männlichen Geschlecht können sexy sein, graue Haare beim weiblichen Geschlecht sind unweigerlich ein Makel des Alters. «Mit 66 Jahren, da fängt das Leben an» wurde einem Schlagersänger wie Udo Jürgens eher abgenommen als einer in die Jahre gekommenen Andrea Berg oder Helene Fischer. Dabei müssen wir unsere Altersbilder in puncto Sex dringend korrigieren, auch für 75-Jährige, 90-Jährige oder Demenzkranke.

Aus dem Leben gegriffen
Petra Loth beginnt ihre Studienarbeit im Fach Pflegewissenschaften mit einer ungewöhnlichen Danksagung: Sie bedankt sich bei ihrer verstorbenen Großmutter «für ihre Offenheit und wie sie mit ihrer sexuellen Lust umgegangen ist». Mit über 80 hatte diese Frau einen «langjährigen, jugendlichen Liebhaber» und zu Weihnachten wünschte sie sich einen Vibrator. Loth räumt ein, dass sie und ihre Geschwister befremdet waren. Heute sei ihr allerdings bewusst, dass die alte Dame sicherlich auch deswegen zufrieden gestorben sei (Loth 2014, S. 2).

Ähnlich tabuisiert ist die Vorstellung, dass Demenzkranke sexuelle Bedürfnisse haben. Dabei brechen diese sich teilweise sogar verstärkt Bahn, weil Mechanismen der rationalen Selbstkontrolle mit der Krankheit schwächer werden. Schon 2010 berichtete das Magazin Der Spiegel über «Sex-Dienste im Pflegeheim». Eine «Sexualassistentin», die «Zärtlichkeit und Massagen» anbietet, hat nach eigener Aussage kein Problem damit, sich alle paar Wochen wie eine neue Bekanntschaft bei ihren betagten Kunden vorzustellen. Sie berichtet davon, dass depressive und verschlossene Heimbewohner aufgrund ihrer Zuwendung manchmal «wie verwandelt» seien und wieder lachten (Böckem 2010).

Sind Sie überrascht, wenn 90-Jährige von Küssen und Liebe unter freiem Himmel schwärmen? Oder wundern Sie sich umgekehrt darüber, wenn mancher auf die Idee kommt, dass Menschen im vierten Lebensalter zu asexuellen Wesen mutieren? Die Sexualität im Alter ist so vielfältig wie die in der Jugend. Wie unbeschwert oder gehemmt, freizügig oder schamhaft jemand seine Sexualität auslebt, hängt von zahlreichen Faktoren ab: gesellschaftlichen Normen und Moralvorstellungen, familiären Prägungen, sexuellen Erfahrungen, gelebten Beziehungen. Eine heute 85-Jährige kann eine völlig andere sexuelle Sozialisation durchlebt haben als eine heute 60-Jährige, womöglich ist sie mit rigiden kirchlichen Moralvorstellungen groß geworden und hat eine patriarchalische Ehe geführt, die Gewalt nicht ausschloss, im schlimmsten Fall ist sie von traumatisierenden (Kriegs-)Erfahrungen wie Vergewaltigung geprägt. Vielleicht blieb ihr all das aber auch erspart und sie wuchs mit liebevollen Eltern in einem progressiven Umfeld auf. Dann unterscheidet sich ihre Haltung zur Sexualität möglicherweise kaum von der ihrer Enkelin. Dasselbe gilt mit ähnlichen Vorzeichen für die Männer, auch wenn eine hartnäckige Doppelmoral ihnen – zum Teil bis heute – mehr Freiheiten zugesteht als den Frauen.

Gesellschaftlich gesehen, sind wir in wenigen Jahrzehnten vom Enthaltsamkeitsgebot vor der Ehe, vom Konzept «ehelicher Pflichten» und von der Angst vor ungewollter Schwangerschaft zu einem liberalen Verständnis von Sexualität übergegangen, inklusive Sexualkunde-Unterricht in der Schule, Empfängnisverhütung für jedermann und häufig wechselnder Beziehungen. «Serielle Monogamie» sei das heute weithin akzeptierte Beziehungsmodell, erklärt der Sexualwissenschaftler Gunter Schmidt auf der Basis einer Langzeitstudie zum Sexualverhalten 1942, 1972 und 1975 Geborener (vgl. Neudecker 2014, S. 34). Ob jemand sich irgendwann für Sex «zu alt» fühlt oder im Alter mit neuer Lust durchstartet, entscheidet sich sehr individuell vor seinem persönlichen Erfahrungshorizont.

Offen gesprochen wird über das Thema Sexualität dennoch selten, und das nicht nur unter den Ü60-Jährigen. Anders ist das unter dem Schutz der Anonymität im Internet. 2015 werteten Forscher der University of Illinois und der Ben-Gurion University of the Negev ein Jahr lang 14 Online-Communitys für Erwachsene ab 50 aus. Posts rund um Sex spielten dort mengenmäßig nur eine untergeordnete Rolle, stießen aber auf enormes Interesse mit bis zu 5000 Klicks. Die Themen reichten von Altersunterschieden zwischen Partnern über gleichgeschlechtliche Ehen bis zu Sexspielzeug, Prostitution oder Pornographie. Ein weiterer Schwerpunkt waren gesellschaftliche Vorurteile gegenüber Sexualität im Alter. Das Durchschnittsalter solcher Online-Communitys schätzen die beteiligten Wissenschaftlerinnen und Wissenschaftler auf 65 Jahre. Das Meinungsspektrum ist breit gestreut, von Personen, die es als befreiend empfinden, endlich unzensiert über die eigene Sexualität zu sprechen, bis zu anderen, die genau das als anstößig und unmoralisch verurteilen (siehe Berdychevsky/Nimrod 2015). Einige Zahlen helfen, das Bild der Sexualität im Alter noch ein wenig deutlicher zu zeichnen:
– Die Hälfte der 60- bis 80-jährigen Frauen und Männer hat erotische Phantasien (Grond 2011, S. 43).

- Im Alter von 74 Jahren räumen 91 Prozent der Männer und 81 Prozent der Frauen Zärtlichkeit eine wichtige Rolle in der Partnerschaft ein, so das Ergebnis einer Studie der Universität Rostock (Müller et al. 2014).
- Einer schwedischen Studie von 1996 zufolge vollziehen 71 Prozent der 50- bis 80-jährigen Männer noch regelmäßig einen Koitus. Nach Erhebungen der Berliner Psychologin Susanne Zank aus dem Jahr 1999 waren bei den Frauen zwischen 60 und 90 Jahren, je nach Altersgruppe, 70 bis 90 Prozent sexuell aktiv, bei den über 70-jährigen Männern waren es, je nach Altersgruppe, 48 bis 79 Prozent (vgl. Grond 2011, S. 40 f.).
- Eine US-amerikanische Studie ergab, dass in einer Gruppe älterer Befragter mit einem Durchschnittsalter von 86 Jahren 64 Prozent der Frauen und 82 Prozent der Männer regelmäßig sexuelle Kontakte hatten (ebd., S. 18).

Die dürren Statistiken belassen noch vieles im Unklaren, nicht zuletzt, weil der Begriff «Sexualität» so vieldeutig ist wie die Praktiken, die er umfasst: sexuelle Phantasien, Masturbation, Zärtlichkeiten und Petting sowie Koitus. In langjährigen Paarbeziehungen zeichnet sich ein Übergang vom Geschlechtsverkehr zum zärtlichen Miteinander ab, was Britta Müller von der Universität Rostock bündig mit «Senioren ist Kuscheln wichtiger als Sex» zusammenfasst (Müller 2015). Dieser Trend setzt allerdings unabhängig vom Alter bereits nach vier, fünf Beziehungsjahren ein, wie verschiedene Studien belegen. Es kann daher durchaus sein, dass eine 60-Jährige, die erst seit zwei Jahren mit ihrem Partner zusammen ist, mehr Sex hat als ein 30-Jähriger, der seine Freundin bereits sechs Jahre lang kennt – mit diesem griffigen Beispiel bringt es der Sexualforscher Gunter Schmidt auf den Punkt (vgl. Neudecker 2014, S. 34).

Auch beim Sex verschwimmen also die Grenzen zwischen den Altersgruppen. Den vielzitierten Trend «von der Genitalität zur Zärtlichkeit» könne er nicht pauschal bestätigen, sagt der Züricher Sozial- und Gesundheitspsychologe Rainer Hornung. Er hat rund 1500 Schweizer Männer und Frauen zwischen 45 und 91 Jahren zu ihrem sexuellen Interesse, ihrer sexuellen Aktivität und ihrer Zufriedenheit befragt. Alle Spielarten der Sexualität wiesen mit dem Alter eine sinkende Tendenz auf, sagt Hornung. Doch wichtiger als das Alter ist die Lebenssituation und persönliche Prägung: Frauen leben Sexualität tendenziell eher in einer Partnerschaft aus. Außerdem sind Frauen aufgrund ihrer längeren Lebenserwartung im Alter häufiger alleinstehend als Männer, sodass sie vermehrt und früher auf Sex verzichten als Männer. Und: «Wie stark das sexuelle Interesse in der zweiten Lebenshälfte ist, hängt wesentlich von der Bedeutung ab, welche die Sexualität in jüngeren Jahren hatte. Spielte die Sexualität in jungen Jahren eine wichtige Rolle, ist das sexuelle Interesse auch in der zweiten Lebenshälfte größer (...)» (Hornung 2006). Hornungs Fazit «Alte Menschen sind nicht asexuell» mag banal klingen, doch bis heute ist das Ausleben von Sexualität in manchen Alten- und Pflegeheimen schlicht und ergreifend nicht vorgesehen. Das liegt zum Teil an den Moralvorstellungen der Träger, zum Teil aber auch an ganz praktischen Hindernissen wie mangelnder Privatsphäre durch nicht abschließbare Türen oder Zweibettzimmer. In der Ausbildung von Pflegekräften sei der Umgang mit sexuellen Bedürfnissen der Heimbewohner schlichtweg nicht vorgesehen, wundert sich der Sozialmediziner und Psychotherapeut Erich Grond (2011, S. 85).

Jenseits aller Zahlen und Studien ist sicher: Immer weniger Ü60-Jährige sind bereit, auf Liebe, Zärtlichkeit und Sex zu verzichten, nur weil sie in die Jahre gekommen sind. Der Blick ins Internet liefert weitere Puzzleteilchen. Wer die Seiten einschlägiger Dating-Portale aufruft, stößt schon auf der Eröffnungsseite auf Erfolgsbeispiele für eine ältere Zielgruppe. Parship als einer der Marktführer präsentiert «Angelika und Stefan», beide um die 60, und gibt in einem redaktionellen Beitrag Tipps zur «Partnersuche ab 50».[5] Der Konkurrent Elite Partner wagt sich beim Alter noch etwas weiter vor und präsentiert «Anita, 66, und Dieter, 77 (...) sportlich, agil und (...) voller Lebenslust» als «glückliches, lebhaftes Paar», das sich nach dem Tod der Ehepartner gefunden habe.[6] Das mögen fiktive Werbestorys sein, doch sie zeigen: Es lohnt sich für die Unternehmen, eine ältere Zielgruppe anzusprechen. Der Anteil über 50-jähriger Nutzerinnen und Nutzer liegt bei Parship eigenen Angaben zufolge bei 22 Prozent.[7] Noch scheint die Schallgrenze ermutigender Fallgeschichten bei unter 80 Jahren zu liegen, doch auch diese Barriere wird ziemlich sicher fallen, sobald immer mehr internetaffine Seniorinnen und Senioren das neunte Lebensjahrzehnt erreichen. Auch die Zahl der Dating-Agenturen und Online-Portale, die sich ausschließlich an eine Zielgruppe jenseits der 50 wenden, wächst zusehends. Einige Beispiele: 50plus-Treff.de («Viele tolle Funktionen laden zum Flirten ein», so

---

5 Siehe www.parship.de/editorial/ratgeber/single-leben/partnersuche-ab-50/ (Zugriff am 02.02.2016).

6 Siehe www.elitepartner.de/erfolgsgeschichten/anita-und-dieter-so-leicht-klappt-das-liebesglueck-mit-60.html?ref=home (Zugriff am 02.02.2016).

7 Siehe www.50plus.de/leben/beziehungen/article/spaete-liebe-in-getrennten-wohnungen.html (Zugriff am 02.02.2016).

ein Vergleichsportal)[8], lebensfreude50.de (Partnerbörse und Freizeittreff), Romantik-50plus.de, Feierabend.de (nicht nur Single-Börse, sondern ebenfalls Freizeittreff), Forum-fuer-Senioren.de (mit integrierter Kontaktbörse «Späte Liebe») und Oldiepartner.de (Werbeslogan: «Erleben Sie den zweiten Frühling»). Wo so viele Dienstleister um Kunden werben und bis zu 200 000 Mitglieder zählen, kann es an Bedarf nicht fehlen.

Wer mit dem Internet fremdelt, wird bei den Kontaktanzeigen der Tagespresse fündig oder bei den traditionellen Partnervermittlungen, die nicht nur dynamische 30- und 40-Jährige im Angebot haben, sondern auch den «verwitweten Wirtschaftsprüfer (69)», den «international erfahrenen Unternehmer» (64), die «charmante Sechzigerin» oder die «schöne Fünfzigerin».[9] Offenbar ist es bei den Damen immer noch besser, es mit dem Alter nicht ganz so genau zu nehmen und auf ein ansehnliches Äußeres abzuheben, während Männer sich auch im 21. Jahrhundert noch immer über den beruflichen Status definieren.

Der Wunsch, sich noch einmal neu zu verlieben, endet bei vielen Menschen nicht mit dem klassischen Rentenalter, und Schmetterlinge im Bauch kann man auch mit über 70 noch spüren. Dazu trägt zweifelsohne bei, dass immer weniger Menschen bereit sind, in einer unbefriedigenden Beziehung auszuharren. Nicht nur die Scheidungsraten steigen, sondern ebenso die Trennungen nach der Silberhochzeit: «Paare, die länger als 25 Jahre verheiratet sind, lassen sich doppelt so oft scheiden, wie noch vor 20 Jahren», meldete die Tageszei-

---

8 Siehe www.kostenlose-singleboersen.com/50plus-singleboersen/ (Zugriff am 01.02.2016).

9 Beispiele unter www.christa-appelt.de («Die exklusive Partnervermittlung für Erfolgreiche») (Zugriff am 03.02.2016).

tung Frankfurter Rundschau im März 2014. Über ein Viertel der Ehen, die länger als zwei Jahrzehnte dauern, enden letztlich mit einer Trennung. «Warum soll ich mir das antun?», fragen sich offenbar mehr unglücklich Verheiratete jenseits der 50 oder 60 als früher (vgl. Hildebrandt 2014). Auch der Tod des Partners kann ein Anlass sein, noch einmal auf das andere Geschlecht zuzugehen. Aufgrund der unterschiedlichen Lebenserwartung und der Konvention, dass in heterosexuellen Paarbeziehungen überwiegend die Männer die Älteren sind, betrifft dies mehr Frauen als Männer: Zwischen 70 und 74 Jahren sind gut 30 Prozent von ihnen bereits verwitwet (Männer: 17 Prozent); zehn Jahre später sind es bereits 60 Prozent (Männer: 23 Prozent).[10] Gleichzeitig tun sich viele Frauen aufgrund gesellschaftlicher Normen nach wie vor schwerer damit, ihre Sexualität auszuleben, und fürchten die Missbilligung der Kinder oder Nachbarn.

Aus dem Leben gegriffen

2008 sorgte der Film *Wolke 9* von Andreas Dresen für Aufsehen. Seine Geschichte: Die 70-jährige Inge verliebt sich nach 30 Jahren weitgehend harmonischer Ehe in ihre Zufallsbekanntschaft Karl (76). Die beiden landen recht schnell im Bett. Neu ist das Sujet nicht, auch Hollywood hat sich bereits an dem Thema abgearbeitet, beispielsweise in *Was das Herz begehrt* (Originaltitel: *Something's Gotta Give*, 2004) mit Jack Nicholson und Diane Keaton (2004). Doch die beiden US-Stars waren ein gutes Jahrzehnt jünger, und wo die Kamera jenseits des Atlantiks dezent ausblendet, spart Dresen nicht mit nackter reifer Haut. Das mag für das jüngere Publikum

---

10 Siehe Statistisches Bundesamt 2015a, S. 8.

«gewöhnungsbedürftig» sein, wie ein Amazon-Rezensent meint. Unrealistisch indes ist es nicht: «Verlieben ist ein wunderschönes Gefühl», kommentiert eine 82-Jährige: «Der Film ist wie das Leben: Die Sehnsucht hört im Alter nicht auf. Ich kenne das, ich wache sogar nachts auf, weil ich Gefühle habe. Ich glaube, dass ich auch heute noch einen Mann glücklich machen könnte. (...) so läuft das Leben: Man ist verheiratet, dann ebbt das Gefühl ab, eine neue Person tritt in dein Leben, man verliebt sich – und schon ist es passiert.»[11] Inzwischen hat sich das Kino in Sachen Sexualität im Alter noch weiter vorgetastet: *Anfang 80* heißt ein Liebesdrama von Sabine Hiebler und Gerhard Ertl aus dem Jahr 2012, in dem der verheiratete Bruno im Krankenhaus Rosa begegnet und sich auf der Stelle rettungslos in sie verliebt. Wie alt die beiden sind, verrät ja schon der Filmtitel.

Neben psychologischen Faktoren spielen natürlich auch altersbedingte körperliche Veränderungen eine Rolle bei der Sexualität. Hormonelle Veränderungen setzen bei Frauen spätestens mit der Menopause ein, die heute im Schnitt mit 51 Jahren eintritt. Ein sinkender Östrogenspiegel macht die Schleimhäute der Scheide dünner und weniger elastisch. Manche Frauen klagen über Scheidentrockenheit und Schmerzen beim Geschlechtsverkehr.

Bei den Männern beginnt der Testosteronspiegel bereits ab 40 zu sinken. Die Elastizität des Penisgewebes lässt nach, Erektionen entwickeln sich nicht mehr so schnell und so stark wie früher. Medikamente, Erkrankungen wie Diabetes

---

11 Siehe www.brigitte.de/liebe/sex-flirten/wolke-9-sex-570942/4.html #a0 (Zugriff am 12.05.2016).

oder Prostata-Operationen können Erektionsstörungen, sogenannte erektile Dysfunktionen auslösen. Frauen, die sich einer Entfernung der Gebärmutter unterziehen mussten, entwickeln zum Teil Ängste vor Schmerzen beim Verkehr. Auch Harn- oder Stuhlinkontinenz, die im Alter bei beiden Geschlechtern gleichermaßen vorkommen, lösen Hemmungen aus, miteinander zu schlafen. Die Einnahme bestimmter Medikamente kann sich negativ auf die Libido auswirken, Hüft- oder Knieprothesen schränken womöglich die Beweglichkeit ein. Hoher Blutdruck und Herzerkrankungen wiederum führen vielleicht zu der Sorge, beim Sex einen Infarkt zu erleiden. Auch wenn Letzteres eher selten ist und zu 80 Prozent beim außerehelichen Koitus passiert – also durch Schuldgefühle und Stress beeinflusst wird (Grond 2011, S. 64) –, wäre es vermessen, zu behaupten, dass Sex im Alter immer einfach ist und es keine körperlichen Beeinträchtigungen gibt.

Viele Menschen tun sich bis heute schwer damit, das Gespräch mit ihrer Ärztin oder ihrem Arzt darüber zu suchen. Beratungsstellen wie pro familia bieten entsprechenden Rat, auch in gedruckter Form.[12] Häufig sind jedoch die psychischen Barrieren größer als die körperlichen, etwa wenn in langjährigen Beziehungen die Sprachlosigkeit eingekehrt ist oder wenn die eigene Erziehung und/oder die Umgebung signalisieren, Spaß am Sex und Alter passten nicht zusammen. Zudem, darauf habe ich weiter oben schon verwiesen, ist Sexualität nicht gleich Koitus. Hedy Fuchs-Waldherr, Sexualberaterin für Seniorinnen und Senioren, betont: «Es gibt so viele Möglichkeiten, sich gegenseitig zu verwöhnen. Liebe ist das schönste Gefühl, das Menschen sich geben können. Und

---

12 Pro familia (2015): Wenn Sexualität sich verändert. Sexualität und Älterwerden (Download im Internet unter www.profamilia.de).

dazu gehört auch der Sex. Eine Altersgrenze gibt es nicht» (zit. n. Meyer-Tien 2011). Hedy Fuchs-Waldherr war früher Unternehmensberaterin, ist Jahrgang 1946 und Mutter zweier Kinder, wie sie auf ihrer Website preisgibt.

Wer immer noch Zweifel daran hat, ob Sex und graue Haare zusammenpassen, kann sich auch von Ruth Westheimer eines Besseren belehren lassen. Die 1928 geborene Deutsch-Amerikanerin ist die wohl bekannteste Sexualtherapeutin der Welt, Autorin zahlreicher Bestseller (darunter *Silver Sex*) und bietet ihren Rat in Sachen Lust und Liebe inzwischen auch im Internet sowie über einen eigenen YouTube-Kanal an (www.youtube.com/user/drruth). Während die erste sexuelle Revolution der Nachkriegszeit mit dem Namen Oswalt Kolle verbunden ist, scheint das Thema «Sexualität im Alter» fest in weiblicher Hand zu sein.

Man kann also zusammenfassend festhalten: Nicht primär die Biologie ist entscheidend dafür, ob jemand mit 80 noch ein erfülltes Sexleben hat, sondern die Psyche, das gefühlte Alter. *Sag nie, ich bin zu alt dafür* lautet der Titel eines Buches, in dem 28 Männer und Frauen der Generation 50 plus erstaunlich offen über ihr Liebesleben berichten, darunter ein 69-Jähriger, der wie ein Teenager den Sex im Auto genießt, oder eine 75-Jährige, die begeistert von ihrem aktuellen Liebhaber berichtet (Koch / Koch 2003). Menschen, die im Alter auf Sexualität verzichten, tun dies aus vielerlei Gründen: aus Mangel an Mut oder Gelegenheit, weil sie ihnen nie viel bedeutet hat, weil sie schlechte Erfahrungen damit gemacht haben oder schlicht, weil sie sich in einer Bilderwelt, die uns Tag für Tag mit mehr oder weniger digital geschönten Fotos perfekter nackter Körper überschwemmt, für nicht mehr attraktiv genug halten. Auch dies scheint übrigens aufgrund tradierter Rollenbilder in erster Linie ein weibliches Problem zu sein. Die US-Autorin Jane Juska, eine ehemalige Lehrerin, schreibt als 67-Jährige über ein Treffen mit einem Liebhaber in spe: «Trotz eindeutiger Alterserscheinungen sehe ich angezogen – also mit allen Kleidern – ziemlich gut aus. Nackt ist es eine ganz andere Sache: Mein Körper ist nicht mehr fünfundzwanzig und auch nicht fünfundvierzig, nicht mal mehr fünfundfünfzig, und weil ich nie einen Schönheitschirurgen an ihn herangelassen habe, ist das, was einst fest war, schlaff geworden.» Das hat Juska allerdings nicht daran gehindert, eine aufsehenerregende Anzeige in der New York Times aufzugeben: «Bevor ich – nächsten März – 67 werde, möchte ich viel Sex mit einem Mann, der mir gefällt. Falls Sie vorher reden wollen, Anthony Trollope ist mein Lieblingsautor.» Die Reaktion sei «überwältigend» gewesen, berichtet Juska in ihrem Erfahrungsbericht über die vielen Begegnungen, die daraus resultierten und die ein ganzes Buch füllen (Juska 2005).

Es ist ganz offensichtlich ein Irrtum, dass nur ein straffer Körper Lust zu wecken versteht. Diese Entdeckung kann jede und jeder machen, der es schafft, sich von medial inszenierten Schönheitsdiktaten frei zu machen – oder ihnen klugerweise gar nicht erst auf den Leim gegangen ist. Tun, was einem gefällt, zu sich und seinen Wünschen stehen, das Gespräch mit der Partnerin oder dem Partner suchen und gelegentlich über den eigenen Schatten springen: Das scheint der beste Weg zu sein, den man einschlagen kann. Dabei kann ein erfülltes Sexleben sogar den Gang ins Fitnessstudio ersetzen, meint David Weeks, ein britischer Neuropsychologe. Weeks und sein Team befragten in einem Zeitraum von zehn Jahren 3500 Menschen in den USA und Europa, die in den Augen neutraler Personen erstaunlich jung für ihr Alter wirkten. Die meisten der Probandinnen und Probanden waren zwischen 45 und 55, aber auch über 100-Jährige kamen zu Wort.

«A vigorous sex life», ein erfülltes Liebesleben, sei nach körperlichem Training die zweitwichtigste Determinante für Jugendlichkeit, so der Experte. Entscheidend sei dabei eine vertrauensvolle Beziehung – Promiskuität oder Untreue hätten keine verjüngende Wirkung. Die Deutung des Wissenschaftlers: Damit verbundener Stress und begleitende Sorgen machen den positiven Effekt zunichte.[13] Dass Sex Endorphine freisetzt und so Schmerzen lindert, dass er die Fettverbrennung ankurbelt und das Immunsystem stärkt, kann man heute in jeder Frauenzeitschrift nachlesen. Wichtiger ist vielleicht: Sex ist ein Ausdruck von Lebendigkeit, eine radikale Absage an den resignierten Rückzug vom Leben, ein Ausdruck intimer Verbundenheit und eine mögliche Quelle des Glücks!

WANDEL ODER VERLUST? PSYCHOLOGIE DER LEBENSSPANNE

Bis in die 1970er Jahre endete die Entwicklungspsychologie in der Regel mit dem Jugendalter. Dann galt der Mensch sozusagen als fertig entwickelt. Menschen im Alter wurden als «Mängelwesen» betrachtet, in psychologischen Lehrbüchern kamen sie schlicht nicht vor (vgl. Baltes et al. 2006, Gauda 2011). Selbst die Wissenschaft folgte damit dem alten Modell der im 19. Jahrhundert so beliebten Lebenstreppe, die nach einem Aufstieg in den ersten Jahrzehnten erbarmungslos wieder bergab führt. Nur zögernd setzte sich die Idee durch, dass eine Persönlichkeitsentwicklung durchaus bis ins hohe

---

[13] Siehe «Frequent Sex May Help You Look Younger»; im Internet unter http://preventdisease.com/news/articles/sex_makes_you_look_younger.shtml (Zugriff am 02.02.2016).

Alter möglich sein könnte. In Deutschland ist diese Idee eng mit dem inzwischen verstorbenen Altersforscher Paul Baltes verbunden, der eine «Entwicklungspsychologie der [gesamten] Lebensspanne» forderte. Zu seinen Leitsätzen gehörte die These von der Entwicklung als lebenslangem Prozess: «Keine Altersstufe nimmt bei Bestimmung dessen, was Entwicklung ist, eine Vorrangstellung ein. Während der gesamten Entwicklung (d.h. in allen Phasen der Lebensspanne) können sowohl kontinuierliche (kumulative) als auch diskontinuierliche (innovative) Prozesse auftreten», schreibt Baltes in einem Grundsatzpapier. Eine weitere Kernidee ist die Beobachtung, weil Entwicklung immer, das heißt in jedem Lebensalter bedeute: «Gewinn (Wachstum) und Verlust (Abbau)» zugleich (Baltes 1990, S. 4). An die Stelle des Niedergangs tritt der Wandel, und der wiederum charakterisiert das gesamte Leben. Mit 17 spielt man nicht mehr so selbstversunken wie mit 7; mit 37 schwärmt man kaum noch so bedingungslos für jemanden wie mit 17, mit 47 sehen wir die Jobwelt nüchterner und kritischer als mit 27, mit 57 setzen wir andere Lebensprioritäten als mit 37, und mit 77 können wir manches gelassen an uns vorbeiziehen lassen, was uns mit 47 noch den Schlaf geraubt hätte. Das Leben ist eine stetige Folge von Veränderungen, von Herausforderungen und Möglichkeiten, die erst mit dem Tod endet. Und in jeder Phase ist Scheitern genauso möglich wie Weiterentwicklung und Veränderung. Wir müssen fortwährend von Lebenssituationen und eigenen Möglichkeiten Abschied nehmen, gewinnen aber fortlaufend auch neue Möglichkeiten und Fähigkeiten hinzu. Vor diesem Hintergrund lässt sich Lebenskunst beschreiben als die Fähigkeit, Altes loszulassen und gleichzeitig Neues zu begrüßen. Das bewahrt vor Resignation, insbesondere, wenn man den Rahmen dessen, was einem (noch) möglich ist, zuversichtlich ausschöpft.

Dies bestätigen auch die Befunde der *Zweiten Heidelberger Hundertjährigen-Studie* im Auftrag der Robert Bosch Stiftung, die kaum Veränderungen in der Lebenszufriedenheit zwischen «jungen Alten» (65 bis 79 Jahre), «alten Alten» (80 bis 95 Jahre) und Hundertjährigen feststellen konnte. Die Hundertjährigen sind sogar noch zufriedener als die «alten Alten» und, wie sich schon in der Vorläuferstudie zeigte, «trotz aller erlebten Einschränkungen und Ressourcenverluste ebenso glücklich wie 40-jährige Personen». Dieses «Wohlbefindensparadox», das auch Wissenschaftlerinnen und Wissenschaftler jenseits der Studie verblüfft, führen die Studienautorinnen und -autoren auf verschiedene Faktoren zurück: psychologische Stärken wie Optimismus und Selbstwirksamkeit (d. h. die Überzeugung, etwas bewegen und sein Leben selbst beeinflussen zu können), auf Lebenswillen und Lebenssinn sowie auf eine grundsätzliche Akzeptanz der eigenen Sterblichkeit (2013, S. 41 und 63 f.). Anders formuliert: Entscheidend für ein glückliches Alter(n) ist nicht die objektive Situation, sondern deren subjektive Wahrnehmung – und somit ein versöhnter Blick auf das eigene Leben.

Während der US-Psychologe Erik Erikson das Alter zwar schon als eigene Entwicklungsstufe begriff, aber jenseits der 65 nicht weiter differenzierte, gibt die Frankfurter Psychotherapeutin Gudrun Gauda einen konzisen Überblick über die von der modernen Entwicklungspsychologie skizzierten Entwicklungsaufgaben und Ziele in verschiedenen Phasen des Alters (Gauda 2011, S. 4 ff.) Aus ihren Ausführungen ist die Tabelle auf Seite 171 f. abgeleitet (siehe Abbildung 9). Folgt man diesem Modell, entlarvt es das Klammern an Bisheriges als Quelle des Unglücks, während die Quelle des Glücks darin besteht, für sich selbst einen neuen Blickwinkel und neue Perspektiven zu entdecken, um auf diese Weise jede neue

Lebensphase hoch zu achten. Sehr salopp formuliert: Statt der glatten Haut der Jugend nachzutrauern und sich «alt» zu fühlen, spricht es für persönliche Reife, die Möglichkeiten und Freiheiten späterer Lebensphasen schätzen zu lernen. Konkret kann das zum Beispiel heißen, mit Humor und Weitblick neue Aufgaben für sich zu entdecken, statt mit Botox einen aussichtslosen Kampf gegen seine Falten zu führen. Dann verliert das «Wohlbefindensparadox» – das letztlich der Warte und damit der Wertung der Jüngeren entspringt – das Paradoxe.

	Entwicklungs-aufgabe	Ziel	«Versuchung»	Folgen bei Scheitern
Junge Alte (60–74 J.)	• Sich nach innen orientieren • Sich selbst wirklich und wahrhaftig finden • Rollen und Positionen loslassen • Neue Rollen, Strukturen und Aufgaben finden • Sich für das Wesentliche einsetzen	• Die Vergangenheit bewältigen • Die eigene tiefliegende Identität finden • Korrigierende gesellschaftliche Impulse setzen • Eine spirituelle Dimension entdecken und leben	• Ablenkung • Konsum • An Gewohntem hängenbleiben • Verleugnung • Anpassung an gesellschaftliche Trends und Moden	• Depression und Resignation • Sucht, gebraucht zu werden, und dringendes Bedürfnis, wichtig zu sein • Fehlende Authentizität (Echtheit) und Glaubwürdigkeit • Verfestigung der Persona (= der wie eine Maske nach außen gezeigte Teil der Persönlichkeit)

	Entwicklungs-aufgabe	Ziel	«Versuchung»	Folgen bei Scheitern
Mittlere Alte (75–85 J.)	• Bedenken und reflektieren • Früchte des Lebens ernten • Sich mit der Vergangenheit aussöhnen • Begrenztheiten annehmen	• Mit sich selbst im Frieden leben • Weisheit gewinnen und weitergeben	• Flucht • Rückzug in sich selbst • Psychosomatische Symptombildung	• Vereinsamung • Verbitterung • Depression • Projektion • Leben als «alte Närrin» oder «alter Narr»
Hochbetagte (ab 86 J.)	• Loslassen • Annehmen • Schenken • Da sein • Eins werden	• Weisheit weitergeben • Lebenszeugnis geben • In Frieden sterben	• Festhalten • Rückzug in eine andere Welt	• Verbitterung • Desorientierung (Altersdemenz) • Vegetieren • Nicht sterben können

Abb. 9: Entwicklungsaufgaben und Ziele im Alter (nach Gauda 2011)

Der Blick auf die in Abbildung 9 zusammengestellten Entwicklungsaufgaben macht deutlich: Was uns in jeder Lebensphase guttut – die Fähigkeit, einen Schritt zurückzutreten und uns selbst zu reflektieren –, wird angesichts neuer Lebensumstände und nachlassender Kräfte im Alter zum Schlüssel für Zufriedenheit. «Wer bin ich – was macht mich im Kern aus? Was will ich – was ist mir wirklich wichtig? Wie kann ich erreichen, was mir wichtig ist?» lauten die Fragen, die sich in diesem Zusammenhang stellen. Die Schlüsselstrategien für eine positive Entwicklung haben Margret und Paul Baltes in ihrem Modell der selektiven Optimierung und Kompensation zusammengefasst. Das sogenannte SOK-Modell beruht auf drei Säulen:

- Selektion bezieht sich auf die gezielte Auswahl der Aufgaben und Möglichkeiten, die einem wichtig sind; kurz gesagt: auf die Ziele, die wir uns setzen.
- Optimierung betrifft den Einsatz der Mittel für die Zielerreichung, beispielsweise den Erwerb bestimmter Fähigkeiten, Übung, Investition von Zeit und Anstrengung.
- Kompensation betrifft den Ersatz verlorener Handlungsmöglichkeiten durch neue Vorgehensweisen, technische Hilfsmittel, Unterstützung durch andere usw. (vgl. Freund/Baltes 2002, Baltes et al. 2006).

Ein mustergültiges Beispiel für das SOK-Modell liefert der Pianist Artur Rubinstein, der noch mit fast 90 Jahren Konzerte gab. Gefragt, wie dies möglich sei, antwortete Rubinstein, er spiele weniger Stücke als früher (= Selektion), übe diese häufiger (= Optimierung) und verlangsame vor schnellen Passagen das Tempo, sodass die Wirkung dieselbe bleibe, auch wenn er die schnellen Passagen nicht mehr so schnell spielen könne wie früher (= Kompensation).

Der «SOK»-Gedanke greift nicht erst im Alter. Jeder, der kleine Kinder hat, weiß, dass die Lebenszufriedenheit als Mutter oder Vater auf Dauer davon abhängt, ob man es schafft, sich auf die Aktivitäten und Kontakte zu beschränken, die einem wirklich wichtig sind (Selektion), ob man es im Umgang mit seinen Kindern lernt, sowohl Gelassenheit zu üben als auch Grenzen zu setzen (Optimierung) und ob man frühere Freiheiten durch eine angepasste Organisation, etwa mit Hilfe einer Tagesmutter oder eines Babysitters ausgleicht, um gelegentlich noch Zeit für sich zu haben (Kompensation). Das SOK-Modell ist ein klarer Aufruf zum eigenverantwortlichen, bewussten Umgang mit knappen Ressourcen und daher ein guter Ansatz, die Herausforderungen des Älterwerdens zu meistern.

Aus dem Leben gegriffen
Ein Ehepaar im Bekanntenkreis meiner Eltern, wie es vermutlich viele gibt: Beide Ende 70, fast 50 Jahre verheiratet, drei längst erwachsene Kinder. Das Haus auf dem Land, ein umgebauter Bauernhof mit fast 200 Quadratmetern Wohnfläche, ist inzwischen viel zu groß, die Heizkosten bewegen sich in horrenden Höhen, der Garten mit Teich und rund 800 Quadratmetern Nutzfläche stellt in diesem Alter eine echte Plackerei dar. Beide stehen wie früher Tag für Tag im Morgengrauen auf, um all die Arbeiten erledigen und dabei dem Alter entsprechende Ruhepausen einlegen zu können, denn selbstverständlich soll alles so picobello und tadellos in Schuss bleiben, wie es immer war. Ein Umdenken «verdanken» sie doppeltem Pech: Er muss wegen eines Routineeingriffs zwei Wochen ins Krankenhaus, sie kämpft zur selben Zeit mit einem hartnäckigen Infekt. Anschließend krempeln die beiden ihr Leben um: Schweren Herzens wird das Haus verkauft, man verkleinert sich auf 80 Quadratmeter Doppelhaushälfte. Der Garten hat jetzt nur noch 30 Quadratmeter, das reicht für eine kleine Terrasse und die Lieblingsblumen. Das Bad ist altersgerecht, einmal pro Woche kommt eine Putzhilfe. Und siehe da: Plötzlich hat man Zeit für Ausflüge, fürs Ausschlafen, für alte und neue Freundschaften. Erkenntnis nach einem Jahr und Überwindung der Trauerphase um das alte Anwesen: «So gut ging es uns noch nie!» Anstelle eines kräftezehrenden «Weiter so!», das viele ältere Menschen in die Erschöpfung und

damit geradewegs in die Sackgasse führt, hat das Paar den SOK-Weg gewählt. Und ihr gefühltes Alter? Kommt es nicht einer Kapitulation vor dem Älterwerden gleich, wenn man das Zuhause aufgibt, in dem man sein ganzes Leben verbracht hat? Ganz im Gegenteil: Beide fühlen sich heute jünger als vor fünf Jahren. Der Druck ist weg, wie weggeblasen die Angst, das alles nicht mehr zu schaffen. Plötzlich haben sie jede Menge Zeit für Entspannung, Hobbys, soziale Kontakte, um sich «Gutes zu tun» und dafür zu sorgen, dass sie fit bleiben.

Die sicherste Methode, sich irgendwann überfordert und schrecklich alt zu fühlen, besteht darin, sich verzweifelt an ein Lebensmodell zu klammern, das einfach nicht mehr zu einem passt! Seien Sie einmal ehrlich zu sich selbst: Wie gut passt Ihr Lebensmodell noch zu Ihnen? Sitzt es perfekt wie ein sorgfältig geschneiderter und durchdachter Maßanzug oder engt es Sie ein und kneift? Vielleicht ist es umgekehrt auch zu weit geworden und inzwischen nur mühsam zu tragen? Mit anderen Worten: Ist es wirklich *Ihr* eigenes Modell – oder eine von «Umständen» und Normen bestimmte Konfektionsware, die gar nicht (mehr) zu Ihren eigenen Wünschen und Vorstellungen passt?

DAS SOZIALE ALTER –
WIE ANDERE UNS ALT MACHEN ODER JUNG HALTEN

«Es gibt kein Verbot für alte Weiber, auf Bäume zu klettern», soll Astrid Lindgren gesagt haben. Nein, verboten ist das nicht. Aber es gibt Fesseln, die genauso stark sind wie Paragraphen: Normen, Rollenbilder, Vorstellungen davon, «was sich gehört» und was nicht. Was würden wohl die Nachbarn sagen, wenn die alte Dame von nebenan nur so zum Spaß auf Bäume stiege? Oder, vielleicht etwas näher am Alltag: Wie würden die eigenen Kinder reagieren, wenn das Erbe in die Gründung einer Alten-WG samt seniorengerechtem Anwesen flösse? Und wie ein Arbeitgeber, wenn ältere Mitarbeiter sich statt frühem Rentenantritt weniger Hektik und neue Aufgaben für ein längeres Arbeitsleben wünschten?

Wie wir altern, hängt nicht nur von uns ab, sondern auch von unserem Umfeld, von den Möglichkeiten, die wir uns nehmen, aber auch von denen, die man uns bietet. Aktuell leben wir in einer Übergangszeit, in der alte Gewissheiten schwinden – wie etwa der «verdiente Ruhestand» mit Mitte 60 – und neue Möglichkeiten erprobt werden, darunter alternative Wohnformen. Das ist anstrengend, bietet aber auch Chancen. Dabei zeichnet sich immer stärker ab, dass Menschen mit vielfältigen Kontakten und positiven Beziehungen nicht nur länger jung bleiben, sondern auch mehr Möglichkeiten haben, ihr Leben im Alter sowohl eigenverantwortlich als auch jenseits von Vereinzelung und Altenheim zu gestalten.

Wussten Sie schon,
... dass es im Alter zunehmend wichtiger wird, was unser Umfeld uns zutraut?
... dass neben Bewegung auch soziale Kontakte großen Einfluss auf unsere physische und kognitive Fitness haben?
... dass es Menschen gibt, die gegen ihre Verrentung klagen, weil sie lieber weiterarbeiten würden?

EINSIEDLERINNEN UND EINSIEDLER ALTERN SCHNELLER

«Es ist nicht gut, dass der Mensch allein sei», heißt es schon in der Bibel (Genesis/1. Mose 2:18). Und auch heute zählt die Glücksforschung «soziale, personale und emotionale Intelligenz» zu den Voraussetzungen für ein erfülltes Leben. Diese Fähigkeiten ermöglichen es, sich in andere Menschen hineinzuversetzen, konstruktiv mit ihnen umzugehen und ein stabiles Netz von Beziehungen aufzubauen (vgl. Seligman 2005, S. 235 ff.). Das leuchtet intuitiv ein: Wer seinen 30. oder 40. Geburtstag im Familien- und Freundeskreis, vielleicht auch mit der netten Nachbarschaft oder liebgewonnenen Kolleginnen und Kollegen feiert, wird in den meisten Fällen glücklicher sein als jemand, der sich ratlos fragt, mit wem er solch einen Tag noch begehen könnte. Doch gilt dasselbe auch jenseits der 70 und später?

Früher nahm man an, der kognitive und physische Abbau im Alter gehe zwangsläufig mit einem emotionalen und sozialen Abbau einher. Quasi als Vorbereitung auf den nahenden Tod zögen sich ältere Menschen aus der Gesellschaft und selbst von nahen Angehörigen zurück und seien überdies weniger zu tiefen Emotionen in der Lage. In der Gerontologie, also der Altersforschung, bezeichnet man dies als Disengagement- oder Rückzugstheorie. Inzwischen wissen wir allerdings nicht nur, dass der körperliche Niedergang sehr individuell verläuft und stark beeinflussbar ist, auch die Disengagement-Theorie zunehmender sozialer Distanzierung ist wissenschaftlich widerlegt. In einem Forschungsbericht zum «sozialen und emotionalen Alter» werteten die US-Psychologinnen Susan Charles und Laura L. Carstensen über 160 Studien zum Thema aus und kamen zu eindeutigen Befunden (vgl. Charles/Carstensen 2010): Das Bedürfnis sozialer Zugehörigkeit lässt in keinem Alter nach. Was sich verändert, ist lediglich der Blickwinkel: Ältere Menschen konzentrieren sich stärker auf engere, sinnerfüllte Beziehungen, während junge Menschen tendenziell ein größeres Netzwerk zum Teil loser Beziehungen pflegen. In diesem Zusammenhang wird auch die eigene Familie von Älteren vielfach als positiver und wichtiger erlebt als von Jüngeren.

Vielleicht haben Sie Ähnliches bei sich selbst beobachtet: Wir werden im Laufe der Jahre zunehmend anspruchsvoller bei der Überlegung, mit wem wir unsere Zeit verbringen wollen, welche Freundschaften wir weiter pflegen wollen und welche Menschen uns wirklich wichtig sind. Dieses Verhaltensmuster lässt sich übrigens in verschiedenen Kulturen nachweisen, etwa bei US-Amerikanern, Deutschen und Hongkong-Chinesen gleichermaßen (siehe Fung et al. 2001). Begünstigt werden positive soziale Kontakte dabei von einem Phänomen, das man landläufig Altersmilde nennt. Zahlreiche Studien belegen, dass ältere Menschen negative Emotionen besser regulieren und tendenziell eher bereit sind, zugunsten eines harmonischen Miteinanders auch mal zu schweigen oder deeskalierend zu reagieren, wo jüngere Menschen sich konfliktfreudiger zeigen. Gleichzeitig werden potenziell mit negativem Stress verknüpfte Situationen im Alter eher vermieden oder ausgeblendet. Salopp gesagt: Wo Jüngere eher impulsiv reagieren, überlegen Ältere einen Moment länger und formulieren vorsichtiger. Und wo Jüngere in den Ring gehen und den Konflikt vielleicht sogar suchen, fragen sich Ältere, ob es das denn wert sei. Wie gesagt: Es handelt sich hierbei um allgemeine Tendenzen. Wie immer bei solchen Beschreibungen bestätigen individuelle Ausnahmen auch hier die Regel. Menschen, die emotional labiler sind und in der Kindheit weniger stabile Beziehungen erlebt haben, tun sich häufig auch als Erwachsene schwer(er) damit, positiv auf andere zuzugehen und über deren tatsächliche oder angenommene Versäumnisse hinwegzusehen. In der Psychologie spricht man in solchen Fällen von hohen Werten auf der Neurotizismus-Skala, die auch im Alter wenig Milde gegenüber anderen zulassen (siehe ebd.).

Verstärkt wird das Bemühen um harmonische, erfüllte Beziehungen durch die Neigung, sich mit den Jahren stärker auf positive Erlebnisse zu konzentrieren, und zwar im Rückblick auf das eigene Leben genauso wie auch in aktuellen Situationen. Die Alltagsthese, dass wir die Vergangenheit manchmal rosiger sehen, als sie tatsächlich war, stimmt also. Dieser sogenannte Positivity-Effekt lässt sich beispielsweise in Gedächtnisexperimenten nachweisen, in denen ältere Menschen sich besser an positive Bilder erinnern, während jüngere Menschen negative Bilder häufiger im Kopf behalten. Darüber hinaus tritt er auch in Studien auf, in denen ältere Menschen auf ihr Leben zurückblicken und frühere Erlebnisse beschreiben. Manche Kränkung in jungen Jahren oder mancher Familienstreit vor zwei Jahrzehnten verliert so seine Dramatik und rückt gegenüber dem Wunsch nach positiven Kontakten in den Hintergrund. Aus der Sicht einer oder eines 30-Jährigen mag das nach Konfliktscheu oder rosaroter Brille aussehen, für 70-Jährige stellt es sich eher als Resultat größerer Lebenserfahrung und neuer Gewichtung dar. Das Bewusstsein für eigene Unzulänglichkeiten wächst: «Wer ist schon perfekt?» Hinzu kommt die Besinnung auf das, was im eigenen Leben zählt: «War es beispielsweise der Streit ums Erbe wert, die Beziehung zu den Geschwistern dauerhaft aufs Spiel zu setzen?» Wenn wir mit dem Alter tatsächlich an Weisheit gewinnen, also an Einsicht in die Relativität individueller Sichtweisen und Werte (siehe Kapitel 2 – Das biologische Alter), dann profitieren auch unsere sozialen Beziehungen davon. Und das ist gut so. Denn je befriedigender unser Sozialleben ist, desto besser für Körper, Geist und Seele!

Positive soziale Kontakte wirken lebensverlängernd, da sind sich Psychologinnen und Psychologen einig. Einige Forschungsergebnisse im Überblick:
- Menschen mit einem stabilen sozialen Netzwerk sind im Alltag zufriedener und bewältigen Stresssituationen besser.
- Wer sich von Freundeskreis und Familie unterstützt fühlt, empfindet sein Leben als sinnvoller, leidet seltener unter Depressionen.
- Menschen mit vielfältigen Kontakten, die sozial aktiv sind, bauen kognitiv langsamer ab. Eine Langzeitstudie kam beispielsweise zu dem Ergebnis, dass allein lebende ältere Männer doppelt so häufig kognitive Defizite entwickelten wie Männer, die mit anderen zusammenleben.
- Wer nach einem Schlaganfall soziale und emotionale Unterstützung erfährt, erholt sich schneller. Dasselbe gilt für Personen, die einen Herzinfarkt erleiden.
- Soziale Kontakte erhöhen die Lebenserwartung. Dabei wirken stabile Netzwerke ähnlich gesundheitsfördernd wie niedrige Cholesterinwerte und andere medizinische Indikatoren, etwa Nichtrauchen.

(Für einen detaillierten Forschungsüberblick vgl. Charles / Carstensen 2010 und Holt-Lundstad et al. 2010.)

Im Lichte der Erkenntnisse über den biologischen Alterungsprozess sind diese Ergebnisse nicht wirklich überraschend: Der Umgang mit anderen Menschen ist eine kognitive Herausforderung, und ein Gehirn, das gefordert wird, bleibt fit. Vielfältige soziale Aktivitäten erfordern nicht nur, sich auf andere Menschen und Themen/Inhalte einzustellen, sondern auch Vorausplanung und körperliche Bewegung. Wer montags als Lesepate in der Grundschule aktiv ist, mittwochs zum Sportkurs in die nächste Kleinstadt fährt, freitags mit Freunden unterwegs ist und sonntags Gäste einlädt, also ein Menü plant und einen entsprechenden Einkauf erledigt, beansprucht sich körperlich wie geistig naturgemäß stärker als jemand, der ein zurückgezogenes Leben führt. Hinzu kommt: Freundschaften und gute Beziehungen in der Familie können Ängste reduzieren, wie die Angst, eine bestimmte (Alltags-)Aufgabe nicht mehr zu meistern, die Sorge, eine Erkrankung ohne Unterstützung durchstehen zu müssen, und nicht zuletzt die Angst vor Vereinsamung, wenn die Partnerin oder der Partner stirbt. Soziale Kontakte können so dauerhaft negativem Stress vorbeugen, der erwiesenermaßen den kognitiven Abbau beschleunigt. Und – um auf die Bibel zurückzukommen – es scheint tatsächlich besser zu sein, wenn der Mensch mit jemandem an seiner Seite durchs Leben geht: Verheiratete leben im Schnitt länger, ergeben Langzeitstudien (siehe z. B. Siegler et al. 2013). Auch wenn statistische Auswertungen zur Lebenserwartung in Abhängigkeit von bestimmten Variablen immer wieder methodischer Kritik ausgesetzt sind (so könnte man zum Beispiel die Frage stellen: Bleibt man gesünder, weil man verheiratet ist, oder heiraten Menschen mit stabiler Gesundheit eher?), deutet die Fülle der Befunde stark in diese Richtung. Die Gründe sind nicht nur romantischer Natur: «Das Verheiratetsein bringt Vorteile wie mehr soziale und finanzielle Ressourcen, die (...) Gesundheit und Langlebigkeit fördern», sagt Jutta Mata, Psychologin an der Universität Basel (zit. n. Müller-Lissner 2015). Das entspricht durchaus der Alltagserfahrung: Eine stabile und einigermaßen glückliche Partnerschaft macht das Leben leichter, in finanzieller Hinsicht, aber auch in der Addition von Interessen und Kontakten, in der Möglichkeit, seine Sorgen zu teilen, und durch das Korrektiv, das eine vertraute Person bietet, die einem auch mal den Spiegel vorhält, wenn man sich zu verrennen droht.

Aus dem Leben gegriffen
In einer aktuellen Reportage zum Thema Ruhestand berichten Menschen zwischen Mitte 60 und Ende 80 von ihren Erfahrungen. So unterschiedlich wie die Persönlichkeiten sind auch ihre Strategien, im Alter fit zu bleiben. Doch der Kontakt zu anderen Menschen spielt bei allen eine wichtige Rolle. Hier einige Beispiele:
— Lotti Strehlow, 83, sagt: «Was mich jung hält, ist vor allem eines: unter Menschen zu sein.» Nach dem Umzug in eine Seniorenwohnanlage auf St. Pauli bewarb die frühere Laborantin sich bei einer Agentur als Gästeführerin und begleitet seitdem Touristinnen und Touristen durch ihren Stadtteil, inklusive Bummel über die Reeperbahn und zu den Landungsbrücken. Außerdem engagierte sie sich für Flüchtlinge, die in der St.-Pauli-Kirche Asyl gefunden hatten.
— Die Bäuerin Christa Gassmann, heute 76, ging einige Jahre nach dem Tod ihres Mannes mit 72 Jahren als Granny Au-pair nach Manitoba in Kanada und unterstützte dort eine Familie mit drei kleinen Kindern. Sie sagt, das Abenteuer habe ihr «einen richtigen Schub Selbstvertrauen» gegeben. Ihr Fazit: «Ich kann jedem empfehlen, im Alter noch etwas Neues zu wagen!»

– Ernst-Ulrich von Kameke, 90, gründete nach seiner Pensionierung als Kirchenmusikdirektor 1992 die MAS Musik-Akademie für Senioren. Dort gibt er mehrtägige Seminare für Menschen zwischen 70 und 90, in denen lebhaft diskutiert wird. Er sagt: «Die Angst vor dem Alter tritt in solchen Momenten völlig in den Hintergrund.»
– Der Journalist Günther Mack, 79, hat sieben Enkelkinder im Alter zwischen drei und 30 Jahren, denen er viel Zeit widmet. Er berichtet: «Seit mehr als 50 Jahren habe ich mit Heranwachsenden zu tun, und das hält mich geistig jung.» Er und seine Frau reisen viel mit den Enkelinnen und Enkeln, auch ohne deren Eltern: «Wir sind da rundum gefordert, körperlich, emotional, intellektuell. Die Enkel sind ganz unsentimental, die geben uns keinen Altersrabatt, und das finde ich gut.» (Siehe Kindel 2015, S. 83, 84, 87, 92.)

Ob Jagdverein oder Tanzclub, Seniorensport oder Caritas, Häftlingsbetreuung oder Zeit mit den Enkelkindern – wer sich mit anderen auseinandersetzt, tut sich selbst einen großen Gefallen. Letztlich lautet auch im Alter die beste Empfehlung, den eigenen Neigungen und Interessen zu folgen und gleichzeitig den Mut zu finden, etwas Neues auszuprobieren. Vielleicht sind Sie da ja schon auf dem besten Wege. Mit dem folgenden Test können Sie Ihr soziales Alter errechnen.

**Ganz schön aktiv oder eher zurückgezogen?
Errechnen Sie Ihr soziales Alter!**
Durch soziale Kontakte kann ein Mensch deutlich jünger werden. Wie stark profitieren Sie selbst vom Austausch mit anderen? Und so geht es: Kreuzen Sie auf den Skalen spontan an, was auf Sie zutrifft. Decken Sie dabei die letzten beiden Spalten zu, um sich selbst nicht zu beeinflussen. Die Auswertung finden Sie auf Seite 189.

1. Wie viele Menschen stehen Ihnen sehr nahe, egal ob in Ihrer Familie, Ihrem Bekannten- oder Kollegenkreis?

0	☐	0
1	☐	1
2	☐	2
3	☐	3
4	☐	4
5	☐	5
6	☐	6
7	☐	7
8	☐	8
9	☐	9
10	☐	10
11 und mehr	☐	11

2. Wie häufig stehen Sie mit diesen Menschen in Kontakt?

Nie	☐	0
Weniger als 1× im Monat	☐	1
1× im Monat	☐	2

Mehrmals im Monat	☐	3
Mehrmals in der Woche	☐	4
Jeden Tag	☐	5

3. Alles in allem, empfinden Sie Ihren Freundeskreis momentan als belastend oder als bereichernd?

Sehr belastend	☐	0
Belastend	☐	3
Weder noch	☐	6
Bereichernd	☐	9
Sehr bereichernd	☐	12

4. Leben Sie in einer Partnerschaft?

Ich lebe in Scheidung.	☐	0
Ich bin ledig.	☐	1
Mein(e) Partner(in) ist gestorben.	☐	1
Ich bin unverheiratet, lebe aber in einer Partnerschaft.	☐	2
Ich bin verheiratet.	☐	3

5. Alles in allem, empfinden Sie Ihren Beziehungsstatus als belastend oder bereichernd?

Sehr belastend	☐	0
Belastend	☐	3
Weder noch	☐	6
Bereichernd	☐	9
Sehr bereichernd	☐	12

6. Sind Sie zurzeit Mitglied in einem Verein oder in einer sozialen Gruppe?

Nein	☐	0
In einem	☐	1
In zwei	☐	4
In mehr als zwei	☐	6

7. Was glauben Sie, wie sehr können Sie sich auf Ihre Partnerin oder Ihren Partner / Ihre Verwandten / Ihren Freundeskreis in schwierigen Lebenssituationen verlassen?

Gar nicht	☐	0
Etwas	☐	2
Mäßig	☐	4
Ziemlich	☐	6
Sehr	☐	8

8. Was glauben Sie, wie sehr können Sie bei Ihrer Partnerin oder Ihrem Partner / Ihren Verwandten / Ihrem Freundeskreis ganz Sie selbst sein?

Gar nicht	☐	0
Etwas	☐	1
Mäßig	☐	2
Ziemlich	☐	3
Sehr	☐	4

Auswertung:

Und so geht es: Addieren Sie zunächst 15 Jahre zu Ihrem kalendarischen Alter, um Ihr persönliches Ausgangsalter zu ermitteln. Addieren Sie dann Ihre Punktzahl entsprechend Ihrer Kreuze zu Ihrer persönlichen Summe und multiplizieren Sie diese Summe mit 0,33, wenn Sie eine Frau sind, oder mit 0,48, wenn Sie ein Mann sind. Ziehen Sie dann das Ergebnis von Ihrem Ausgangsalter ab. Das Ergebnis entspricht Ihrem sozialen Alter.

A. Summe Ihrer Punkte	
B. x 0,33 (Frauen) oder x 0,48 (Männer)	
C. Ihr Ausgangsalter (kalend. Alter + 15 Jahre)	
IHR SOZIALES ALTER: C. minus B.	

ZEIGE MIR DEINE FREUNDE, UND ICH SAGE DIR, WER DU BIST

Zu den hartnäckigsten Vorurteilen über das Alter zählt das der Einsamkeit älterer Menschen. In einer schwedischen Studie beispielsweise nahmen 85 Prozent der Befragten an, dass Rentnerinnen und Rentner «häufig einsam» seien (siehe Böger/Huxhold 2014, S. 9). Leicht lassen sich Fakten herbeizitieren, die dieses Stereotyp stützen: Die Familienbande sind in den letzten Jahrzehnten lockerer geworden. Geschwister und die eigenen Kinder leben oft weit entfernt, man sieht sich häufig nur noch zu Festen und Feiertagen, wenn überhaupt. Berufliche Wechsel und Umzüge erschweren stabile Freundschaften. Im Alter verringert sich die Zahl der Kontakte durch mögliche Todesfälle im Freundes- und Verwandtenkreis, womöglich verstirbt die Partnerin oder der Partner. Horrormeldungen über alte Menschen, die monatelang tot in ihrer Wohnung liegen, ohne dass sie jemand vermisst, bestätigen scheinbar die These von den «einsamen Alten» und wecken Ängste. So weit die Annahmen und Vermutungen. Doch wie sieht die Realität aus?

Das Deutsche Zentrum für Altersfragen (DZA) kommt im Rahmen des *Deutschen Alterssurveys (DEAS)*, einer regelmäßig durchgeführten Repräsentativumfrage unter Menschen zwischen 40 und 85 Jahren, zu überraschenden Schlüssen. Die Befragung erhebt auch die Einsamkeitswerte. Dazu kreuzen die Befragten an, ob und wie sehr Feststellungen wie «Ich vermisse Leute, bei denen ich mich wohlfühle» auf sie zutreffen. Das aktuelle Fazit der Altersforscherinnen und -forscher: «Der Großteil der Menschen in der zweiten Lebenshälfte in Deutschland fühlt sich nicht einsam.» Über eine «hohe» Einsamkeit berichten je nach Altersgruppe (40–54 Jahre / 55–69 Jahre / 70–85 Jahre) aktuell gerade einmal zwischen drei und sieben Prozent. Am wenigsten einsam sind die 55- bis 69-Jährigen, doch auch bei den über 70-Jährigen gibt die Mehrheit zu Protokoll, das Thema Einsamkeit betreffe sie «gar nicht» oder «eher nicht». Gelegentlich einsam fühlt sich rund ein Drittel. Auch zunehmend lockere Familienbande und die vermeintliche Singularisierung älterer Menschen bilden sich in der Statistik nicht ab, im Gegenteil: Zwischen 1996 und 2008 zeigt sich ein «signifikanter Rückgang» der Einsamkeitswerte. Dabei weist die Gruppe der 70- bis 85-Jährigen den positivsten Trend auf (vgl. Tesch-Römer et al. 2014, S. 5 f.). Das Bild von der Einsamkeit im Alter scheint ein Klischee zu sein, dem die Wirklichkeit in weiten Teilen gar nicht entspricht. Offenbar gelingt es vielen älteren Menschen gut, Kontakte zu pflegen, auch wenn der Beruf als regelmäßige Kontaktmög-

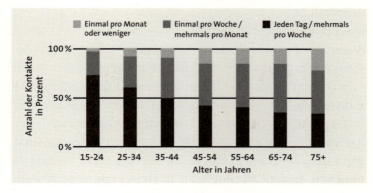

Abb. 10: Anzahl sozialer Kontakte im Lebensverlauf (nach Höpflinger 2009)

lichkeit wegfällt. Die Erhebung von Höpflinger (2009), in der konkret nach der Anzahl der sozialen Kontakte gefragt wurde, relativiert diesen Befund allerdings ein wenig (siehe Abbildung 10). Nicht auszuschließen ist, dass mancher in Umfragen die Wahrheit ein wenig schönt. Wer gibt schon gerne zu, dass er einsam ist? Zu vielen anderen Problemen bekennt man sich leichter. Außerdem nützt einem die schönste Statistik wenig, wenn man selbst sich allein fühlt oder Angst davor hat, durch den Tod der Partnerin bzw. des Partners oder den Wegzug der Kinder im Alter zu vereinsamen. Solche Sorgen kann uns niemand nehmen – aber wir können aktiv etwas dagegen tun!

Soziale Kontakte wollen gepflegt werden, sie kosten Zeit und Mühe. Manche Menschen haben dafür eher ein Händchen als andere. Wer in jüngeren Jahren sozial aktiver war, ist häufig auch im Alter besser sozial vernetzt, ergab die *Berliner Altersstudie* von 2010 (zit. n. Kleinschmidt 2010, S. 102).

Langjährige Freundschaften, enge Beziehungen zu Kindern und anderen Verwandten setzen Interesse für den anderen voraus, ferner die Bereitschaft zuzuhören, Zeit zu investieren, Kompromisse zu schließen und Konflikte auszutragen. Freundschaft macht Arbeit – das klingt banal, aber genau daran hapert es im Alltag häufig. Je weniger man das «Anderssein» des anderen aushalten kann und je weniger man bereit ist zu geben, bevor man nimmt, desto brüchiger werden Beziehungen. «Suche dir Freunde, bevor du sie brauchst», ist daher ein mehr als einleuchtender Ratschlag (Mackay 2000). Dabei kommt es weniger auf Quantität als auf Qualität an. Hunderte Facebook-«Freunde» helfen wenig, wenn man in einer Krise steckt und jemanden zum Reden braucht. Viele Kegelfreunde, Fußballkumpel oder Vereinskolleginnen können die Freizeit bereichern und das Leben bunter machen, sie sind aber nicht unbedingt ein Garant gegen die Einsamkeit – auch inmitten vieler Leute kann man sich einsam fühlen.

Wie viele Menschen könnten Sie um Mitternacht anrufen, wenn es Ihnen schlecht geht? Wer würde Ihnen in einer Notlage zu Hilfe eilen und sich nicht mit einer durchsichtigen Ausrede davor drücken? In einer ruhigen Minute eine «Beziehungsbilanz» zu ziehen und rechtzeitig umzusteuern, kann Sie vor drohender Einsamkeit bewahren. Insofern ist die im vorangegangenen Abschnitt «Einsiedlerinnen und Einsiedler altern schneller» beobachtete Konzentration auf weniger, aber erfülltere Kontakte im Alter eine kluge Strategie.

Eine andere bedenkenswerte Herangehensweise ist das Pflegen generationenübergreifender Kontakte und Freundschaften. Auch hier deutet sich in den letzten Jahren ein Wandel an. 85 Prozent der Ü75-Jährigen und 80 Prozent der 60- bis 74-Jährigen haben zumindest einige Freunde und Bekannte, die «deutlich jünger» sind, ergab die Befragung des Instituts für Demoskopie Allensbach zum Thema «Altersbilder der Gesellschaft» (2012). Passend dazu zählen über zwei Drittel der 16- bis 29-Jährigen und fast 80 Prozent der 30- bis

44-Jährigen «deutlich Ältere» zu ihrem Freundes- und Bekanntenkreis (ebd., S. 8 f.) – wobei es sich bei dieser Alterseinschätzung um eine rein subjektive der jeweiligen Befragten handelt. Und auch auf die Gefahr, dass das ein wenig gefühlskalt und pragmatisch klingt: Wer einen altersgemischten Freundeskreis pflegt, läuft weniger Gefahr, dass die engen Kontakte «wegsterben». Er profitiert außerdem davon, dass jüngere Menschen ihn auf andere Weise fordern und seinen Alltag bereichern als Gleichaltrige. Wo sich Lebenswelten unterscheiden, besteht die Chance, sich gegenseitig zu ergänzen und Neues kennenzulernen. Dass Jüngere dabei helfen, bei Smartphone und Co. auf dem Laufenden zu bleiben, während Ältere in schwierigen Berufs- oder Familiensituationen mit ihrer Lebenserfahrung zur Seite stehen können, ist dabei nur ein Beispiel von vielen. Gleichzeitig gibt es inzwischen zahlreiche Möglichkeiten, bei denen Menschen verschiedenen Alters sich begegnen können, sei es bei gesellschaftlichem oder politischem Engagement, sei es dank gemeinsamer Interessen wie Literatur und Kunst, Sportarten wie Wandern oder Yoga, oder bei generationenübergreifenden Freizeitangeboten wie Koch-, Sprach- oder Tanzkursen.

Aus dem Leben gegriffen
Marlene O., Ende 50, kennt Paris aus zahlreichen Reisen mit ihrem Ehemann, der dort früher regelmäßig eine Industriemesse besuchte. Als ihre Patentochter sich zum bestandenen Abitur eine Wochenendreise wünschen darf, ist sie daher zunächst wenig begeistert, als deren Wahl auf Paris fällt. Doch sie willigt ein – und lernt ein ganz neues Paris kennen. Museumsbesuche und Restaurants, die gewohnten Programmpunkte, sind dieses Mal tabu, weil aus Sicht der Abiturientin «todlangweilig».

Stattdessen steht eine alternative Stadtführung auf dem Programm, der Eiffelturm bei Nacht, Bummeln in angesagten Szenevierteln und ein Clubkonzert – lauter Aktivitäten, die die Patentante sonst kaum unternommen hätte und die schon bei der gemeinsamen Planung unerwartet viel Spaß machen.

Die Psychologie hat festgestellt, dass wir bei der Wahl unserer Kontakte oft Menschen bevorzugen, die uns ähnlich sind, was Bildung, berufliche Qualifikation, ethnischen Hintergrund, Religion, Geschlecht und eben auch das Alter angeht. Diese Ähnlichkeitsvorliebe, im Englischen Similarity Attraction genannt, ist verständlich, denn sie erleichtert das gegenseitige Verständnis. «Das Ähnliche ist immer vertraut», unterstreicht auch Franz Neyer, Direktor des Instituts für Psychologie der Universität Jena (zit. n. Diehr 2015, S. 15). Hinzu kommt, dass Menschen, die viele Gemeinsamkeiten haben, sich häufig in ähnlichen Kontexten bewegen und daher größere Chancen haben, einander kennenzulernen. Gleichzeitig begrenzt besagter Similaritätseffekt aber unseren Horizont, was wiederum dazu führen kann, dass wir nach dem Prinzip «Gleich und Gleich gesellt sich gern» mit den immer gleichen Menschen die immer gleichen Probleme wälzen. «Mit den Lahmen lernst du hinken, mit den Säufern lernst du trinken», bringt das ein Sprichwort unverblümt auf den Punkt. Unter Älteren geht es dann im schlimmsten Fall primär um die Rente, die Gesundheit und aktuelle Zipperlein, während man mit jüngeren Gesprächspartnern schnell andere Themen finden und darüber die Knieprobleme völlig vergessen würde. Insofern ist das generationenübergreifende Verständnis, das sich in der Allensbach-Studie abzeichnet, ein gutes Signal.

Und wie ist es bei Ihnen? Wie setzt sich Ihr Kreis von vertrauten Kontakten zusammen? Wenn Sie Lust darauf haben, aus den üblichen Zirkeln auszubrechen, dann bieten sich hierfür Initiativen an, die über Themen zusammenfinden, nicht übers Alter – also eher der Gospelchor, das Ehrenamt oder der Seglerverein anstelle des Seniorensports.

Wie viele Kontakte brauchen wir, um uns nicht einsam zu fühlen? Diese Frage lässt sich nicht pauschal beantworten, denn Einsamkeit ist eine subjektive Kategorie: Maßgeblich ist das individuelle Erleben. Extravertierte Menschen brauchen und suchen per definitionem mehr Kontakte, um sich wohlzufühlen, als introvertierte. Und wir können uns trotz vieler Bekanntschaften und zahlreicher Unternehmungen allein fühlen, wenn wir niemanden haben, von dem wir uns wirklich verstanden wissen und mit dem wir uns über Dinge austauschen können, die uns tief im Innern berühren.

Es kommt also darauf an, sich über die eigenen Ansprüche und Bedürfnisse klarzuwerden und sein soziales Leben entsprechend zu gestalten. Dabei ist der Verlust der Ehepartnerin oder des Ehepartners für viele Menschen ein Schritt in die drohende Einsamkeit. Angesichts der unterschiedlichen Lebenserwartung leben deutlich mehr Frauen als Männer im Alter allein: 46 Prozent der 75- bis 79-jährigen Frauen waren 2014 verwitwet (gegenüber 18 Prozent der Männer in dieser Altersgruppe), bei den 80-bis 84-jährigen waren es 60 Prozent (gegenüber 23 Prozent bei den Männern), bei den über 85-jährigen 74 Prozent (gegenüber 34 Prozent bei den Männern) (siehe Statistisches Bundesamt 2015a, S. 8). Gleichzeitig verfügen Frauen in der Regel über größere soziale Netzwerke, sodass sie den Partnerverlust besser kompensieren können und sich tendenziell sogar weniger einsam fühlen als Männer (vgl. Tesch-Römer et al. 2014, S. 7).

Schauen Sie sich in Ihrem Bekanntenkreis um: Wie viele Paare leben die traditionelle Rollenverteilung, bei der die Frau für Haushalt, Kulturprogramm sowie soziale Kontakte und der Mann für Finanzen, Reparaturen sowie das Auto zuständig ist? Erstaunlicherweise prägen diese Vorlieben bis heute viele Paarbeziehungen, selbst wenn beide Partner noch jünger und berufstätig sind. In Sachen Kontaktpflege am Tropf der Partnerin oder des Partners zu hängen ist jedoch riskant, nicht nur im Fall einer Trennung, sondern auch im Alter, wenn man womöglich plötzlich alleine dasteht.

Einen Teil seiner Lebensenergie und Zeit in Freundschaften und in ein stabiles Netz von Kontakten zu investieren ist also eine kluge Form der Altersvorsorge: Wer sich bei anderen Menschen aufgehoben fühlt, bleibt gesünder, ist zufriedener und lebt länger. Auch hier gilt also: Alter ist Kopfsache! Dies trifft noch in einem anderen Sinne zu, denn ob es jemandem gelingt, positive Kontakte aufzubauen und zu pflegen, hängt sehr stark von persönlichen Einstellungen und Glaubenshaltungen ab. Auch Einsamkeit nimmt ihren Ausgang im eigenen Kopf. Der Psychologe und «Einsamkeitsexperte» John T. Cacioppo spricht in diesem Zusammenhang von einem «Teufelskreis». Demzufolge treten einsame Menschen anderen gegenüber misstrauischer auf, reagieren empfindlicher auf vermeintliche Kränkungen und haben mehr Angst vor negativen Bewertungen. Folge ist ein abweisendes oder reserviertes Verhalten, das wie eine Kontaktbarriere wirkt und so die Einsamkeit verstärkt.[1] Dabei erzeugen die Betreffenden durch ihr Verhalten oft erst jene ablehnende Reaktion ande-

---

1 Dieses Verhalten entspricht den bereits erwähnten hohen Ausprägungen beim Persönlichkeitsmerkmal Neurotizismus / emotionale Instabilität.

rer, die sie dann wiederum in ihrer Erwartung bestärken – eine klassische sich selbsterfüllende Prophezeiung, die in den Teufelskreis der Einsamkeit mündet (vgl. Cacioppo/Patrick 2011). Ganz neu ist diese Erkenntnis nicht, sie steckt schon in der Volksweisheit «Wie man in den Wald hineinruft, so schallt es heraus». Der gängige Ratschlag, mehr «unter die Leute zu gehen», wenn man sich einsam fühlt, hilft in solchen Fällen ebenso wenig weiter wie verstärkte Kontaktangebote und neue Möglichkeiten zum sozialen Austausch. Damit solche Initiativen erfolgreich sind, müssen die Betreffenden ihre Haltung ändern sowie willens sein, die eigene Scheu zu überwinden und anderen Menschen eine Chance zu geben – im Jargon der Wissenschaft: «eine Veränderung negativer sozialer Kognitionen» zuzulassen (Tesch-Römer et al. 2014, S. 13 f.). Das ist leichter gesagt als getan, denn die Korrektur von Einstellungen und Glaubenssätzen fällt in jedem Alter schwer – frei nach dem Bonmot Mark Twains: «Man kann die Welt oder sich selbst ändern. Das zweite ist schwieriger.»

Eine Einstellungsänderung setzt immer die Bereitschaft voraus, sich selbst aus der Vogelperspektive zu betrachten und kritisch zu hinterfragen. Dabei kann eine enge Freundin oder ein enger Freund helfen, die oder der einem auch unangenehme Wahrheiten sagen mag, andernfalls bieten sich auch ein Coaching oder eine Therapie an. Die gelegentlich selbst heute noch geäußerte Auffassung, Therapie sei «nichts für Ältere» oder «lohne sich nicht mehr» ist nichts anderes als eine rücksichtslose Altersdiskriminierung, die den Leidensdruck und das Änderungspotenzial Älterer unterschätzt. Bei Krisenerfahrungen ist es in jedem Alter ein kluger Schritt, sich Hilfe zu suchen. Das kann auch der Pfarrer oder eine verständnisvolle Hausärztin sein. Hilfreich ist überdies, die Denkrichtung einmal umzukehren und sich selbst um andere zu kümmern, solange man dazu in der Lage ist, statt über das eigene Alleinsein zu klagen. Wer sich karitativ engagiert, im Stadtteil aktiv wird oder in der Nachbarschaft seine Hilfe anbietet, wird sichtbar und kann Freundschaften schließen.

Aus dem Leben gegriffen

Die Figur des alten Grantlers, der sich von seiner Umwelt abkapselt und sich dadurch immer tiefer in seine Einsamkeit verstrickt, ist ein gängiges Motiv der Filmgeschichte. Um den Misanthropen zu erlösen, braucht es in der Regel besonders hartnäckige Kontaktangebote und unerschrockene Menschen, die sich durch mürrische Abfuhren nicht gleich in die Flucht schlagen lassen. Ein Beispiel für eine filmische Umsetzung ist die Tragikomödie *Dreiviertelmond* (2011) mit Elmar Wepper als mürrischem Taxifahrer Mitte 60, der von seiner Frau verlassen wird. Ein 6-jähriges türkisches Mädchen, das in seinem Taxi strandet und plötzlich auf seine Hilfe angewiesen ist, lockt ihn schließlich aus seiner bärbeißigen Einsamkeit hervor. Ein anderes Beispiel ist *Gran Torino* (2008) von und mit Clint Eastwood als verwitwetem Kriegsveteran, der sich in seinem Haus einigelt und feindselig Abstand hält, als immer mehr Menschen mit einem Migrationshintergrund in seine Detroiter Nachbarschaft ziehen. Erst als er seinen asiatischen Nachbarn, wenn auch eher unfreiwillig, gegen die Übergriffe einer sie terrorisierenden Gang hilft, bekommt seine raue Schale langsam Risse. Solche Erlösungsmärchen haben insofern einen wahren Kern, als sie zeigen, wie die eigene Haltung – «den anderen ist nicht zu trauen» – dazu führt, dass andere Menschen tatsächlich auf Distanz gehen und die eigene Negativerwartung bestätigen. Im wirklichen Leben liegt der Schlüssel zu guten Beziehungen aber eher darin, selbst den ersten Schritt zu tun und seine Haltung zu überdenken – kurz: andere positiv zu überraschen.

Wie viele Vertraute und Freunde wir haben und welchen Austausch wir mit ihnen pflegen, sagt also auch viel darüber aus, wie wir selbst sind. Anders als in der Nachkriegszeit, in der Nachbarschaften stabiler, familiäre Bande traditionell enger und berufliche Karrieren weniger wechselhaft waren, müssen wir uns heute mehr anstrengen, um Kontakte zu knüpfen und zu halten – es sei denn, wir bleiben zeitlebens in unserem Heimatdorf und gehören dank Gewerbeverein, Kirchenchor und Schützenfest «automatisch» dazu. Gleichzeitig haben wir heute mehr Möglichkeiten, uns selbst Menschen zu suchen, die zu uns passen, statt auf das unmittelbare Umfeld beschränkt und ihm verpflichtet zu sein. Wir können unser soziales Leben mit Hilfe von Gruppen und Initiativen, Freizeitangeboten und Veranstaltungen selbst gestalten. Kontakt zu halten ist dank Smartphone, Skype oder E-Mail einfacher als früher; Verkehrsverbindungen sind besser, Flüge günstiger. Die Möglichkeiten sind also da – und wenn wir lange jung bleiben wollen, tun wir gut daran, sie auch zu nutzen!

VON ALTEN UND NEUEN ALTERSROLLEN: FITNESSDIKTAT STATT RUHESTAND?

Kein Mensch ist eine Insel. Wir werden unweigerlich beeinflusst von dem, was uns umgibt, was unsere Umwelt für realistisch und richtig hält: Was «gehört sich» im Alter, was in der Jugend? Was ist möglich, was nicht? Unser Selbstbild und unser Handeln werden getönt von den Fremdbildern und den Erwartungen, die uns im Alltag regelmäßig begegnen. Rollen als Bündel gesellschaftlicher Normen und Verhaltenserwartungen kommt dabei eine zentrale Funktion zu. Im Leben schlüpfen wir nacheinander in zahlreiche Rollen – zunächst in die Rolle als Schülerinnen oder Schüler, als Auszubildende, als Studierende, dann folgen berufliche Rollen wie die als Experten, Vorgesetzte, Eltern. Rollen verzahnen auf diese Weise jeden Einzelnen mit der Gesellschaft. Sie sind hilfreich, weil sie uns im Alltag entlasten – wir müssen nicht in jeder Situation neu nachdenken, wie wir uns verhalten sollten, sondern können Rollenkonventionen folgen. Gleichzeitig legen Rollen uns aber auch Fesseln an: Sie schreiben uns vor, was wir «tun sollten» und was nicht. Wer ausbrechen möchte, braucht Mut. All das führt zu der Frage, wie die typische Altersrolle heute aussieht und welche Möglichkeiten sie bietet. Der Ruheständler im Schaukelstuhl und die Großmutter beim Handarbeiten befinden sich zweifellos auf dem Rückzug. Doch wer tritt an ihre Stelle? Vor knapp zehn Jahren skizzierte Stefanie Becker vom Institut für Gerontologie der Universität Heidelberg folgende typische Altersbilder, die unabhängig von der Bezeichnung für Männer und Frauen gleichermaßen gelten:

- «Perfekte Großeltern»
  familienorientiert, fürsorglich, unterstützend, vertrauenswürdig
- «Golden Ager»
  zukunftsorientiert, gut informiert, unabhängig, produktiv, gesundheitsbewusst, erfolgreich
- «John Wayne konservativ»
  hart, patriotisch, religiös, stolz, nostalgisch

Daneben registrierte sie traditionelle Altersklischees, unter Stichworten wie
- «schwer eingeschränkt», «zänkisch», «mutlos» und «Einsiedler» (Becker 2007, S. 28).

Positive und negative Altersbilder stehen sich hier gegenüber – auf der einen Seite Ältere, die aktiv und fit sind, auf der anderen Seite Konzepte, die der Vergangenheit geschuldet scheinen und das Siechtum der zweiten Hälfte der Lebenstreppe evozieren (siehe den Abschnitt «Lebensphasen und Lebensverläufe früher und heute»). Das gilt insbesondere für das hohe Alter, das sogenannte vierte Lebensalter.

Je älter jemand ist, desto stärker wird sein Selbstbild von den Erwartungen anderer beeinflusst. Präsentiert man Probandinnen und Probanden über 70 Testaufgaben in einem positiven Kontext – etwa mit dem Ziel, die «erstaunlich hohe Leistungsfähigkeit Älterer» zu untersuchen –, fallen die Ergebnisse deutlich besser aus als bei neutraler Präsentation. Ältere Menschen reagieren auf gesellschaftliche Vorurteile offenbar sehr empfindlich (vgl. Schwägerl 2014, S. 40). Schon in Kapitel 3 – Das gefühlt Alter haben wir gesehen, dass sich manche von ihnen aufgrund entsprechender Stereotype sogar voreilig in das vermeintliche «Schicksal» der Bettlägerigkeit ergeben, statt sich wieder auf die Beine zu kämpfen, was durchaus im Rahmen des Möglichen wäre (siehe Abschnitt «Außen Falten, innen jung?»).

Keine Frage, das Alter hat nach wie vor ein Imageproblem. «Alt» sind im Zweifelsfall die anderen, man selbst fühlt sich hingegen noch jung und fit, entsprechend entsetzt ist man, wenn zum ersten Mal ein wohlerzogener junger Mensch im Bus aufsteht und einem seinen Sitzplatz anbietet. Fast jeder weiß von Begegnungen mit Menschen über 70 zu berichten, die sich energisch von «den [anderen] Alten» abgrenzen und sich selbst definitiv nicht dazu zählen. Ein Beispiel in meinem Bekanntenkreis ist eine drahtige Dame Ende 70, die noch Tag für Tag in der Gärtnerei ihres Sohnes mithilft. Auf die Frage einer gleichaltrigen Kundin, ob man sich denn beim Altennachmittag der Kirchengemeinde übermorgen sehe, antwortet sie empört: «Altennachmittag? Was soll ich da? Da sind doch nur alte Leute!»

Wenn selbst ältere Menschen ihr Altsein als Stigma empfinden, sagt das viel aus über die mangelnde Wertschätzung des Alters in unserer Gesellschaft. Dazu trägt zweifellos auch bei, dass individuelle Alterskonzepte weniger durch wissenschaftliche Erkenntnisse und medizinische Möglichkeiten beeinflusst werden als vielmehr durch Vorbilder im persönlichen Umfeld: Wie sind die eigenen Eltern und Großeltern gealtert? Wie altern Menschen im Verwandten- und Freundeskreis, wie in der Nachbarschaft? Viele der heute 50-Jährigen hatten Großeltern, die mit den körperlichen und seelischen Folgen des Zweiten Weltkrieges zu kämpfen hatten. Und solche seelischen Traumata wurden in der Nachkriegszeit noch stärker verdrängt und totgeschwiegen als heutzutage. Nicht selten brachen sie im Alter wieder hervor, in Form von Albträumen, Depressionen und Angstphantasien der angeblich Altersverwirrten. Mit Anfang, Mitte 60 wirkten diese Menschen zum Teil Jahrzehnte älter als ihre Altersgenossen heute. Viele Enkelkinder erlebten Großeltern, die wie versteinert schienen, im Stillen mit eigenen Kriegserlebnissen und -taten haderten, schlimmstenfalls der Härte der Schwarzen Pädagogik der Nazis unreflektiert bis zum Lebensende folgten. Anlass zu Altersoptimismus gab diese Generation eher im Ausnahmefall. Die Eltern der heute 50-Jährigen wiederum arbeiteten während der Wirtschaftswunderjahre vielfach körperlich hart und waren froh, mit Anfang, Mitte 60 die Hände in den Schoß legen zu können. Fitnessstudio oder Gehirnjogging waren noch lange nicht en vogue. Man hatte sich den Ruhestand verdient und setzte sich auch im Wortsinne «zur Ruhe», mit all den negativen Konsequenzen eines inaktiven Lebensstils. Die Rentenzeit verbrachte man im endlich abbezahlten Häuschen, das nach dem Auszug der Kinder viel zu groß war und häufig zur Last wurde. Ein Leben zwischen Kaffeefahrt, Familientreffen und der Sorge für Haus und Garten, die man mit den Jahren gern den Kindern übertragen hätte, in der Hoffnung, so möglichst lange in den eigenen vier Wänden bleiben zu können. Für Hobbys und Reisen, Lebensträume und Selbstverwirklichung hatte diese Generation kaum Zeit, häufig auch nicht die finanziellen Mittel und manchmal genauso wenig den gedanklichen Freiraum. Von ihren Eltern, der Kriegsgeneration, hatten sie schließlich Pflichterfüllung, Disziplin und Anpacken gelernt, nicht das Ausloten und Umsetzen eigener Bedürfnisse (vgl. z.B. Bode 2015). Auch dieses Altersvorbild ist wenig geeignet, Vorfreude auf das eigene Alter aufkommen zu lassen. So denkt mancher der heute 50-, 60-Jährigen doch mit Unbehagen an die Ansprüche und Erwartungen der eigenen Eltern, denen zufolge man sich intensiv um sie zu kümmern und ihnen die Alters- und Alltagssorgen am besten ganz abzunehmen habe – wie sie es seinerzeit im Falle ihrer Eltern vielfach getan haben. Einen echten Plan für das eigene Alter jenseits der Credos «So lange wie möglich in den eigenen vier Wänden bleiben!» und «Bloß nicht ins Heim!» hat(te) in dieser Generation der «Kriegskinder» nur eine Minderheit, auch wenn einige sich ein Alter im sonnigen Süden vorstellen konnten und sich die Rente nach Mallorca oder in die Toskana überweisen ließen.

Neben familiären Vorbildern prägen gesellschaftliche Trends die Altersrolle. Unter dem Eindruck hoher Arbeitslosenzahlen schickte man ab Anfang der 1990er Jahre Tausende «ältere» Beschäftigte in den Vorruhestand. «Platz machen für Jüngere» lautete die Devise damals. 1995 erreichte die Frühverrentungswelle ihren Höhepunkt. Fast 295 000 Arbeitnehmerinnen und Arbeitnehmer gingen mit 60 Jahren oder früher abschlagsfrei in Rente.[2] Der Vorruhestand und sein Nachfolgemodell, die Altersteilzeit, die 1996 vom Gesetzgeber verabschiedet wurde, verfestigten den Eindruck, dass man als Arbeitnehmerin oder Arbeitnehmer mit Mitte, Ende 50 zum alten Eisen gehört und seinen Platz lieber den Jüngeren überlassen sollte. «Und, wie lange musst du noch?», lautete die damals gängige Frage. Wer mit 62 oder 63 noch arbeiten ging, war oft von Verwandten und Freunden umgeben, die es vermeintlich cleverer angestellt hatten und schon das Nichtstun genossen. Was nicht nur wie ein Privileg und ein Geschenk an freier Zeit für jeden Einzelnen, sondern auch wie sozialer Fortschritt wirkte, hatte auf den zweiten Blick durchaus Nachteile, und das nicht nur für die Sozialkassen. Wer mit der neu gewonnenen Freiheit nichts anzufangen wusste und sich auf ein Leben zwischen Gartenstuhl und Fernsehsessel beschränkte, baute physisch wie kognitiv ab. Vor allem diejenigen, die ihren Hut nicht aus freien Stücken früher nehmen, also unfreiwillig vorzeitig in den Ruhestand gehen, sterben sogar früher als länger arbeitende Altersgenossen, haben Studien ergeben (vgl. von Petersdorff 2014; Kindel 2015, S. 88).

Auch im Hinblick auf gesellschaftliche Rollenmodelle hat die Frühverrentung einen negativen Nebeneffekt: Sie zemen-

---

2 Siehe «Frühverrentung, ade! (29.08.2012); im Internet unter www.ihre-vorsorge.de (Zugriff am 11.01.2016).

tiert die Vorstellung, ab etwa Mitte 50 sei man alt und jüngeren Menschen pauschal unterlegen. Dabei spielt es keine Rolle, dass Vorruhestandsregelungen letztlich eher dem sozial verträglichen Abbau von Arbeitsplätzen dienten als der Verabschiedung tatsächlich überforderter Mitarbeiterinnen und Mitarbeiter – die Negativbotschaft ist geblieben. Wem nach Jahrzehnten zuverlässiger Arbeit signalisiert wird, das Unternehmen stünde ohne ihn oder sie besser da, braucht schon ein sehr stabiles Selbstwertgefühl, um sich gegen dieses Urteil abzugrenzen. Hinzu kommt das soziale Stigma, das in einer Leistungsgesellschaft an dem Begriff «Rentnerin» bzw. «Rentner» klebt. Auf den Smalltalk-Einstieg «Und was machen Sie?» antwortet man hierzulande fast reflexhaft mit dem Beruf. Er bestimmt den Status, lässt uns Menschen einordnen. Wer in Rente ist, rückt in die zweite Reihe und muss für seine gesellschaftliche Teilhabe selbst sorgen. Dabei hat die Frühverrentung nicht nur alle individuellen Unterschiede im Alterungsprozess ignoriert; im Hinblick auf den Altersdurchschnitt in unseren Chefetagen und auf den Regierungsbänken wirkt sie unfreiwillig komisch. Dort würden etliche Sessel leer bleiben, verführe man nach der Devise «Platz machen für Jüngere», am besten für diejenigen, die deutlich unter 40 sind!

Lange Zeit fand man solche einschränkenden und potenziell negativen Altersnormen auch in anderen Wirtschaftsbereichen, etwa im mittlerweile überholten Diktum der «werberelevanten Zielgruppe zwischen 14 und 49», ganz so, als kauften sämtliche Ü50-Jährigen nur noch Stützstrümpfe und Gebissreiniger oder trügen bis zum Lebensende die bis dato erworbene Garderobe auf. Die subtile Botschaft: Wer älter ist, zählt nicht mehr. Angesichts der tatsächlichen Kaufkraft in den Altersgruppen über 50 verabschiedet sich die Marktforschung allmählich von diesem Konzept (siehe z. B. Kohlbacher/Egloff 2008 oder das Rheingold Institut zum Thema «Seniorenforschung» unter www.rheingold-marktforschung.de). Schließlich gab es 2011 in Deutschland zum ersten Mal mehr Menschen über 50 als unter 50 Jahren, wobei die Ü50-Jährigen mit 2200 Milliarden mehr als 60 Prozent des Vermögens aller Privathaushalte besaßen, wie die Wirtschaftswoche vorrechnete (Dämon 2014). Interessant wäre sicher auch, die Popkultur, darunter Songtexte, Filme und Fernsehsendungen auf ihre Altersbilder bis zur Jahrtausendwende hin zu untersuchen und mit aktuellen Darstellungen zu vergleichen. Als die Beatles 1967 bang fragten, «Will you still need me / will you still feed me / when I'm 64?», schwang darin eine andere Alterswahrnehmung mit als bei Peter Fox' optimistischer Vorfreude auf sein *Haus am See* gut 40 Jahre später: «Meine 100 Enkel spielen Cricket auf'm Rasen. / Wenn ich so daran denke, kann ich's eigentlich kaum erwarten.»

Allmählich schwingt das Pendel also zurück und die öffentliche Sicht auf das Alter wandelt sich. 2012 wurde von der Antidiskriminierungsstelle des Bundes zum «Jahr der Gleichbehandlung für Jung und Alt» erklärt, zeitgleich rief die Europäische Union das «Europäische Jahr für aktives Altern» aus. Positive Altersvorbilder rücken in offiziellen Darstellungen in den Vordergrund, etwa, wenn das Bundesfamilienministerium unter dem Titel *Was heißt schon alt?* ausgewählte Beiträge des gleichnamigen Foto- und Videowettbewerbs als Bildband mit Aufnahmen gut gelaunter und aktiver Seniorinnen und Senioren beim Musizieren, im Fußballstadion, beim Fitnesstraining usw. herausgibt und als PDF zum Download anbietet. Im Vorwort plädiert Ministerin Schwesig für eine differenzierte Sicht des Alters und preist die Fitness heutiger Seniorinnen und Senioren (Bundesministerium Familie, Senioren, Frauen und Jugend 2015). Und man betont – im Gegensatz zu den Vorruhestands- und Altersteilzeitbegründungen des letzten Jahrtausends – unter dem Eindruck der demographischen Entwicklung nun auch in den Unternehmen mehr und mehr das Potenzial älterer Mitarbeiterinnen und Mitarbeiter und ruft Diversity-Programme ins Leben (mehr zum Thema «Diversität» bzw. «Diversity» erfahren Sie im Abschnitt «Rente mit 63? 73? 93? Warum es uns guttut, länger zu arbeiten»).

An die Stelle von Unterschätzung oder sogar Geringschätzung älterer Menschen treten also Konzepte, die den Schwerpunkt auf deren Möglichkeiten und Fähigkeiten legen. Die Altersbilder sind im Fluss. Das ist einerseits begrüßenswert, denn wir werden in unserem Verhalten unweigerlich durch das beeinflusst, was andere uns zutrauen. Andererseits sind die neuen optimistischen Altersbilder nicht frei von ökonomischen Hintergedanken: Sie formulieren normative Erwartungen, die auf die wirtschaftlichen Folgen der höheren Lebenserwartung reagieren. Wenn es auf absehbare Zeit immer mehr Ü60-Jährige und immer weniger Ü30-Jährige gibt, können wir es uns schlicht nicht mehr leisten, die Älteren vorschnell zum alten Eisen zu erklären. So heißt es im Flyer der Bundesregierung zum *Sechsten Altenbericht* mit mahnendem Unterton: «Insgesamt sind die heute älteren Menschen im Vergleich zu früheren Generationen gesünder, sie verfügen über einen höheren Bildungsstand und über bessere finanzielle Ressourcen. Nach Auffassung der Kommission leitet sich daraus die Verpflichtung ab, vorhandene Ressourcen verantwortungsvoll einzusetzen» (zit. n. van Dyk et al. 2013, S. 324). Drastischer formulierte es der Sozialwissenschaftler Meinhard Miegel schon 2008: «Wer mit 65 Jahren topfit auf der Parkbank sitzt, erzeugt sozialen Widerwillen» (zit. n.

Siems 2008). Die spannende Frage ist, wie diese neue Norm des aktiven Alterns einerseits und die autobiographischen Alterserfahrungen mit eigenen Eltern, Großeltern und anderen Vorbildern sich in der Lebenswirklichkeit niederschlagen: Wem folgen die Ü50-Jährigen und Ü60-Jährigen von heute – dem Ruhestandskonzept früherer Jahre oder dem Aktivitätskonzept aktueller Verlautbarungen?

Aus dem Leben gegriffen
2009 sendete die ARD-Fernsehlotterie einen Werbespot, der gekonnt mit unseren Altersstereotypen spielt. In der Vorweihnachtszeit steht eine ältere Dame am Bordsteinrand und blickt suchend die Straße hinauf. Ein jüngerer Mann eilt herbei und verkündet entschlossen «Ich helf Ihnen!» Gegen allen Protest «hilft» er der Frau über die Straße und zerrt sie dabei förmlich mit sich, während er sie mit einem fast gönnerhaften «Jetzt haben wir's gleich geschafft!» aufmuntert. Als die beiden die gegenüberliegende Straßenseite erreicht haben, bremst im Hintergrund der Bus, auf den die Dame eigentlich gewartet hat und den sie nun leider verpasst. «Helfen Sie dort, wo Hilfe wirklich nötig ist!», lautet der abschließende Rat.

Wir amüsieren uns u. a. deshalb über den voreiligen jungen Mann, weil der Spot ein immer stärker als überholt empfundenes Altersbild auf die Schippe nimmt, nämlich das von der per se ängstlichen und hilflosen alten Dame.[3] Wer aktuellen Altersbildern auf die Spur kommen will, muss nur einmal die aktuelle Werbung für die Ü50-Zielgruppe an sich vorbeiziehen lassen:

---

3 Im Internet unter www.youtube.com/watch?v=T_BSgDVFIY8

Da wimmelt es von gutaussehenden grauhaarigen Menschen mit erstaunlich faltenfreien Gesichtern, die an Stränden spazieren gehen oder sich an ähnlichen schönen Orten mit anderen aktiven und gut gekleideten «Alten» treffen.

Wie stark aber ist das neue Konzept des «aktiven Alterns» bereits in die Lebenswirklichkeit eingedrungen? Wäre es bereits das vorherrschende Lebensmodell, bräuchte es keine offiziellen Verlautbarungen, keine Publikationen, wie man heute altert bzw. altern sollte. Auch die Rentenmodelle und die institutionellen Möglichkeiten des Lebens und Wohnens im Alter hinken den moralisch gefärbten Appellen der Sozialpolitikerinnen und -politiker hinterher, wie wir im Folgenden noch sehen werden. Wir leben offenbar in einer Übergangszeit, in der die Gesellschaft insgesamt wie auch die bzw. der Einzelne sich zu neuen Ufern vortasten. In diesem Zusammenhang ist ein Team um die Jenaer Soziologen Silke van Dyk und Stephan Lessenich in einem Forschungsprojekt von 2008 bis 2012 der «Neuverhandlung des Alters in der Aktivgesellschaft» nachgegangen. Das Projekt verband Medienauswertungen von Bild-Zeitung bis Brigitte, von FAZ bis Apotheken-Umschau sowie die Analyse von Gesetzen, Wahl- und Parteiprogrammen, Altenberichten der Bundesregierung und Modellprogrammen zum Thema «Alter und Ruhestand» mit ausführlichen Interviews verrenteter «junger Alter» zwischen 60 und 72 Jahren (vgl. van Dyk 2013; van Dyk et al. 2013; Denninger et al. 2014). Die Kernthese der Wissenschaftlerinnen und Wissenschaftler: Die Altersbilder des ausgehenden 20. Jahrhunderts sind inzwischen durch eine neue Norm abgelöst: das «aktive» und «produktive» Alter zum Wohle der Gesamtgesellschaft. Zugespitzt: Die neuen Alten sollen nicht zu viel kosten, auf ihre Gesundheit achten und sich gesellschaftlich nützlich machen! Damit entsteht aus Sicht der Soziologinnen und Soziologen neuer Druck auf jene, die sich dem Aktivitätsdiktat nicht beugen. Abbildung 11 fasst die Entwicklung der komplexen sozialen Konzepte, der sogenannten Dispositive, zum Thema Alter in den letzten Jahrzehnten zusammen.

Zeitraum	Konzept	Inhalte	Alltagswelten
Bis Mitte der 1980er Jahre	«Ruhestand»	• Ende der Erwerbsarbeit • Ausreichende Rente • Rückzug, Nachlassen der Aktivitäten • Körperlicher Abbau	• Haus und Garten • Sofa und Fernseher • Gebissreinigungstabletten und Altenheim
Ab Mitte der 1980er Jahre	«Unruhestand»	• Eigenständig und unabhängig bleiben • Fitnesstraining und Gehirnjogging • Im Alter jung bleiben	• Radfahren und Hometrainer • Nordic-Walking-Stöcke und Computer • Fernreisen und Seniorenstudium
Ab Ende der 1990er Jahre	«Produktives Alter»	• Tätigwerden zum Nutzen der Allgemeinheit • Sozial verantwortliches Handeln • Eigenverantwortung und gesellschaftliche Teilhabe	• Längeres Erwerbsleben (Rente mit 67) • Verantwortungsvoller Einsatz der eigenen Ressourcen • Ehrenamt, «Senior-Trainer/-in» etc. • «Zähl Taten, nicht Falten» (Informationskampagne Bundesfamilienministerium 2009)

Abb. 11: Soziale Konzepte des Alters (vgl. van Dyk et al. 2013, S. 323 f.)

In der Lebenswelt der interviewten Rentnerinnen und Rentner findet sich das Konzept des «produktiven Alters» nur teilweise wieder. Einige der Ü60-Jährigen folgen weiterhin dem Ideal eines selbstbestimmten Ruhestands mit viel Muße, andere grenzen sich in ihren Aktivitäten von übergeordneten Nützlichkeitserwägungen ab, viele leben Mischformen, beispielsweise nach dem Motto «90 Prozent verdienter Ruhestand, 10 Prozent gesellschaftliche Verantwortung». Doch selbst diejenigen, die auf ihren Ruhestand pochen, grenzen sich defensiv vom Aktivitätskonzept ab. Und umgekehrt wünschen sich die meisten Aktiveren mehr Selbstbestimmung und Ruhe als im Erwerbsleben (van Dyk et al. 2013, S. 327). Zusammenfassend spitzen die Forscherinnen und Forscher ihre Befunde zu folgenden Prototypen des «Nacherwerbslebens» zu:

– *Der zufriedene Ruheständler* will seine «verdiente Ruhe» genießen, ist häufig männlich, akademisch gebildet und verfügt über ein hohes Einkommen.
– *Der geschäftige Ruheständler* ist ein *«busy talker»*, er gibt sich viel beschäftigt, lebt aber im Wesentlichen den klassischen Ruhestand, ist häufig männlich, nicht akademisch, verfügt über ein leicht unterdurchschnittliches Einkommen.
– *Die verhinderte Ruheständlerin* ist eine «Super-Helferin», sie ist durch die Pflege oder Betreuung Angehöriger stark belastet und trotzdem ehrenamtlich aktiv, hadert damit, sich nicht abgrenzen zu können, ist weiblich, nicht akademisch gebildet und eher in Westdeutschland zu Hause.
– *Die Unruheständlerin* lebt ihr eigenes Leben, legt Wert auf Autonomie, ist sportlich und kulturell aktiv, ist die typische «Bildungsbürgerin», die nach der Familien- und Erwerbszeit Zeit für sich selbst haben will.

– *Der bzw. die Produktive* grenzt sich vom freizeitorientierten Ruhestand wie vom selbstbezüglichen Unruhestand ab, sieht bürgerschaftliches Engagement als verpflichtend, weist darüber hinaus keine verbindenden sozialen Merkmale bei Geschlecht, Bildung, Einkommen auf.

– *Die Gebremste* würde gerne den Unruhestand oder das gesellschaftliche Engagement leben, wird aber durch Geldmangel, Ehemann oder «Ausgrenzungserfahrungen» daran gehindert, ist sehr unzufrieden, weiblich und verfügt über ein deutlich unterdurchschnittliches Haushaltseinkommen. (Siehe ebd. S. 326 f.)

So holzschnittartig diese Einteilung sein mag, so sehr verdeutlichen die sechs Typen doch, wie sich in individuellen Lebensläufen Geschlechterrollen und Erwerbsbiographien, alte und neuere Alterskonzepte, finanzielle Möglichkeiten und persönliche Ansprüche vermischen. Es ist kein Zufall, dass die «Super-Helferin» weiblich ist, während die (Selbst-)Zufriedenheit des klassischen Ruheständlers männlich besetzt sowie über einen akademischen Beruf finanziell gut abgesichert ist. Verzerrt wird das Bild dadurch, dass die Befragten allesamt bereits verrentet waren, offenbar also keine freiberuflich Tätigen oder Selbständigen zu Wort kamen, die häufig selbstgewollt lange im Berufsleben stehen (siehe nächster Abschnitt «Rente mit 63? 73? 93? Warum es uns guttut, länger zu arbeiten»), dafür aber Menschen, die mit 60 bereits verrentet waren. Interessant ist schließlich, dass das Konzept des «produktiven Alters» in allen Gruppen Anklang findet und sich möglicherweise tatsächlich als Zukunftskonzept wird etablieren können.

Welche Schlüsse lassen sich aus solchen soziologischen

Befunden für unser eigenes Alter ziehen? Im Wesentlichen diese: Wir sollten uns dessen bewusst sein, dass wir in unseren Einschätzungen und Entscheidungen beim Thema «Alter» unweigerlich sowohl durch familiäre Vorbilder als auch durch offizielle Verlautbarungen und gesellschaftliche Trends beeinflusst werden. Es lohnt sich, zu hinterfragen, welche Scheuklappen, Ängste und Ansprüche wir deshalb mit uns herumtragen. Idealerweise werden wir uns so klar darüber, wie unsere eigenen Wünsche und Möglichkeiten aussehen. Das ist sicher kein Projekt für einen ruhigen Sonntagnachmittag, sondern eher eine Langzeitaufgabe (siehe auch den Abschnitt «Heim oder Hawaii, Wohnung oder WG: Wie wollen wir leben?»). Gleichzeitig ist unübersehbar, dass der gesellschaftliche Trend in Richtung mehr Eigenverantwortung und Vorsorge für die eigene Gesundheit und (finanzielle) Unabhängigkeit geht. Das kann man angesichts der kurzen historischen Periode ab Ende der 1950er Jahre, in der stabile Renten größeren Gruppen einen wirklich «ruhigen» Ruhestand versprachen, beklagen. Man sollte dabei aber nicht übersehen, dass viele Angehörige der geburtenstarken Jahrgänge dank besserer Ausbildung und höherer Gehälter auch mehr Möglichkeiten haben als ihre Eltern oder Großeltern, eigene Lebenskonzepte zu entwickeln und zu verfolgen. «Arbeiten, nicht zu spät in Rente, den Rest regelt der Staat» – dieses Modell funktioniert heute nicht mehr. Wir müssen uns selbst Gedanken machen. Das empfindet mancher angesichts früherer Alterskonzepte als Zumutung, doch trotzige Schockstarre bringt uns nicht weiter. Als weitere Zumutung mag man die Forderung empfinden, im Alter durch seine Lebensführung für die eigene Gesundheit zu sorgen und möglichst lange aktiv zu bleiben. Auch bei van Dyk und ihren Kolleginnen und Kollegen kann man zwischen den Zeilen den Vorwurf herauslesen, Staat und Gesellschaft definierten das Alter so, wie es gerade in den demographischen und finanzpolitischen Rahmen passe, und stülpten der bzw. dem Einzelnen entsprechende Normen über. Dem ist entgegenzuhalten: Normen und Verhaltenserwartungen formuliert jede Gesellschaft, das ist sozusagen Teil ihres Wesens.

Die eigentliche Frage ist daher, ob die aktuelle Produktivitätsnorm der bzw. dem Einzelnen ein besseres Leben bietet als frühere Alterskonzepte – «besser» in Form von gesünder, mit mehr Lebensqualität und einer größeren Chance auf gesellschaftliche Teilhabe? Diese Frage beantworte ich mit einem klaren Ja! Was soll schlecht daran sein, das Alter als Lebensphase der Möglichkeiten und nicht als Phase des Niedergangs für sich selbst zu entdecken? Nirgendwo steht geschrieben, dass man jenseits der 60 genauso viel und auf genau dieselbe Weise aktiv sein oder arbeiten muss wie im Berufsleben zuvor. Im besten Fall verbindet sich das Tätigsein mit mehr Autonomie und Selbstbestimmung, genauer gesagt mit der Konzentration auf Aufgaben, die Freude machen, in einem Zeitrahmen, den man den eigenen Bedürfnissen anpasst.

Einen Haken gibt es allerdings: In diesem Modell fallen alle jene durch das Netz, die am Ideal der Eigenverantwortung, der Selbstgestaltung des Lebens und der langfristigen Vorsorge von vornherein scheitern: mangels Bildung, mangels Geld, mangels Möglichkeiten. Was uns zu der Frage möglicher Rentenmodelle und daran anschließend zu der Frage der finanziellen Situation im Alter führt.

RENTE MIT 63? 73? 93? WARUM ES UNS GUTTUT, LÄNGER ZU ARBEITEN

Das Internetlexikon Wikipedia definiert den Suchbegriff «Rente (Wirtschaft)» kurz und bündig als «ein Einkommen, das ohne aktuelle Gegenleistung bezogen wird». Hier regt sich womöglich schon Unmut, schließlich hat man im Verständnis vieler Menschen für die eigene Rente «eingezahlt», um im Alter abgesichert zu sein. Dies ist von Anbeginn die Grundidee der Rentenversicherung. Nur: Was unter Otto von Bismarck als Notgroschen begann und als «Arbeiter- und Invalidenversicherung» (1889) die schlimmste Armut lindern sollte, wurde knapp 70 Jahre später, mit der Rentenreform der Wirtschaftswunderjahre (1957, um genau zu sein) zu einem komfortablen Versorgungssystem ausgebaut und erstmals an die allgemeine Lohnentwicklung gekoppelt. Die Renten stiegen mit der Reform auf einen Schlag um 60 Prozent für Arbeiterinnen und Arbeiter sowie um 66 Prozent für Angestellte. Sie bewahrten nun nicht mehr vor der Armut wie im Kaiserreich; sie sollten vielmehr den Lebensstandard sichern und denen, die lange Jahre eingezahlt hatten, einen finanziell sorgenfreien Lebensabend ermöglichen. Zeitgleich wurde die gesetzliche Rentenversicherung von einem teilweise kapitalgedeckten Prinzip schrittweise auf ein reines Umlagesystem umgestellt. Das bedeutet: Die aktuellen Einzahlerinnen und Einzahler füllen bis heute Monat für Monat den Topf, der sogleich zur Auszahlung der aktuellen Renten wieder geleert wird. Die Rücklagen der heutigen Rentenversicherung reichen nicht einmal für zwei Monate. Gespeist wird die Rentenkasse von Arbeitgeberinnen und -gebern, Versicherten und durch einen Bundeszuschuss, also aus Steuermitteln (siehe Deutsche Rentenversicherung 2014, S. 41 ff.). Alle Rentenreformen und -anpassungen nach 1957 hier darzustellen ist weder möglich noch erforderlich. Wer das Thema in der Tagespresse verfolgt, kennt die Geschichte in groben Zügen sowieso: Als das Wirtschaftswunder endete und zeitgleich die Zahl der Geburten – und damit die Zahl der Einzahlenden – zu sinken begann, geriet das Umlagesystem ins Wanken. Damit begann ein immer wieder neues Austarieren, in der Regel in Verbindung mit einer Gerechtigkeitsdebatte: Sollen Rentenbeiträge erhöht oder Leistungen gekürzt werden? Wie sind Kindererziehungszeiten zu bewerten? Ab wann kann wer abschlagsfrei – die Stichworte lauten «Vorruhestand» und «Altersteilzeit» – in Rente gehen? Politische Interessen und Wahlgeschenke, soziale Überzeugungen und Regierungskonstellationen, demographische Trends und Budgetvoraussetzungen, etwa durch die jeweilige Arbeitslosenquote, bilden bis heute die Gemengelage, der die Rentengesetzgebung folgt.

Die bekannteste Aussage zur Rente ist zweifellos Norbert Blüms Feststellung «Die Rente ist sicher!» von 1986. Spötter ergänzten die Behauptung des langjährigen Bundesministers für Arbeit und Sozialordnung bald um einen Halbsatz: «Die Rente ist sicher – nur nicht ihre Höhe!» Im Bewusstsein vieler ist soziale Gerechtigkeit immer noch gleichbedeutend mit der komfortablen Versorgungsrente nach dem Modell von 1957. Die Sorge wächst, dass wir uns vielleicht irgendwann wieder dem Notgroschenmodell Bismarcks nähern oder alle sehr viel länger werden arbeiten müssen (siehe den folgenden Abschnitt «Geld macht doch glücklich: Alter und Finanzen»). Ob Letzteres angesichts unserer steigenden Fitness tatsächlich so katastrophal wäre, wie oft unterstellt wird?

Festzuhalten bleibt: Ursprünglich war die Rente kein Lohnersatzsystem zum Erhalt des Lebensstandards für viele beitragsfreie Jahre, sondern eine finanzielle Absicherung, die

Arbeiterinnen und Arbeiter sowie Angestellte vor bitterer Armut bewahren sollte. Anspruchsberechtigt war man ab 70, in einem Alter, das um 1900 nur eine Minderheit überhaupt erreichte, und die Rente war klein – sie entsprach nach mindestens 30 Beitragsjahren anfänglich nur 20 bis 30 Prozent des früheren Lohns (siehe Deutsche Rentenversicherung 2014, S. 8). Sehr viele Menschen arbeiteten früher also bis in ihr letztes Lebensjahr, in der Produktion, in der Land- und Forstwirtschaft oder im Baugewerbe, und zwar zweifellos unter härteren Bedingungen als heute. Ob man das Modell der längeren oder gar lebenslangen Arbeit für sich als Horrorvorstellung oder als Möglichkeit betrachtet, hängt unter anderem davon ab, wie gesund und fit man ist, ob man seine Arbeit liebt oder hasst und ob man voraussetzt, dass «weiter arbeiten» gleichbedeutend ist mit «exakt so weitermachen wie bisher». Es täte uns gut, die sozialpolitischen Scheuklappen abzulegen und mehr Flexibilität zu wagen. Dabei ist natürlich nicht nur der Einzelne gefordert. Auch die Unternehmen müssen mitziehen, darunter auch jene Branchen und Abteilungen, die nach wie vor einem Jugendwahn frönen, etwa Werbung, PR oder Marketing.

Aus dem Leben gegriffen
Als ich 2004 meinen Arbeitsvertrag am Jacobs Center on Lifelong Learning and Institutional Development der Jacobs University Bremen erhielt, stand darin – wie vermutlich bei jeder Arbeitnehmerin bzw. jedem Arbeitnehmer –, dass mein Arbeitsvertrag automatisch mit dem Eintritt in das rentenübliche Alter erlischt. Ich muss also mit 65 Jahren, oder nach jetziger Regelung mit 67 Jahren, in den Ruhestand gehen. Ich löschte diese Formulierung in meinem Vertragsentwurf und

fragte die Leitung der Universität, ob ich nicht einen lebenslangen Vertrag haben könne. Dies wurde mit dem Argument abgeschmettert, dies sei nun mal die gesetzliche Lage und an der könne man unmöglich etwas ändern! Das fand und finde ich bis heute unerhört! Wer weiß denn, wie gesund und fit wir sind, wenn wir ein bestimmtes Alter erreichen? Wir kennen das doch alle: Es gibt Menschen, die haben mit Mitte 60 oder 70 bereits mit der Welt abgeschlossen, und andere, die denken und handeln, als wären sie 15 oder 20 Jahre jünger. Warum sollte die zweite Gruppe denn nicht auf eigenen Wunsch länger arbeiten dürfen?

Eine heilige Kuh der Sozialpolitik ist das einheitliche «gesetzliche Rentenalter». 1916 wurde die 70-Jahres-Marke der Bismarck'schen Reform auf 65 Jahre abgesenkt, wobei nur etwa 30 Prozent der Deutschen damals das Rentenalter erreichten (siehe Schwägerl 2014, S. 37). Jahrzehntelang blieb es bei dieser Altersgrenze bzw. bei 65 Jahren für Männer und 63 Jahren für Frauen. Das tatsächliche Rentenalter lag jedoch im Schnitt etliche Jahre darunter; 2011 lag es laut Statistischem Amt der Europäischen Union (Eurostat) beispielsweise in Deutschland bei 61,7 Jahren (Eurostat[4]). 2012 wurde dann unter dem Eindruck des demographischen Wandels die schrittweise Anhebung der Altersgrenze von 65 auf 67 Jahre beschlossen, was 2014 durch die «Rente mit 63» für langjährige Beitragszahlerinnen und -zahler wiederum teilweise zurückgenommen wurde. Die Deutsche Rentenversicherung indes hat errechnet, dass die Deutschen 1960 im Schnitt zehn Jahre Rente

---

4 http://ec.europa.eu/eurostat/statistics-explained/index.php/ Employment_statistics/de (Zugriff am 28.06.2016).

bezogen, 2014 war der Zeitraum mit 19 Jahren fast doppelt so lang (siehe Zeibig 2014, S. 11). Obwohl Menschen höchst unterschiedlich altern, wie wir in diesem Buch immer wieder gesehen haben, schert die Rentengesetzgebung alle über denselben Kamm und macht beispielsweise keinen Unterschied zwischen Angestellten sowie Arbeiterinnen und Arbeitern. Und obwohl viele von uns viel länger fit sind, wirken immer noch die Altersgrenzen des Kaiserreichs wie beinahe naturgesetzliche Orientierungspunkte. Dieses Vorgehen ignoriert jedoch nicht nur die realen Unterschiede bei der körperlichen und geistigen Fitness der Älteren, sondern es zementiert eine Vollbremsung der Beschäftigung. Für viele Arbeitnehmerinnen und Arbeitnehmer heißt es: von heute auf morgen von 100 auf 0. Kein Marathonläufer und keine Triathletin würden ein solches Risiko eingehen, sondern im Interesse der Gesundheit das Training langsam herunterfahren. Auf der bekannten Stressskala der US-Psychologen Thomas Holmes und Richard Rahe rangiert «*retirement from work*», also der Eintritt in den Ruhestand, übrigens im oberen Drittel, und zwar in nur geringem Abstand zur Kündigung.[5] Auch die Hirnforschung hält das Vollbremsungsmodell für verheerend. «Das Schlimmste, das man seinem Gehirn antun kann, ist, es nicht genug zu nutzen. Daher ist Frühverrentung kognitiv und emotional ein Desaster», sagt beispielsweise mein Bremer Kollege Gerhard Roth und warnt vor dem «Risiko, frühzeitig zu vergreisen» (Roth 2015, S. 26 f.).

Der Molekularbiologe und Altersforscher Konrad Beyreuther nennt die Pensionierung gleich welchen Alters gar ein «Verbrechen» (zit. n. Kindel 2015, S. 88). Und der nieder-

---

5 Siehe «The Holmes-Rahe Life Stress Inventory», im Internet unter www.stress.org/holmes-rahe-stress-inventory/ (Zugriff am 12.05.2016).

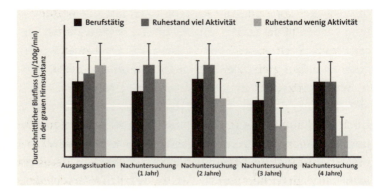

Abb. 12: Durchblutung der grauen Hirnsubstanz bei Berufstätigen und Ruheständlern (siehe Rogers et al. 1990)

ländische Mediziner Rudi Westendorp tutet ins gleiche Horn: «Stoisch am Renteneintrittsalter von fünfundsechzig Jahren festzuhalten, als ob es dafür eine biologische Grundlage gäbe, hat etwas Törichtes» (Westendorp 2015, S. 132). Für solche Thesen gibt es physische Belege. So maßen Rogers et al. den Blutfluss in der grauen Gehirnsubstanz sowohl bei Berufstätigen als auch bei körperlich aktiven wie wenig aktiven Ruheständlern. Ergebnis: Bei den wenig aktiven Renterinnen und Rentnern ließ die Gehirnaktivität Jahr für Jahr nach, während Berufstätige und aktive Ruheständlerinnen und Ruheständler geistig rege blieben (vgl. Abbildung 12).

Aus dem Leben gegriffen

Den absoluten Rentenrekord hält der US-Amerikaner Arthur Winston, der 2006 mit 100 Jahren in den Ruhestand ging. Begonnen hatte er sein Berufsleben 1916 als Baumwollpflücker, später arbeitete er dann 72 Jahre ununterbrochen bei der städtischen Busgesellschaft in Los Angeles. In dieser Zeit fehlte Winston nur einen einzigen Tag – zur Beerdigung seiner Frau. 1996 wurde er von Bill Clinton als «Mitarbeiter des Jahrhunderts» geehrt. Nach seinen Ruhestandsplänen befragt, antwortete der greise Herr: «*I want to keep busy!*» (siehe www.metro.net).

Doch nicht nur die Beschäftigten, auch die Unternehmen würden von einer Durchmischung der Belegschaft profitieren – eine Erkenntnis, die seit einigen Jahren unter dem Stichwort «Diversity» diskutiert wird. Diversity, wörtlich «Verschiedenheit», bezieht sich nicht nur auf Altersfragen, sondern auch auf Religion, Geschlecht, ethnische Zugehörigkeit, sexuelle Orientierung und physische Kompetenzen (umgangssprachlich spricht man von Einschränkungen durch Behinderungen). Die Kernthese des Diversity-Konzepts lautet, dass Unternehmen sich dank gemischter Belegschaften und Teams Wettbewerbsvorteile verschaffen. Ob das zutrifft, wenn jüngere und ältere Mitarbeiterinnen und Mitarbeiter zusammenarbeiten, ist inzwischen so umfassend erforscht worden, dass es möglich ist, ein differenziertes Bild zu zeichnen. Tatsächlich sind gemischte Teams homogenen Gruppen in Sachen Innovation, Kreativität und Leistungsfähigkeit überlegen, wenn folgende Voraussetzungen erfüllt sind:

- Die Altersspanne ist relativ gleichmäßig verteilt. Arbeiten besonders junge und besonders alte Mitarbeiterinnen und Mitarbeiter in einem Team, besteht allerdings die Gefahr der Lagerbildung bzw. der sogenannten «Eigengruppenfavorisierung» (siehe Wegge et al. 2012).
- Die Führungskraft praktiziert einen wertschätzenden und vorurteilsfreien Führungsstil, vermeidet also Stereotype über «Junge» und «Alte» gleichermaßen.
- Es herrscht ein gutes Klima im Team, und die Alters-

diversität wird geschätzt (siehe Ries et al. 2013). Es ist daher klüger, die Zusammenarbeit unterschiedlicher Altersgruppen ganz selbstverständlich zu praktizieren, als Fördermaßnahmen o. Ä. für eine bestimmte Altersgruppe zu installieren, sei sie alt oder jung.
– Die Arbeitsaufgaben sind heterogen und erfordern komplexe Entscheidungen. In diesem Fall profitiert das Team von den unterschiedlichen Erfahrungen und Perspektiven der Mitglieder verschiedenen Alters. Bei einfachen Aufgaben mit hoher Wiederholungsrate, wie z. B. monotoner Fließbandarbeit, bringt Diversity dagegen keine Vorteile. Ganz im Gegenteil kann sie dann sogar zu einer Unruhequelle werden und infolge entstehender Konflikte die Leistung negativ beeinflussen (vgl. Kearney / Voelpel 2012).

Die Forschungsergebnisse stimmen mit den Erkenntnissen zur altersbezogenen Entwicklung von fluider und kristalliner Intelligenz überein, die sich in einer größeren Reaktionsschnelligkeit jüngerer Menschen sowie in einem umfassenderen Erfahrungs- und Strategiewissen bei älteren Personen niederschlägt (siehe Kapitel 2 – Das biologische Alter, Abschnitt «Die grauen Zellen und die Klugheit des Alters»). Es ist also höchste Zeit, gängige Vorurteile gegenüber «älteren» Beschäftigten über Bord zu werfen, etwa die, sie seien weniger produktiv, eher an simplen Aufgaben interessiert, nicht zu Veränderungen bereit und weniger zuverlässig. Jedes einzelne dieser Vorurteile ist in Studien eindeutig widerlegt worden. So zeigten sich beispielsweise in einer Erhebung bei der LKW-Produktion von Mercedes-Benz die Älteren am Band nicht nur produktiver, sondern machten auch weniger Fehler als jüngere Kollegen (Börsch-Supan / Weiss 2013). In einer Befragung von knapp

3000 Mitarbeiterinnen und Mitarbeitern aus verschiedenen Unternehmen waren die jüngeren skeptischer gegenüber Veränderungsprozessen als die älteren, zudem erwiesen sich Produktionsmitarbeiterinnen und -mitarbeiter aufgeschlossener als die Angestellten in Verwaltung und Management (Kunze et al. 2013). Auch am anderen Ende der Skala, bei den jungen Mitarbeiterinnen und Mitarbeitern der sogenannten Generation Y, erweisen sich weit verbreitete Stereotype als falsch, sobald man genauer hinsieht – so begegnet man etwa den sogenannten Jobhoppern, die rastlos die Arbeitsstellen wechseln und Autoritäten pauschal in Frage stellen sehr viel häufiger in den Medien als im realen Arbeitsalltag.

Wir alle würden davon profitieren, gewöhnten wir uns an, stärker in Individuen und weniger stark in Stereotypen zu denken, auch und gerade wenn es ums Alter geht. Es gibt in jeder Altersgruppe wendige und weniger wendige, loyale und weniger loyale, engagierte und träge, innovative und denkfaule Menschen. Wer lange genug in einem Unternehmen arbeitet, um viele Kolleginnen und Kollegen näher zu kennen, wird dies bestätigen. Sieht es anders aus, lohnt es sich zu fragen, ob das vermeintlich «typische» Verhalten älterer oder jüngerer Mitarbeiterinnen und Mitarbeiter nicht durch herrschende Vorurteile ausgelöst wird. So veranlasst beispielsweise negatives Priming vielleicht ältere Arbeitnehmerinnen und Arbeitnehmer erst zu dem Verhalten, das man ihnen ankreidet. Dafür muss gar nicht explizit auf ihr Alter angespielt werden, es genügt etwa die fortgesetzte, wenn nicht systematische Diskriminierung bei Aufgabenzuweisungen oder Fortbildungen. Wenn die interessanten Projekte automatisch an jüngere Kolleginnen und Kollegen gehen und Mitarbeiterinnen und Mitarbeiter über 50 nicht mehr fortgebildet werden, dann ist es nicht weiter verwunderlich, wenn sich die eine oder der andere gedanklich dorthin zurückzieht, wo sein Umfeld ihn offenbar schon sieht: auf das Abstellgleis. Unsere Studien an der Jacobs University Bremen belegen, dass sowohl die Zahl als auch die Qualität der Ideen, die ältere Beschäftigte generieren, stark davon beeinflusst wird, ob sie sich mit positiven oder negativen Begriffen zum Alter konfrontiert sehen. Das erhärtet die Annahme, dass die Einstellung der Führungskraft einen großen Einfluss auf die Produktivität der Mitarbeiterinnen und Mitarbeiter hat, insbesondere wenn es sich um ältere handelt (Eckhoff et al. 2011). Zu einem positiven Einstellungswandel im Management könnte die Erkenntnis beitragen, dass ältere und weniger «karrierehungrige» Beschäftigte sich häufig mit dem Unternehmen als Ganzem identifizieren und entsprechend handeln, im Fachjargon bezeichnet man das als «Organisational Citizen Behavior (OCB)». Überdies haben die Ü50-Jährigen als gefestigte Persönlichkeiten Erfahrung im Umgang mit schwierigen Situationen und Menschen. Davon profitiert das Unternehmensklima, das wiederum erwiesenermaßen die Mitarbeitermotivation stark beeinflusst. Es besteht also keinerlei Anlass, die Förderung Älterer als soziale Wohltat für diese Gruppe misszuverstehen – auch die Unternehmen haben Vorteile, und zwar über das Halten erfahrener Fachkräfte hinaus. Wer diese Botschaft an die Belegschaft senden will, vermeidet am besten altersdiskriminierende spezielle «Ü50-Projekte» und betont stattdessen die angestrebte Vielfalt durch «Gemeinschaftsprojekte».

Wie stehen die Betroffenen selbst zu der Frage, über die bisherigen Altersgrenzen hinaus, womöglich sogar lebenslang, zu arbeiten? Studien der Jacobs University Bremen zeigen, dass fast alle Menschen über 50 in den Ruhestand gehen wollten, aber fast alle, die in den Ruhestand gegangen waren, wiederum arbeiten wollten, allerdings fast niemand in Vollzeitbeschäftigung. Dazu passen die Ergebnisse einer aktuellen Erhebung des Beratungsunternehmens AgeCon aus Anlass der «Rente mit 63». Diese ergab, dass die meisten Arbeitnehmerinnen und Arbeitnehmer gern früh in Rente gehen würden, im Durchschnitt sogar schon mit 59,8 Jahren, und das, obwohl drei Viertel ihren Gesundheitszustand als «gut» oder «sehr gut» einstufen. Gleichzeitig können sich erstaunliche 80 Prozent der Befragten vorstellen, auch als Rentnerin oder Rentner noch zu arbeiten. Mehr als 70 Prozent von ihnen würden dies allerdings lieber in einem neuen beruflichen Umfeld tun. Erhellend ist in diesem Zusammenhang, dass nur jede bzw. jeder Dritte sich am Arbeitsplatz zumindest «gelegentlich» wertgeschätzt fühlt, während die Mehrheit der Befragten angibt, fast nie oder niemals Anerkennung und Wertschätzung zu erfahren (Green 2014, S. 8). Dies lässt nur einen Schluss zu: Wer die Tage bis zur Rente zählt, tut dies häufig nicht, weil der Rücken oder die Knie nicht mehr mitmachen, sondern weil er der aktuellen Arbeitssituation überdrüssig ist. Längst weiß man: Mitarbeiterinnen und Mitarbeiter kommen wegen des Unternehmens und gehen wegen der jeweiligen Vorgesetzten. Wenn wir also möchten, dass Menschen länger arbeiten, müssen wir Bedingungen schaffen, unter denen Menschen gerne zur Arbeit gehen. Gefragt sind hier dementsprechend die Führungskräfte, von denen es abhängt, ob in ihren Abteilungen ein Klima der Wertschätzung herrscht und ob Beschäftigte genügend Anerkennung erfahren. Gefragt ist aber auch jede und jeder Einzelne: Wenn abzusehen ist, dass wir nicht mit rund 60, sondern erst etliche Jahre später aus dem Beruf ausscheiden, dann sollte uns dies Antrieb genug sein, die eigene berufliche Situation zu verbessern, statt die Monate bis zum Ruhestand zu zählen. Zwei, drei Jahre mag man am Arbeitsplatz notfalls «aussitzen» können. Doch fünf oder gar zehn Jahre in der inneren Emigration sind ein erschreckendes Ausmaß verschenkter Lebenszeit! Neue Aufgaben, Weiterbildungen, ein interner Wechsel oder auch nur eine offene Aussprache mit der oder dem Vorgesetzten können Lösungen aufzeigen. Verabschieden müssen wir uns allerdings von dem gedanklichen Konstrukt, mit Ende 50 «lohne» sich das nicht mehr.

Einerseits hängen also viele Beschäftigte noch am frühen Renteneintritt. Andererseits arbeiten heute schon viele Menschen über das gesetzliche Rentenalter hinaus. Nach einer Studie des Instituts der Deutschen Wirtschaft Köln (IW Köln) hatte sich 2013 der Anteil der 65- bis 74-jährigen Erwerbstätigen gegenüber 2000 von 3,7 auf 8,7 Prozent mehr als verdoppelt. Bei den 55- bis 64-Jährigen war er um 26 Prozent auf fast 64 Prozent gestiegen. Dabei ist es nicht so, dass die Arbeitnehmerinnen und Arbeitnehmer primär aus wirtschaftlicher Not auf den Ruhestand verzichten, im Gegenteil: Es sind vorwiegend die Hochqualifizierten und Gutverdienenden, die länger arbeiten. Fast 25 Prozent derjenigen, die in einem Haushalt mit einem Nettoeinkommen von mehr als 4500 Euro leben, sind mit über 65 noch berufstätig; bei Gleichaltrigen mit einem Haushaltseinkommen von weniger als 1100 Euro sind es unter 5 Prozent. Besonders lange aktiv sind Selbständige: 35 Prozent arbeiten jenseits der 65 einfach weiter. Zum Vergleich: Bei den Angestellten sind es 5 Prozent, bei den Beamten 1,3 Prozent (vgl. Kaiser 2015). Doch selbst bei den Staatsdienerinnen und -dienern mehren sich die Ausnahmen: In den letzten Jahren sorgten wiederholt Fälle für Schlagzeilen, in denen Lehrer oder Richter gegen ihre Zwangspensionierung klagten. Beispiele sind der hessische Pädagoge Abraham Teuter, der mit 67 gegen seinen Wunsch – und den seiner

Schülerinnen und Schüler – zwangspensioniert wurde, ferner die Richter Wolfgang Christ (Potsdam) und Nikolaus Schmidt (Cottbus), der Staatsanwalt Gerd Schnittcher (Neuruppin) oder der Musikprofessor Lev Natochenny (Frankfurt am Main).

Studiert man die Internetkommentare zu den entsprechenden Pressemeldungen, taucht dort neben viel Zuspruch auch das Vorruhestandsargument der 1990er Jahre wieder auf: Die Herren sollten gefälligst Platz machen für Jüngere! Mit dem gleichen Recht könnte man fordern, Kinderlose sollten Platz machen für Familien, die den Job nötiger brauchen, Verheiratete sollten Platz machen für Alleinstehende, die ganz allein für sich selbst sorgen müssen, reiche Erbinnen und Erben sollten zugunsten von Menschen ohne Vermögen auf ihren Arbeitsplatz verzichten usw. Wer entscheidet über das Recht auf einen Arbeitsplatz, und wo ziehen wir die Grenze? Wenn die Argumentationslinie nur auf Ältere angewandt wird, ist das schlicht Altersdiskriminierung.

Aus dem Leben gegriffen
Hätte Goethe sich mit 65 zur Ruhe gesetzt, wären der Weltliteratur einige Werke entgangen, etwa *Dichtung und Wahrheit*, *West-östlicher Divan* oder *Faust. Der Tragödie zweiter Teil*. Picasso ergänzte sein Werk im reifen Pensionsalter um zahlreiche bekannte Meisterwerke, beispielsweise *Die Frauen von Algier* oder *Der junge Maler*, und malte bis zu seinem Tod im Alter von 91 Jahren. In den letzten zehn Monaten vor seinem Tod entstanden allein 200 Zeichnungen. Schriftstellerinnen, Maler, Bildhauer und Schauspielerinnen in Zwangsrente zu schicken, dieser Gedanke erscheint absurd. Auch Politikerinnen und Politiker üben bis ins hohe Alter Einfluss aus. Im September 2015 waren 45 Parlamentarierinnen

und Parlamentarier über 65, 12 über 70, einer über 80 (siehe www.bundestag.de > Abgeordnete in Zahlen > Altersgliederung). Anders als bei Staatsbediensteten oder in der Wirtschaft wird beim Abgeordnetenmandat nicht über einen verpflichtenden Ausscheidungstermin diskutiert – möglicherweise weil Politik ähnlich wie künstlerisches Schaffen eher als Berufung denn als Beruf betrachtet wird. Vielleicht stimmt ja etwas mit unserer Berufswahl nicht, wenn wir ab Mitte fünfzig die Monate oder sogar Tage bis zur Rente zählen? Oder ein einst «richtiger» Job passt 30 Jahre später nicht mehr so gut zu uns? Dann sind wir gefordert, unsere Situation aktiv zu verändern!

Das Bild, das sich bei genauer Betrachtung abzeichnet, ist differenzierter, als die öffentlichen Debatten über Altersgrenzen glauben machen. Wer seine Arbeit als Berufung versteht, geht ihr gern länger nach, solange die Gesundheit mitmacht; wer sie hingegen als Last empfindet, freut sich über einen möglichst frühen Ruhestand. Schon 2006 unterstrich die Bundesregierung in ihrem *Fünften Bericht zur Lage der älteren Generation in der Bundesrepublik Deutschland*: «Wir können mittlerweile davon ausgehen, dass sich zwei unterschiedliche Kulturen am Ende des Erwerbslebens herausgebildet haben: Arbeitskräfte, die sich selbst in ihrer Arbeit realisieren können und dafür noch die nötigen Fähigkeiten, Energien und Gesundheit haben, wollen lange arbeiten, oft länger als bis zum Rentenalter. Andere mit geringen Handlungsspielräumen und Gesundheitsproblemen wollen ihre verbleibenden Energien eher in die neuen Freiheiten eines vorzeitigen Austritts aus dem Erwerbsleben investieren.» Dass diese Erwerbskulturen mit Ausbildung und Einkommen korrelieren – die

«Selbstverwirklichungskultur» eher unter den Besserverdienenden, die «Ruhestandskultur» eher unter den gering Qualifizierten anzutreffen ist –, sieht auch die Politik. Und da die individuelle Lebenserwartung auch davon abhängt, ob man seinen Arbeitsalltag am Schreibtisch oder an einer Maschine verbracht hat, drängte sich den Sozialpolitikerinnen und -politikern schon vor zehn Jahren der Schluss auf, dass ein starres Rentenalter ungerecht ist: «Bei ungleichen Arbeitsbedingungen produzieren schematische Rentengrenzen somit erhebliche soziale Ungleichheiten, da die geringer qualifizierten und höher belasteten Arbeitskräfte wegen ihrer geringeren Lebenserwartung die Renten der Höherqualifizierten und zumeist noch Besserverdienenden subventionieren» (Bundesministerium für Familie, Senioren, Frauen und Jugend 2006, S. 80). Um es ganz deutlich zu sagen: Eine flexiblere Handhabung von Altersgrenzen ist somit nicht nur eine Frage der persönlichen kognitiven Fitness, sondern auch eine der sozialen Gerechtigkeit.

Gleichzeitig wäre zu diskutieren, ob man Menschen in körperlich verschleißenden Berufen, etwa in der Produktion oder im Baugewerbe, rechtzeitig die Möglichkeit bietet umzusatteln, z. B. in den Ausbildungs-, Verkaufs- oder Verwaltungsbereich. Warum sollte ein Fliesenleger nicht im Baumarkt arbeiten können, warum eine erfahrene Altenpflegerin nicht zur Ausbildungsbeauftragten ernannt werden? Gefragt ist mehr Flexibilität auf allen Seiten!

Langsam tastet sich das deutsche Rentensystem mit der Flexi-Rente, die 2017 eingeführt werden soll, in diese Richtung vor, allerdings in Trippelschritten: Im Wesentlichen handelt es sich bei der Flexi-Rente um eine Anhebung der Zuverdienstgrenze bei Teilrenten von früher 450 Euro im Monat auf jetzt 6300 Euro verteilt auf das ganze Jahr, während gleichzeitig ein eventueller Mehrverdienst geringer als bisher auf die Rente angerechnet wird. Von einer wirklich flexiblen Lösung, wie sie beispielsweise in Schweden praktiziert wird, ist das allerdings immer noch weit entfernt. Schweden hat das Regelrentenalter abgeschafft; man kennt dort einzig noch ein Mindestpensionierungsalter von 61 Jahren. Die Menschen nutzen diese Flexibilität – sowohl frühere als auch spätere Austritte aus dem Erwerbsleben nehmen zu. Die individuelle Rentenhöhe wird auf der Basis der durchschnittlichen Lebenserwartung zum Zeitpunkt des beginnenden Ruhestands berechnet, und da die Lebenserwartung weiterhin steigt, besteht der Anreiz, länger zu arbeiten. Wer früher aussteigt als mit 65, muss derzeit einen Rentenabschlag von 7 Prozent pro Jahr in Kauf nehmen, wer länger arbeitet, bekommt höhere Zuschläge, sodass die Rente bei einem Eintrittsalter von 70 Jahren 145 Prozent der Normalrente entspricht (vgl. Halasz 2014). Mit der Abschaffung des Regelrentenalters würde auch bei uns die Diskussion um das «richtige» Rentenalter entpolitisiert, und sowohl Beschäftigte als auch Arbeitgeber hätten einen größeren Handlungsspielraum.

Aus dem Leben gegriffen
Monika W. arbeitet seit über 30 Jahren als Fachangestellte bei einem Hamburger Notar. Als sie mit 65 in Rente geht, freut sie sich über mehr Freizeit, vermisst aber auch das Gebrauchtwerden und die Kolleginnen und Kollegen. Gerne würde sie mit halber Kraft weiterarbeiten – regelmäßige Urlaubsvertretungen machen und darüber hinaus zwei bis drei Tage pro Woche regulär arbeiten. Ihr Chef würde sie nur zu gern entsprechend weiterbeschäftigen, denn die erfahrene Kraft wickelt Immobilien-Kaufverträge weitgehend

selbständig ab. Doch der Gesetzgeber bremst Monika W. durch die Anrechnungsvorschriften auf ihre Rente aus: Ein so starkes Engagement lohnt sich für sie nicht, und so bleibt es letztlich dabei, dass sie lediglich einen Tag pro Woche als Aushilfe arbeitet.

Eine flexible Rentenregelung, die diesen Namen tatsächlich verdient, müsste den Erwerbstätigen tatsächlich weit mehr Flexibilität ermöglichen, und zwar im Hinblick auf
  – das Renteneintrittsalter,
  – die Zahl der Arbeitsstunden, anhand eines gleitenden Übergangs mit stufenweiser Reduktion der Arbeitszeit,
  – die Arbeitsaufgaben und das Arbeitstempo, dank einer Anpassung der Arbeitsinhalte an Stärken und Fähigkeiten älterer Arbeitnehmerinnen und Arbeitnehmer.

Damit dies Wirklichkeit werden könnte, müssten allerdings weitere heilige Kühe geschlachtet werden, etwa die Regel «einmal Chef, immer Chef» oder die automatische Höhergruppierung beim Gehalt entsprechend dem Alter. Warum sollte es nicht möglich sein, ohne Gesichtsverlust von einer Führungs- in eine Fach- oder Beraterposition (zurück) zu wechseln oder beim Aufgaben- oder Jobwechsel im höheren Alter das Gehalt zu akzeptieren, das 35- oder 40-Jährige in gleicher Funktion erhalten? Über 50-Jährige, die eine Stelle suchen, machen die Erfahrung, dass häufig weniger ihr Alter als vielmehr ihr inzwischen erreichtes Einkommensniveau ein Hindernis ist.

Neue Aufgaben im Alter sind auch für Personen, die in erster Linie am Schreibtisch arbeiten, ein Thema: Zwar sind sie weniger körperlichen Belastungen ausgesetzt als Beschäftigte in der Produktion, doch mit der Verdichtung der Arbeit, der Beschleunigung von Prozessen und dem Trend zur Rundumverfügbarkeit durch das mobile Internet sind bei ihnen immer mehr Verschleißerscheinungen und stressbedingte Erkrankungen zu verzeichnen, nicht umsonst ist das Stichwort «Burn-out» allgegenwärtig.

Wer mit Mitte, Ende 50 Bedenken hat, einfach weiterzumachen wie bisher, tut gut daran, eigene Denkverbote zu hinterfragen. Die Hamburger Karriereexpertin Svenja Hofert weist zu Recht darauf hin, dass kaum jemand «dauerhaft auf der Hochtourigkeit leben» könne, die ihm in der Rushhour des Berufslebens abverlangt wird, und «der Beruf für das jüngere Ich nicht der gleiche wie für das ältere Ich» sein müsse (zit. n. Kleinschmidt 2010, S. 70). Leider scheuen ihrer Erfahrung nach viele Menschen, die in ihrem aktuellen Job unzufrieden sind, eine Veränderung, die von außen betrachtet womöglich als Rückschritt gedeutet werden könnte.

Fazit: Kaum jemand möchte bis 70 oder 75 Vollgas geben, aber immer weniger Arbeitnehmerinnen und Arbeitnehmer möchten das andere Extrem, nämlich eine abrupte Vollbremsung, ob nun mit 63, 65 oder 67. Zwischen diesen beiden Extrempolen ein Spektrum von Möglichkeiten anzubieten – das ist die eigentliche Herausforderung für Gesetzgeber und Unternehmen. Das ist weder unkompliziert noch rasch umzusetzen, aber auch nicht utopisch. Schon heute gibt es ähnliche Flexibilisierungswünsche, beispielsweise von Angehörigen der Generation Y beim Start ins Berufsleben sowie in der Familienphase: Elternzeit für Mütter wie Väter, Teilzeit für Führungskräfte und Jobsharing. Vielleicht ist es an der Zeit, das starre Arbeitsmodell, das wir seit einem Jahrhundert gewöhnt sind – der Fulltimejob von der Ausbildung bis Anfang 60, inklusive anschließenden radikalen Ausstiegs –, grundlegend zu überdenken!

GELD MACHT DOCH GLÜCKLICH:
ALTER UND FINANZEN

Noch wird das Renteneintrittsalter von vielen Rentnerinnen und Rentnern in spe vor allem unter einem finanziellen Gesichtspunkt diskutiert, weniger als Frage gesellschaftlicher Teilhabe: Wie lange müssen wir arbeiten, damit die Rente reicht? Die Rentengesetzgebung der letzten 25 Jahre gibt darauf durchaus eine Antwort, denn sie lässt sich pauschal als Verabschiedung vom Konzept des Rundum-sorglos-Pakets der Rentenreform von 1957 beschreiben: 1990 wurde beschlossen, die Rentenzahlungen auf den demographischen Wandel abzustimmen. Seit Inkrafttreten dieser Änderung im Jahr 1992 sinkt kontinuierlich der Prozentsatz, mit dem – auf Basis des jeweiligen früheren Nettoeinkommens – die Rente berechnet wird, die der sogenannte Eckrentner erhält. Besagter «Eckrenter» ist eine Kunstfigur der Statistik: Es handelt sich bei ihm um einen fiktiven Durchschnittsverdiener, der 45 Jahre lang in die Rentenkasse eingezahlt hat. 1990 betrug seine Rente 55 Prozent des letzten Nettogehalts, 2009 waren es 52 Prozent, 2015 schließlich 47,5 Prozent. Im Jahr 2030 könnten es, so die Prognose, gerade noch 43 Prozent sein.[6] Gleichzeitig werden Renten, die über einen Grundfreibetrag hinausgehen, seit 2005 sukzessive zu einem immer höheren Anteil besteuert, von ursprünglich 50 Prozent über 72 Pro-

---

6 Siehe Institut Arbeit und Qualifikation der Universität Duisburg-Essen; im Internet unter www.sozialpolitik-aktuell.de. In Beziehung gesetzt werden dabei das Bruttoeinkommen abzüglich der Sozialabgaben (Kranken-, Pflege-, Renten- und Arbeitslosenversicherung) und die spätere Rente abzüglich der Sozialabgaben (Kranken- und Pflegeversicherung). Steuerliche Abzüge bleiben hier unberücksichtigt (Zugriff am 12.05.2016).

zent im Jahr 2016 bis zu 100 Prozent bei einem Renteneintritt im Jahre 2040.[7] Im Gegenzug dazu steigt der Anteil privater Altersvorsorgeaufwendungen, die steuerlich geltend gemacht werden können, bis 2025 auf 100 Prozent. Zusätzlich hat der Gesetzgeber mit der Riester-Rente und der Rürup-Rente staatlich geförderte private Modelle der Altersvorsorge ins Leben gerufen – sicher auch, um die Vollversorgungserwartung der Bevölkerung zu erschüttern und mittel- bis langfristig ein Umdenken anzustoßen.

Schon diese wenigen Eckdaten lassen erahnen, wie kompliziert das Thema «Altersvorsorge» ist und warum mancher lieber den Kopf in den Sand steckt, als den Tatsachen ins Auge zu blicken. Die *Allensbacher Markt- und Werbeträgeranalyse (AWA)* hat auf der Basis einer Befragung hochgerechnet, dass 2015 rund 39 Millionen Deutsche ihre Anstrengungen zur Altersvorsorge für «nicht ausreichend» hielten oder sich diesbezüglich «unsicher» waren – 30 Millionen wähnten sich hingegen auf der sicheren Seite.[8]

Aus dem Leben gegriffen

«Meine Altersvorsorge ist ein Desaster, für das ich mich schämen sollte», bekennt der Journalist Henri Müller im Wirtschaftsmagazin Brand eins. Ungewohnt offen für ein Land, in dem man über Geld nicht einmal mit dem engsten Freundeskreis spricht, schildert er eine

---

[7] Details und Beispielrechnungen auf der Website der Deutschen Rentenversicherung unter www.deutsche-rentenversicherung.de > «Wie Renten besteuert werden» (Zugriff am 12.05.2016).

[8] Siehe http://de.statistica.com («Bevölkerung in Deutschland nach Einschätzung der eigenen Altersvorsorge von 2012 bis 2015 (in Millionen)». Befragt wurden Bürgerinnen und Bürger von 14 Jahren aufwärts) (Zugriff am 19.01.2016).

Kette von Halbherzigkeiten, Fehlentscheidungen und gutgläubigen Irrtümern. Als Ursache des Desasters sieht er seine grundsätzliche Haltung zum Alter. Sein negatives Altersbild habe ihn veranlasst, den Gedanken an die eigene Altersvorsorge beiseitezuschieben. «Alt sein, das war für mich gleichbedeutend mit Pflegeheim. Dort hatten meine beiden Großmütter ihre letzten Lebensjahre verbracht. Es roch dort immer nach Tod» (Müller 2015, S. 78 ff.). Vielleicht wächst mit einer positiveren Einstellung zum Alter ja auch die Bereitschaft, rechtzeitig für ein finanzielles Polster in dieser Lebensphase zu sorgen?

Die Standardrente des fiktiven Eckrentners betrug nach Angaben der Deutschen Rentenversicherung im Jahr 2016 nach Abzug der Kranken- und Pflegeversicherung gerade einmal 1198 Euro pro Monat in den alten Bundesländern, in den neuen Bundesländern weicht der Betrag, wenn auch geringfügig, ab. Doch wer zahlt schon 45 Jahre lang ohne Unterbrechungen auf der Basis eines Durchschnittgehalts in die Rentenkasse ein? Lange Ausbildungen, gering oder gar nicht bezahlte Praktika, Zeiten der Arbeitslosigkeit, Auslandsaufenthalte, befristete Stellen mit anschließender Jobsuche, Teilzeit und Kindererziehungszeiten – all das gehört zur Lebensrealität der meisten Menschen dazu und ist weit entfernt vom Eckrentner als mustergültigem Einzahler ohne Kurven und Brüche im Lebenslauf. Kein Wunder, dass mancher ungläubig auf die niedrige dreistellige Zahl starrt, die ihm die gesetzliche Rentenversicherung in ihrer jährlichen Renteninformation in Aussicht stellt. Dabei schönt die fettgedruckte Summe die Realität noch, denn davon werden noch circa 10 Prozent Kranken- und Pflegeversicherung sowie der inflationsbedingte Kaufkraftverlust abzuziehen sein. Die Kernbotschaft dieser Briefe ist indes klar und eigentlich unmissverständlich. Jenseits aller Unwägbarkeiten sind sie vor allem eine mahnende Erinnerung: Tut die Empfängerin bzw. der Empfänger selbst genug, um dem dort angedrohten Leben auf Sparflamme zu entgehen? Der Gesetzgeber weist uns also Jahr für Jahr auf ein drohendes Finanzproblem im Alter hin, lässt uns dann allerdings bei der Lösung im Irrgarten der Vorsorgekonzepte allein – ein Dilemma, das vermutlich nicht gerade wenig zu einer mangelnden Vorfreude auf das Alter beiträgt.

Auf die Frage, was die oder der Einzelne für eine Verbesserung seiner finanziellen Situation im Alter tun sollte, gibt es leider keine einfache Antwort. Als Folge der Bankenkrise und der sich daran anschließenden Niedrigzinspolitik ist die Rentabilität von Lebensversicherungen als beliebter Form der Altersabsicherung gesunken. Inwiefern sich der Kauf einer Immobilie, ob nun als Geldanlage oder um selbst darin zu wohnen, auf Dauer rechnet, hängt von zahlreichen Faktoren ab, darunter die Lage der Immobilie, die Bevölkerungsentwicklung sowie die Renditeentwicklung bei alternativen Formen der Geldanlage. Wird die Toplage von heute auch in 20 Jahren noch beliebt sein? Wie wird sich der Euroraum entwickeln? Welche Auswirkungen wird die hohe Zuwanderung von Menschen aus Kriegsgebieten mittel- und langfristig auf die demographische Entwicklung und auf die Sozialsysteme haben? Ob Sie Goldbarren bunkern oder auf Aktien setzen: Sicher ist eigentlich nur, dass nichts sicher ist. Nicht wenige quittieren das Dilemma mit einem ratlosen Achselzucken: «Wenn ich alt bin, gibt es sowieso eine Einheitsrente!» oder «Warum soll ich von meinem knappen Gehalt etwas einzahlen und damit die Kreuzfahrten heutiger Rentnerinnen und

Rentner finanzieren, die eigentlich fit genug zum Arbeiten sind?!», lauten Reaktionen aus dem Kreis meiner wissenschaftlichen Mitarbeiterinnen und Mitarbeiter zwischen 25 und 30.

Es stimmt: Wir können nicht in die Zukunft sehen. Es steht jedoch außer Frage, dass unter den geschilderten Vorzeichen vor allem Geringverdienende, Menschen in prekären Beschäftigungsverhältnissen und Menschen mit Brüchen in der Erwerbsbiographie sich wenig Hoffnung auf üppige staatliche Bezüge im Alter machen können. Schon heute leiden Alleinstehende, Geringverdienende und Frauen – auf die beides besonders oft zutrifft – überproportional häufig und stark unter Altersarmut. Die stereotype Annahme, ältere Menschen seien so gut wie immer arm, hat die Wirklichkeit lange Zeit verzerrt. Tatsächlich waren Rentnerinnen und Rentner in der Vergangenheit im Schnitt wohlhabender als der restliche Durchschnitt. Doch allmählich wendet sich das Blatt. 2014 lag die Armutsgefährdungsquote unter Ruheständlerinnen und Ruheständlern nach Angaben des Statistischen Bundesamtes mit 16,3 Prozent fast gleichauf mit dem Bevölkerungsdurchschnitt (16,7 Prozent) (siehe www.destatis.de). Als «armutsgefährdet» gilt übrigens, wer mit weniger als 60 Prozent des Durchschnittseinkommens auskommen muss. Wer dagegen auf eine gute Beamtenpension hoffen kann, zusätzlich zur gesetzlichen Rente eine Betriebsrente beziehen wird oder auch ein kleines Vermögen erbt, muss sich weniger Sorgen machen. Denn das ist die Kehrseite der Medaille: Deutschland ist nach wie vor ein reiches Land. Allein 2014 wurden nach Angaben des Statistischen Bundesamtes Vermögen im Wert von 108,8 Milliarden Euro vererbt oder verschenkt. Das entspricht einem Drittel des Bundeshaushaltes und einer Zahl mit elf Nullen. Knapp die Hälfte (44,5 Prozent) davon war Betriebsvermögen, bei dem Rest handelt es sich um ganz privaten Reichtum. Auch wenn sich das wirklich große Geld in den Händen erschreckend weniger konzentriert und die reichsten zehn Prozent der Deutschen geschätzt zwischen 63 und 74 Prozent des Privatvermögens ihr Eigen nennen[9]: Wer ein Häuschen in einer guten Lage, eine Wohnung oder einige Hunderttausend Euro erbt, kann dem Alter finanziell gelassener entgegensehen. So weit die nüchternen Zahlen. Aber was bedeutet das für jede Einzelne und jeden Einzelnen von uns?

Die Ausgangslage ist eindeutig: Anders als die Nachkriegsgeneration unserer Eltern können wir uns nicht mehr gedankenlos auf «den Staat» verlassen. Gleichzeitig bekommen viele von uns im Vergleich einen ganzen Lebensabschnitt hinzu, das sogenannte vierte Lebensalter. Bei halbwegs vernünftiger Lebensführung und mit etwas Glück werden wir es bei guter Gesundheit verbringen, was über den Daumen gepeilt rund 20 fitte Jahre mehr bedeutet. Dementsprechend brauchen wir neue Strategien und ein neues Denken – auch in finanzieller Hinsicht. Die Optionen sind glücklicherweise überschaubar:

1. Rechtzeitig Kassensturz machen und sich über die eigenen Prioritäten klarwerden

Auf eine spätere Einheitsrente zu hoffen und sich über die eigenen Finanzen keine Gedanken zu machen – das hat etwas von Pfeifen im dunklen Walde, um die Angst zu verscheuchen. Werden Sie sich klar darüber, wie wichtig Ihnen Geld und die damit verbundenen Annehmlichkeiten – Statussymbole, Reisen, Konsum etc. – sind. Zählen Sie eher zu den kon-

---

9 ... so eine Studie des Deutschen Instituts für Wirtschaftsforschung, zit. n. Friedrichs 2015.

sumfreudigen Hedonisten, oder wären Sie auch mit einem bescheidenen Leben auf Studentenlevel glücklich? Was zählt mehr: Geld oder Leben (in Form von freier Zeit)? Können Sie sich beispielsweise vorstellen, in eine kleinere Wohnung zu ziehen, wenn die Kinder aus dem Haus sind, oder käme das einer Zumutung gleich? Auf was könnten Sie verzichten, ohne dass es weh täte: das Auto? Reisen? Modische Kleidung? Oder sollten beim gewohnten Lebensstandard keinerlei Abstriche gemacht werden müssen?

2. Langfristig sparen, das heißt heute für morgen verzichten

Für alle, die ihr Konto gern bis zum Anschlag belasten, ist dies eine bittere Pille. Doch eine Faustregel besagt, dass man etwa 80 Prozent des früheren Nettoeinkommens braucht, will man im Alter den gewohnten Lebensstandard halten. Der Weg zur Arbeit fällt nun weg, die Kinder sind aus dem Haus, eine eigene Immobilie ist hoffentlich abbezahlt, erfordert aber womöglich die ersten umfänglichen Renovierungen. Wie die Reserven hierfür anlegen? Sechs bis acht Prozent des Bruttogehalts sollte man kontinuierlich sparen, anlegen, kurz gesagt in private Vorsorge investieren, so Bernd Raffelhüschen, Professor für Finanzwirtschaft und Direktor des Forschungszentrums Generationenverträge der Universität Freiburg (vgl. Hofinger/Schilp 2013). Bei einem Monatseinkommen von 2500 Euro brutto sind das immerhin 150 bis 200 Euro monatlich. Setzt man auf solide Produkte und startet bereits in jüngeren Jahren, ist man damit später vermutlich auf der sicheren Seite.

3. Länger tätig sein – Stichwort «Teilzeitruhestand»

Wir sind es gewöhnt, unser Berufsleben am Anfang bewusst zu planen und zu gestalten: Wir informieren uns über mögliche Berufe und Tätigkeiten, investieren in Aus- und Weiterbildung, trauen uns auf neues Terrain, zahlen dabei «Lehrgeld», verzweifeln das ein oder andere Mal und finden uns schließlich doch irgendwie zurecht. Viel spricht dafür, dass wir künftig das Ende unseres Berufslebens ähnlich engagiert, flexibel und offen für neue Erfahrungen angehen sollten. Wie schon gesagt: Die Vollbremsung von Vollzeitarbeit auf Ruhestand stellt für unsere geistige und körperliche Fitness ohnehin ein Risiko dar, sie schränkt unsere sozialen Kontakte ein und nimmt unserem Tag die Struktur. Über das offizielle Rentenalter weiterhin tätig zu sein, würde aus dieser Not eine Tugend machen und uns gleichzeitig finanziellen Spielraum gewähren. Doch wenn jemand mit Ende 60 oder Mitte 70 noch arbeitet, dann wird das hierzulande einseitig als soziales Desaster betrachtet. Entscheidend ist jedoch, wie die «Senior-Mitarbeiterin» oder der «Senior-Mitarbeiter» selbst das sieht – als notwendiges Übel oder als willkommene Abwechslung? Warum sollte das Rentenalter zukünftig nicht die Möglichkeit bieten, sein Wissen weiterhin zur Verfügung zu stellen oder eine neue Tätigkeit aufzunehmen, für die man sich schon immer interessiert hat? Es müssen ja keine erschöpfenden 40 oder 30 Stunden pro Woche sein, stattdessen wäre ein Rahmen denkbar, der noch genügend Zeit für Muße und Hobbys lässt. Warum sollen «Senior-Expertinnen und -Experten» nur ehrenamtlich tätig werden? Warum sollte es keine Jobvermittlung für Ältere geben? Warum keine Praktika und Hospitanzen für 70-Jährige, die danach noch einige Jahre neue Aufgaben wahrnehmen könnten? Warum sollten erfahrene Handwerker nicht für Ausbildungsprojekte gewonnen werden können, ehemalige Altenpflegerinnen nicht in der Buchhandlung aushelfen, Buchhalter im Ruhestand nicht Existenzgründerinnen stundenweise unter die Arme greifen?

Aus dem Leben gegriffen
Zum zweiten Mal innerhalb weniger Wochen werde ich sehr früh am Morgen von einem älteren Taxifahrer abgeholt. Auf meine rhetorische Frage «Und Sie sind immer noch im Dienst?», beginnt er bereitwillig zu erzählen: «Wissen Sie, ich bin jetzt 70 Jahre alt, 45 davon verheiratet. Was wollen Sie sich da noch jeden Tag erzählen?! Taxi fahre ich fast genauso lange, 40 Jahre sind das jetzt. Früher bin ich in meinem eigenen Betrieb gefahren, seit einigen Jahren übernehme ich ein paar Morgenschichten bei meinem Nachfolger. So komme ich weiterhin unter die Leute! Außerdem stehe ich meiner Frau nicht im Weg rum und Gesprächsstoff bringe ich auch mit nach Hause.» Der Mann wirkt, als sei er rundherum im Reinen mit sich.

Die Wirklichkeit ist nicht schwarz-weiß, wie Gewerkschaften oder Politik uns manchmal glauben machen wollen. Sie kennt viele Schattierungen. Wenn Seniorinnen und Senioren arbeiten gehen, ist das nicht zwangsläufig ein beklagenswerter Zustand. Wir müssen nur Rahmenbedingungen schaffen, innerhalb derer ältere Menschen entsprechend ihren Interessen, Neigungen und Belastungsgrenzen aktiv werden können.

Der Blick über den Atlantik bietet uns in dieser Hinsicht interessante Anregungen. Für die einflussreiche US-amerikanische Lobbyorganisation American Association of Retired Persons (AARP), die sich für die Belange sozial und finanziell benachteiligter Personen jenseits der 50 einsetzt, sind Serviceangebote für ältere Arbeitnehmerinnen und Arbeitnehmer selbstverständlich: Auf der Website geht es um Unternehmen, die ältere Menschen beschäftigen, um mögliche

Tätigkeitsfelder, um Tipps für die Jobsuche, um Finanzfragen, all das mit dem optimistischen Unterton, der auch im Slogan der AARP mitschwingt und der hierzulande gern als «typisch amerikanisch» kritisiert wird: *«Bringing Real Possibilities to Life»* (siehe www.aarp.org). Bereist man die USA als Touristin oder Tourist aus Europa, ist man überrascht über die vielen Menschen im Rentenalter, die in Nationalparks, Touristeninformationen oder Supermärkten arbeiten. Wer sich mit ihnen unterhält, bekommt schnell das Gefühl, dass sie es genießen, noch gefragt zu sein. Ohne Frage sind die USA nicht frei von sozialen Härten, und ganz gewiss gibt es hier Menschen, die nicht aus freien Stücken jenseits der 65 noch arbeiten. Die Mehrheit jedoch tut dies Studien zufolge freiwillig (vgl. Tigges 2007). Damit wir uns in Deutschland stärker mit solchen Trends anfreunden, braucht es einen Mentalitätswandel. Im Zweifelsfall diskutieren wir hierzulande immer noch lieber über Besitzstandswahrung als über neue Möglichkeiten.

Wer in Deutschland nicht zu den Bestverdienenden oder den Erben gehört, ist gefordert, sein Alter unter finanziellen Gesichtspunkten neu zu gestalten. Realistisch betrachtet, werden die Allerwenigsten für die Bescheidenheitslösung votieren, also für die Anpassung des Lebensstandards an die meist magere gesetzliche Rente. Mit Blick auf die heutigen reisefreudigen Seniorinnen und Senioren, die ihre Hobbys pflegen, Universitäten und Volkshochschulen besuchen, Restaurants, Cafés, Museen und Theater bevölkern, kann man das Bild vom «genügsamen» Alter nur ins Reich der Klischees verweisen. Warum sollte man mit 70 weniger Freude daran haben, sich etwas zu «gönnen», als mit 30?

Auch die Forschung erhärtet, dass Geld bis zu einem gewissen Grad eben doch glücklich macht – oder präziser gesagt, dass zu wenig Geld unglücklich macht. Die Nobelpreisträger David Kahneman und Angus Deaton beispielsweise werteten 450 000 Befragungen im Rahmen des US-amerikanischen *Gallup-Healthways Well-Being Index* aus und kamen zu dem Ergebnis, dass das alltägliche Glückslevel *(«emotional well-being»)* bis zu einem komfortablen Jahreseinkommen von 75 000 US-Dollar (derzeit rund 68 000 Euro) linear wächst. Sich keine Sorgen um das Bezahlen von Rechnungen machen zu müssen und sich darüber hinaus ein paar Annehmlichkeiten leisten zu können ist eine gute Voraussetzung für persönliche Zufriedenheit. Ab dieser Komfort-Schwelle bringt mehr Geld allerdings nicht automatisch mehr Zufriedenheit im Alltag, wohl aber mehr Zufriedenheit mit dem eigenen Leben insgesamt *(«life evaluation»)*. Für diese allgemeine Lebensbilanz gilt: je mehr Geld, desto höher das Glückslevel (vgl. Kahneman / Deaton 2010). Auswertungen des deutschen *Sozio-oekonomischen Panels* (SOEP) kommen zu ähnlichen Ergebnissen (vgl. Ettel / Zschäpitz 2015). Und auch der Finanzwissenschaftler Bernd Raffelhüschen, der den jährlich von der Deutschen Post publizierten *Glücksatlas* mitverantwortet, betont, dass Geld neben Gesundheit, Gemeinschaft und genetischer Disposition, also dem persönlichen Naturell, zu den «vier G» des individuellen Glücks gehöre. Allerdings nehme der «Grenznutzen» ab: Wer ein Einkommen von 1000 Euro hat, ist über 100 Euro zusätzlich glücklicher als jemand, der ohnehin 5000 Euro verdient. Außerdem spielt der Vergleich mit dem persönlichen Umfeld eine Rolle: Wenn wir weniger haben als die Mitglieder unserer «Referenzgruppe», macht uns das unzufrieden (vgl. Pfannenschmidt 2015). Plastisch ausgedrückt: Wir freuen uns so lange über den VW Golf in der eigenen Garage, wie die Nachbarn ähnlich kleine Wagen fahren. Können sich jedoch auf einmal alle einen großen Audi, BMW oder Mercedes-Benz leisten, fühlen wir uns postwendend benachteiligt. «Keeping up with the Joneses» nennen die Briten diesen Effekt.

Bei der Zugehörigkeit zu einer sozialen Gruppe spielt das Geld also eine größere Rolle, als wir uns möglicherweise eingestehen mögen. Ein kleiner Test: Wie groß sind die Einkommensunterschiede in Ihrem persönlichen Freundeskreis? Auch wenn Sie wahrscheinlich keine Gehaltsdaten untereinander austauschen, werden Sie eine Einschätzung abgeben können. Häufig pendelt sich der Kreis der Kontakte auf ein ähnliches Gehaltslevel ein – die Wege von Hartz-IV-Empfängerinnen und -Empfängern und Gutverdienenden kreuzen sich eher selten. Hinzu kommt: Wer in einer Gruppe finanziell nicht mithalten kann, sich Restaurantbesuche verkneifen muss oder Geschenke nicht angemessen erwidern kann, zieht sich irgendwann zurück. Geld sichert eben nicht nur unseren Lebensunterhalt und ermöglicht uns darüber hinausgehende Anschaffungen. Geld bedeutet Freiheit, es ist die Eintrittskarte zu vielen Aktivitäten. Mit weniger Geld bucht man in der Bahn den Sparpreis statt die erste Klasse, sitzt im Theater weiter hinten und reist in die Nähe statt in die Ferne. Doch mit *sehr* wenig Geld bleibt einem der Zugang zu Reisen oder Kulturveranstaltungen gänzlich verwehrt. Und genau da schließt sich der Kreis zum Glück. Die Glücksforschung sagt nämlich: Erlebnisse machen auf Dauer glücklicher als Besitz (vgl. Dunn et al. 2011). Auch an das schickste Auto gewöhnen wir uns irgendwann, die größere Wohnung wird irgendwann Normalität. Selbst die Zufriedenheit von Lottogewinnern pendelt sich schon nach vier Wochen wieder auf dem Ausgangsniveau ein, so der Psychologe Johannes

Ullrich.[10] Schöne Erfahrungen dagegen, neu Erlerntes, Unternehmungen mit anderen, prägen sich unauslöschlich ein. Doch Erlebnisse haben ihren Preis. Der Sonnenuntergang am Meer ist gratis, die Fahrt dorthin nicht.

Für die Finanzen im Alter bedeutet das: Wer weiter aktiv am sozialen Leben teilhaben und mit Gleichgesinnten auf Augenhöhe unterwegs sein will, braucht dafür Geld. Mag sein, dass angesichts flächendeckend sinkender Renten mittelfristig eine neue Bescheidenheit einkehrt und einige Ältere neue gemeinschaftliche und kostengünstigere Lebensmodelle entwickeln, Tauschbörsen gründen, gemeinsames Wohnen erproben, sich in Non-Profit-Restaurants gegenseitig bekochen, günstig mit der Kirchengemeinde oder dem Seniorenclub verreisen, international Wohnungen tauschen, statt Hotels zu buchen, usw. Schließlich sind viele zukünftige Seniorinnen und Senioren mit Kinderläden und WGs, Basisgruppen und Bürgerinitiativen groß geworden. Möglicherweise tritt auch Lebenssinn vermehrt an die Stelle von Status – eine Verschiebung, die man aktuell der Generation Y unterstellt. Statt viel zu große Häuser zu heizen und viel zu teure Autos zu finanzieren, werden einige bewusst kürzertreten und ihr Budget in soziale Kontakte und Unternehmungen investieren. Andere könnten verstärkt ehrenamtlich tätig werden und beispielsweise als «junge Alte» für die «alten Alten» da sein. In Hamburg gibt es beispielsweise bereits eine entsprechende Initiative, und zwar den Verein Machbarschaft Wandsbek-Hinschenfelde.[11] Vorstellbar wären auch

---

10 Siehe www.zdf.de/sonntags/der-traum-vom-grossen-geld-31602670.html (Zugriff am 26.01.2016).

11 Siehe www.seniortrainer-hamburg.de/machbarschaft-wandsbek-hinschenfelde-e-v/ (Zugriff am 16.03.2016).

«Sozialkonten», auf denen man Hilfeleistungen anspart, um diese später selbst bei Bedarf abrufen zu können. Solche Konstrukte würden den Einzelnen fordern, soziale Kontakte ermöglichen, Kosten senken und vermutlich auch die Lebenszufriedenheit erhöhen, frei nach dem biblischen Motto, dass Geben seliger ist denn Nehmen.

Für die Jahre 1999 bis 2009 verzeichnet das Deutsche Zentrum für Altersfragen (DZA) bereits ein stark steigendes ehrenamtliches Engagement vor allem in den Altersgruppen «55 bis 69 Jahre» sowie «70 bis 85 Jahre» – ein Trend, für den auch das Bundesministerium für Familie, Senioren, Frauen und Jugend eine weitere Verstärkung annimmt (siehe Nowossadeck / Vogel 2013, S. 18 ff.). Für einen Teil der Älteren werden also neue Modelle dieser Art eine Option darstellen, um mit den finanziellen Herausforderungen im Alter umzugehen. Andere werden stärker privat vorsorgen, länger arbeiten, sich als Rentnerin oder Rentner in Teilzeit etwas dazuverdienen – und häufig wohl eine Kombination all dieser Wege beschreiten. Eine Annäherung zwischen Älteren und Jüngeren ist aber auch über das Jonglieren mit verschiedenen Möglichkeiten denkbar. Das Alter als Phase der Beschaulichkeit und des Rückzugs löst sich allmählich auf. Und solange wir geistig und körperlich dazu in der Lage sind, wird es zu einer Gestaltungsphase wie alle anderen Lebensphasen zuvor auch. Je früher wir das erkennen und je beherzter wir das angehen, desto besser. Das gilt auch in ganz besonderem Maße für eine grundlegende Lebensfrage: die des Wohnens im Alter.

HEIM ODER HAWAII, WOHNUNG ODER WG: WIE WOLLEN WIR LEBEN?

Die Frage nach dem passenden Lebensmodell jenseits der 50 oder 60 ist eine der wichtigsten persönlichen Entscheidungen. Warum denken wir bei «Altersvorsorge» eigentlich nur an Versicherungen? Echte «Vorsorge» betreibt, wer sich klar darüber wird, wie er im Alter leben möchte. Erkundigt man sich bei den heute über 50-Jährigen nach ihren Wohnwünschen im Alter, führt unangefochten die eigene Wohnung oder das eigene Haus die Wunschliste an: Zwei Drittel von ihnen geben an, mit 70 Jahren so wohnen zu wollen. Die meisten (57 Prozent) würden diese Wahl auch dann treffen, wenn sie dabei Hilfe bräuchten. Zum Vergleich: Bei den eigenen Kindern, bei Verwandten oder im Altenheim will nur jeder Sechste leben. Im Kern bedeutet dies, dass die meisten Seniorinnen und Senioren an ihrer Wohnsituation möglichst nichts verändern möchten, getreu der Redensart, dass man einen alten Baum nicht mehr verpflanzt. Vier von fünf Menschen jenseits der 50 wohnen seit mehr als zehn Jahren in ihrer derzeitigen Wohnung. Umziehen würden die allermeisten (82 Prozent) erst, wenn sie allein nicht mehr klarkämen. Ratlosigkeit (oder Vogel-Strauß-Politik?) herrscht bei der Frage, wann der beste Zeitpunkt sei, in eine altersgerechte Wohnung umzuziehen: Immerhin 56 Prozent beantworten das mit einem entschiedenen «Weiß nicht».[12] Dies

---

12 Siehe http://de.statista.com – Statistiken zu folgenden Fragestellungen: «Wie möchten Sie im Alter von 70 Jahren wohnen?»; «Was wären für Sie die Gründe, im Alter noch mal umzuziehen?»; «Wie lange wohnen Sie schon in Ihrer jetzigen Wohnung / Ihrem Haus?»; «Was meinen Sie, in welchem Alter sollte man in eine altersgerechte Wohnung ziehen?» (Zugriff am 19.01.2016).

entspricht ziemlich genau dem Eindruck, den ich in Gesprächen mit dem Freundes-, Bekannten- und Kollegenkreis bekomme: Viele ihrer Eltern krallen sich an die eigene Scholle, bis es gar nicht mehr anders geht. In der Übergangsphase setzt man die eigenen Kinder unter Druck und gibt ihnen mehr oder weniger subtil zu verstehen, sie sollten sich (gefälligst) mehr kümmern. Gehandelt wird erst, wenn es unvermeidlich geworden ist. Dann ist der Zeitdruck allerdings schon oft groß, und die erstbeste Lösung muss herhalten – statt einer wirklich guten, die zur jeweiligen Person und zu ihrer Persönlichkeit passt.

Doch langsam bewegt sich etwas: «Drei befreundete Ehepaare suchen gemeinsam zur späteren Gründung einer Alters-WG ein Mehrfamilienhaus in Frankfurt. Ein sofortiger Bezug ist nicht angedacht. Kaufpreis bis …» Solche Immobiliengesuche mehren sich genauso wie die Berichte über das Mehrgenerationenwohnen und andere alternative Wohnformen. Menschen altern auf vielfältige Weise und tatsächlich ziehen die Wohnformen allmählich nach. Vorbei die Zeiten, in denen es im Alter nur drei Optionen zu geben schien: allein bleiben und durchhalten, zu den Kindern ziehen oder zur Vollversorgung ins Alten- oder Pflegeheim. Die eigentliche Revolution findet auch hier in den Köpfen statt: die Umkehrung der Perspektive von «*Wer* kümmert sich um mich, wenn ich alt bin?» zu «*Ich* kümmere mich darum, wie ich im Alter leben will». Dieser Umbruch steckt noch in den Anfängen, wie die eingangs zitierten Umfrageergebnisse belegen. Bedauerlich, denn wer nicht selbst handelt, für den wird irgendwann gehandelt!

Aus dem Leben gegriffen
Früher war alles besser? Früher wurde das Alter noch respektiert, und wer alt und gebrechlich war, verbrachte seinen Lebensabend vor dem heimischen Ofen, liebevoll umsorgt von seinen Kindern? Hier verklärt der Blick in die Vergangenheit wieder einmal die Wirklichkeit. Die Behauptung, alte Menschen seien heute nicht mehr so angesehen wie früher, sei «so alt wie die Menschheit selbst», belehrt uns die Historikerin Pat Thane in ihrem Buch *Das Alter. Eine Kulturgeschichte* eines Besseren und wartet zum Beweis mit drastischen Details auf: «Im späten 18. Jahrhundert hingen an den Stadttoren einiger brandenburgischer Städte große Holzkeulen mit der Inschrift: ‹Wer sich vom Brot seiner Kinder abhängig macht und Not leidet, soll mit dieser Keule erschlagen werden›» (Thane 2005, S. 14 und S. 12). Vorangestellt ist dem Buch ein prägnantes Zitat, das über 2000 Jahre alt ist: «Das Alter wird nur dann respektiert werden, wenn es um seine Rechte kämpft und sich seine Unabhängigkeit und Kontrolle über das eigene Leben bis zum letzten Atemzug bewahrt», so der römische Philosoph und Politiker Marcus Tullius Cicero (106 bis 43 v. Chr.).

Ein prominenter Vorreiter der Idee, sein Leben im Alter selbstbestimmt, nach eigenen Bedürfnissen und abseits ausgetretener Pfade zu gestalten, ist der frühere Bremer Bürgermeister Henning Scherf. Schon 1987, mit 50 Jahren, gründete er mit seiner Frau und einer Handvoll Freundinnen und Freunden eine Hausgemeinschaft in der Bremer Innenstadt – mit dem ausdrücklichen Vorhaben, sich im Alter gegenseitig zu unterstützen und notfalls auch zu pflegen. Zu diesem Zweck baute die Gemeinschaft ein Haus altengerecht um.

2013 schlossen die Bewohnerinnen und Bewohner einen Vertrag mit einem großen Bremer Heimbetreiber für den Fall ab, dass die gegenseitige Pflege ihre persönlichen Möglichkeiten übersteigen sollte: Gegen entsprechende Gebühren wird das Haus dann als externe Pflege-WG betrieben werden.[13] An dieser Stelle ertönt gerne die Kritik, für einen Gutverdiener mit einer üppigen Politikerpension im Rücken sei das alles ja keine große Kunst. Dem hält Scherf entgegen: «Gerade die, die sehr rechnen und genau überlegen müssen, ob sie sich das leisten können, denen rate ich besonders, dass sie nicht einfach warten, bis ihnen die Decke auf den Kopf fällt und sie irgendwo in einem Heim landen. (...) Überlegt euch, ob ihr nicht Leute findet, mit denen ihr gern zusammen seid. Mit denen unter ein Dach zu ziehen kann viel Geld sparen» (Scherf 2015).

Natürlich spielt Geld eine Rolle, wenn es um Optionen für die Lebenssituation im Alter geht. Doch Scherfs Beispiel zeigt: Mindestens ebenso wichtig ist die Bereitschaft, aktiv zu werden und die eigenen Möglichkeiten auszuloten. Und je früher dies geschieht, umso besser. Wer nicht erst kurz vor knapp beginnt, hat den Spielraum, Verschiedenes auszuprobieren und Sackgassen auch wieder zu verlassen, wenn er feststellt: «Das ist nichts für mich!» So ist die von Scherf favorisierte private Hausgemeinschaft sicher nicht für jede oder jeden geeignet: Sie setzt Kontaktfreudigkeit, hohe Toleranz und Konfliktfähigkeit voraus.

Wie viel inzwischen in Bewegung gekommen ist, zeigt die Gründung der ersten Altenheime für Schwule und Lesben in Großstädten wie Berlin, Frankfurt, München und Köln. In Berlin gibt es beispielsweise den Lebensort Vielfalt, der neben

---

13 Quelle: Der Spiegel 16/2013, S. 148 (Personalie «Henning Scherf»).

einem integrativen Wohnprojekt mit überwiegend homosexuellen Bewohnern auch eine Pflege-Wohngemeinschaft umfasst, in der acht schwule Männer betreut werden.[14] Die Warteliste für dieses und ähnliche Projekte ist lang, weil solche Wohnformen noch selten sind und auf dem Land völlig fehlen. In herkömmlichen Einrichtungen sind Homosexuelle häufig Diskriminierungen ausgesetzt: Viele ältere Bewohnerinnen und Bewohner haben noch den Strafrechtsparagraphen 175 verinnerlicht, der Schwule noch bis 1973 kriminalisierte (vgl. Kempkens 2014). Dass die heute 60- bis 70-Jährigen allerdings nicht bereit sind, die alternativen Lebenskonzepte ihrer Jugend im Alter stillschweigend zu begraben, verdeutlicht u. a. die Gründung der Bundesinteressenvertretung schwuler Senioren (BISS) im Sommer 2015. Es ist nicht zu übersehen: Derzeit kommt einiges in Bewegung, und vermutlich werden die Ü60-Jährigen es in 20 Jahren sehr viel einfacher haben, ein für sie maßgeschneidertes Lebensmodell zu finden, als Gleichaltrige heute.

Im Folgenden ein kurzer Überblick über die Modelle, die zur Wahl stehen. Sie unterscheiden sich darin, wie viel Unterstützung sie bieten, ob sie individuelles oder gemeinschaftliches Wohnen bedeuten und ob sie privat oder von einer Trägerin oder einem Träger organisiert werden.

Das eigene Haus oder die eigene Wohnung
Wie schon gesagt: Für die meisten stellt das die gewünschte Wohnform im Alter dar. Schwierig wird es, wenn die Kinder ausgezogen sind und ein großes Haus mehr Arbeit macht

---

14 Siehe www.curadomo.com/pflegedienst-curadomo-pflege-betreute-wohngemeinschaft-berlin-demenz-wg/lebensort-vielfalt-charlottenburg.html (Zugriff am 12.05.2016).

und mehr Kosten verursacht, als man eigentlich schultern kann, oder wenn Treppen, Stufen und Schwellen die Immobilie zur Altersfalle machen.

Vorteil: Verbleib in der vertrauten Umgebung.

Nachteile: je nach Fitness die Sorge, was später wird. Zum Teil hohe Kosten und hoher Unterhaltungsaufwand.

Eigene Immobilie kombiniert mit «Wohnen für Hilfe»

Eine Initiative, die es inzwischen in über 30 Universitätsstädten gibt: Wohnpartnerschaften zwischen Alt und Jung. Wer eine große Immobilie hat, überlässt Studierenden kostenfrei ein Zimmer oder eine Einliegerwohnung. Statt Miete gibt es dann im Gegenzug Hilfe in Haus und Garten, beim Einkaufen etc. Als Faustregel gilt: eine Stunde Mithilfe pro Monat je Quadratmeter Wohnfläche. Pflege ist ausdrücklich nicht vorgesehen (siehe www.wohnenfuerhilfe.info).

Vorteile: keine Kosten, Austausch zwischen Jung und Alt.

Nachteil: Nicht jeder ist bereit, sein Zuhause mit einer oder einem Fremden zu teilen.

Eigene Immobilie kombiniert mit (Pflege-)Dienstleistungen

Wer es sich leisten kann, kauft Hilfe in Haus und Garten einfach dazu. Mobile Pflegedienste sind eine Option, solange keine 24-Stunden-Pflege erforderlich ist. Bei Bewilligung einer Pflegestufe beteiligt sich die Pflegekasse an den Kosten.

Vorteil: Verbleib in der vertrauten Umgebung.

Nachteil: Es entstehen Kosten. Außerdem Gefahr der Vereinsamung, wenn die Mobilität eingeschränkt ist.

Vollzeitpflege im eigenen Haus

Wegen der hohen Kosten kennen die meisten von uns das wohl nur aus dem Krimi am Sonntagabend: In gediegenem

Ambiente wird man von der persönlichen Pflegerin umsorgt. In der Lebenswirklichkeit handelt es sich hierbei oft um die illegale Pflegekraft aus Polen, deren Beschäftigung nebenbei bemerkt eine Straftat darstellt, die mit hohen Bußgeldern geahndet wird. Bei regulärer Anstellung muss man mit Kosten von 1500 bis 2500 Euro pro Monat rechnen (siehe www.wohnen-im-alter.de).

Vorteil: Verbleib in der vertrauten Umgebung.

Nachteil: hohe Kosten. Gefahr der Vereinsamung, wenn die Mobilität eingeschränkt ist.

Mehrgenerationenwohnen im Familienkreis

Die Familienlösung: Drei oder sogar vier Generationen unter einem Dach, die Alten unterstützen die Jungen und umgekehrt. Die Großeltern helfen z. B. bei der Kinderbetreuung und können dafür später auf die Hilfe der Kinder und Enkelkinder zählen. Das Modell steht und fällt mit der Qualität der Beziehungen innerhalb der Familie und erfordert Toleranz und Kompromisse auf allen Seiten.

Vorteil: Im positiven Fall entsteht ein enger familiärer Zusammenhalt, die Generationen lernen und profitieren voneinander.

Nachteile: konfliktträchtig. Gerät im Pflegefall an Grenzen und geht oft einseitig zu Lasten der pflegenden Frauen. Durch berufliche Mobilität heute oft schwer umzusetzen.

Mehrgenerationenwohnen in Wohnprojekten

Kommunen, Bürgerstiftungen, Baugenossenschaften und andere Trägerinnen und Träger rufen vermehrt Wohnprojekte ins Leben, die auf das Zusammenleben und die gegenseitige Unterstützung der Generationen setzen. Für ein gemeinsames Modellprogramm des Forums gemeinschaftliches Wohnen e. V. und des Bundesministeriums für Familie, Senioren, Frauen und Jugend bewarben sich 2015 allein 227 Projekte.[15]

Vorteil: soziale Kontakte über die Generationen hinweg mit gegenseitiger Unterstützung.

Nachteil: Kontaktfreudigkeit und gegenseitige Toleranz sind Voraussetzung.

Altersgerechte (kleine) Wohnung

Auf dem Mietmarkt sind barrierefreie Wohnungen mit altersgerechten Bädern, breiten Türen etc. noch Mangelware: Nur rund 5 Prozent der Immobilien entsprachen 2013 diesen Kriterien (siehe www.barrierefrei.de). Wer seine eigene Wohnung entsprechend umbaut, kann hierfür bei verschiedenen Institutionen Zuschüsse bzw. zinsgünstige Darlehen beantragen, hierzu gehören die Kreditanstalt für Wiederaufbau (KfW), die Wohnbauförderungsprogramme einzelner Bundesländer sowie die Krankenkassen, die bei bestimmten Nachrüstungen im Bad die Kosten übernehmen. Bei Pflegebedürftigkeit unterstützt auch die Pflegekasse notwendige Umbauten.

Vorteile: selbstbestimmt leben. Der Umzug in eine kleinere altersgerechte Wohnung kann auch finanziell entlasten und bietet die Möglichkeit, dabei auf eine gute Infrastruktur zu achten, etwa auf eine gute und womöglich fußläufige Erreichbarkeit von Ärzten, Einkaufsmöglichkeiten und kulturellen Angeboten.

Nachteil: Im Pflegefall müssen neue/zusätzliche Lösungen gefunden werden.

---

15 Siehe www.fgw-ev.de/index.php?id=zuhauseimalter00 (Zugriff am 12. 05. 2016).

Betreutes Wohnen
Hierbei handelt es sich in der Regel um Wohnanlagen, deren Betreiber Zusatzleistungen wie eine 24-Stunden-Bereitschaft, Hilfe im Haushalt, Handwerkerdienste, ambulante Pflege etc. anbieten, zum Teil auch die Möglichkeit, bei Bedarf in eine Pflegeabteilung zu wechseln. Die Bewohnerinnen und Bewohner kaufen oder mieten eine Wohnung und versorgen sich soweit gewünscht und möglich selbst. Man lebt also ausschließlich unter Gleichaltrigen.

Vorteil: Verbindung von Unabhängigkeit und Sicherheit.

Nachteil: je nach Ausstattung der Anlagen und Inanspruchnahme von Leistungen hohe Kosten.

Senioren-Hausgemeinschaft
Hier tun sich Menschen zusammen, um im Alter im selben Haus zu wohnen und aufeinander bauen zu können. Die einzelnen Parteien leben in ihrer eigenen Wohnung, teilen gegebenenfalls einen Garten und/oder Gemeinschaftsräume. Wie viel gegenseitige Unterstützung im Ernstfall geleistet wird, ist eine Frage der Vereinbarung. Senioren-Hausgemeinschaften können privat oder von Betreibern organisiert sein.

Vorteil: Verbindung von Unabhängigkeit und Sicherheit.

Nachteil: Bei Selbstorganisation («Wohnen mit Freunden», siehe Henning Scherf) steht und fällt das Ganze mit der Qualität der Beziehungen und mit der Kompromissbereitschaft der Bewohnerinnen und Bewohner.

Senioren-Wohngemeinschaft
Die klassische private WG: Jeder bewohnt ein Zimmer, Küche und Bäder werden geteilt. Man spart Kosten und unterstützt sich gegenseitig. Je nach Einvernehmen kann das der Himmel

oder die Hölle sein – nicht anders als bei studentischen WGs. Eine unterhaltsame Aufarbeitung bietet die Filmkomödie *Wir sind die Neuen* (2014), in der sich drei Studienfreunde jenseits der 60 aufgrund von Geldnöten noch einmal in einer Wohngemeinschaft zusammentun.

Vorteile: Man ist nie allein. Das Leben mit Gleichgesinnten kann Spaß machen. Kostenersparnis gegenüber Einzelwohnungen.

Nachteil: Man ist nie allein. Ohne Kompromissbereitschaft, Konfliktfähigkeit und Toleranz funktioniert es nicht.

Betreute Wohngemeinschaft

Inzwischen haben auch verschiedene Trägerinnen und Träger (z. B. Stiftungen, Caritas, Diakonie, Seniorenvereine oder ambulante Pflegedienste) das WG-Modell entdeckt, und zwar als ambulant betreute Wohngemeinschaft oder Pflegewohngemeinschaft, etwa für Demenzkranke. In der Regel wohnen hier sechs bis acht ältere Menschen zusammen.

Vorteile: Betreute Wohngemeinschaften oder Pflegewohngemeinschaften bieten mehr Selbstbestimmung als ein Heim, die Betreuung ist persönlicher. Demenzkranke reagieren häufig sehr positiv auf ein solches Wohnumfeld.

Nachteil: Die Kosten sind hoch und entsprechen denen eines Heims.

Alten- oder Pflegeheim

Für viele Menschen eine Schreckensvision. Dabei wird der Blick dadurch getrübt, dass viele Betroffene sich erst in einer absoluten Notsituation zu diesem Schritt entschließen, um dann die letzten Monate ihres Lebens auf einer Pflegestation zu verbringen. Wer einzieht, wenn er zwar Unterstützung braucht, aber noch halbwegs fit ist, kann in einem gut geführten Heim aber durchaus Anschluss an eine Gemeinschaft und soziale Angebote finden. Dennoch bleibt die Gefahr, rascher abzubauen als nötig, weil einem sämtliche Herausforderungen des Alltags abgenommen werden.

Vorteile: Entlastung von Alltagssorgen, die Sicherheit einer Rundum-Versorgung.

Nachteile: Die Selbstbestimmung wird eingeschränkt, den Tagesablauf strukturiert das Heim. Manchem wird mehr abgenommen, als ihm guttut.

Aus dem Leben gegriffen

Mit 60, 70 oder 80 noch mal umziehen? Für viele Menschen ist das die reinste Horrorvorstellung. Also schiebt man das Thema beiseite. Die Angst führt zum Tunnelblick, zur Fixierung auf mögliche Schattenseiten, sie lähmt und lässt zögern. Dabei gibt es ermutigende Beispiele von Menschen, die den Schritt wagten und hinterher feststellten: Gut, dass wir gehandelt haben! Zwei Fälle aus meinem Umfeld: Da ist zunächst die ehemalige Bäuerin, die mit 85 Jahren allein in einem Riesenhaus am Niederrhein lebt. Ihr Mann starb vor einigen Jahren, die Äcker sind längst verpachtet. Auf Druck ihrer Kinder und nach vielen Diskussionen zieht sie schließlich in ein konfessionelles Altenheim in der nahe gelegenen Kreisstadt. Zur Überraschung aller – und nicht zuletzt zu ihrer eigenen – blüht sie hier binnen weniger Wochen förmlich auf. Sie findet Gesprächspartnerinnen und -partner, fühlt sich fitter, selbst ihr Blutdruck und ihre Mobilität verbessern sich. «Ich merke jetzt erst, wie viel Sorgen ich mir gemacht habe!», so ihre Erkenntnis. Das zweite Beispiel bezieht sich auf ein Ehepaar, 78 und 75, das ländlich-einsam im Geburtshaus des Mannes wohnt. Dort auszuziehen scheint unvorstellbar, bis die Bewirtschaftung von Haus und Garten einfach nicht mehr zu bewältigen ist. Das neue Domizil ist eine altersgerechte Wohnung in einem neu gebauten Doppelbungalow 20 Kilometer entfernt, dafür in der Nähe der Tochter. Plötzlich schaut man aus dem Fenster nicht mehr über Wiesen und Wälder, sondern geradewegs zum Nachbarhaus. Rasch knüpft das Paar Freundschaften mit den Nachbarinnen und Nachbarn im Neubaugebiet. Die Dorfnachbarinnen und -nachbarn, die zuvor noch mit einem verständnislosen «Das könnt ihr doch nicht machen!» auf die Entscheidung reagiert hatten, bekräftigen bei Besuchen nun: «Ihr habt es richtig gemacht!» Das Fazit des Paares nach einem Jahr im neuen Zuhause: «Der weite Blick fehlt. Trotzdem war es die beste Entscheidung, die wir in den letzten 20 Jahren getroffen haben!»

Noble Seniorenresidenz

Sie werben mit «gehobener» Gastronomie und ebensolchen Freizeiteinrichtungen und erinnern eher an Fünf-Sterne-Hotels als an Altenheime: Seniorenresidenzen, die das «Residenz» nicht nur als Werbefloskel im Namen führen, sondern bei denen Luxus tatsächlich Programm ist. Das muss man sich leisten können. Bei seiner Erkundungsreise zu verschiedenen Wohnprojekten für ältere Menschen taufte der Journalist Hajo Schumacher die von ihm besuchte Einrichtung lakonisch «Haus Erbenschreck» (Schumacher 2014, S. 82 ff.).

Vorteil: umsorgt sein in noblem Ambiente, inklusive Schwimmbad und anderer Annehmlichkeiten.

Nachteile: sehr hohe Kosten. Leben in einem «Ghetto» für ältere Bestverdienende, im schlimmsten Fall inklusive distanzierter Langeweile.

Umzug ins (günstige) Ausland
Mehr als 200 000 Deutsche lassen sich ihre Rente ins Ausland überweisen (siehe Deutsche Rentenversicherung)[16]. Dass man in Polen oder Thailand auch mit einer für deutsche Verhältnisse kleineren Rente komfortabel leben kann, hat sich herumgesprochen. Auch Spanien ist ein beliebtes Ziel, insbesondere die Kanarischen Inseln und Mallorca. Schwierig wird es für die Ausgewanderten bei Pflegebedürftigkeit – es sei denn, sie setzen von vornherein auf ein entsprechendes Heim für Ausländerinnen und Ausländer, wie es sie beispielsweise in Polen und Thailand schon gibt.

Vorteile: ein höherer Lebensstandard, je nach Region auch ein angenehmeres Klima.

Nachteile: Man kappt die Verbindung in die Heimat oder lockert sie zumindest in nicht unerheblichem Maße, lebt häufig isoliert von der einheimischen Bevölkerung. Mancher bekommt Heimweh nach Schwarzbrot und deutschen Jahreszeiten.

So viel in aller Kürze. Inzwischen entdecken immer mehr Investorinnen und Investoren, Baugesellschaften sowie genossenschaftliche Bauvereine das Thema «Wohnen im Alter». Das schafft neue Möglichkeiten, macht dieses Feld aber noch unübersichtlicher. Daher ist es empfehlenswert, sich mög-

---

16 Pressemitteilung vom 05. 06. 2013 «Rentenzahlungen ins Ausland»; im Internet unter www.deutsche-rentenversicherung.de (Zugriff am 21. 01. 2016).

lichst früh zu orientieren, was zu einem persönlich passt und wie man sich sein Alter vorstellt:
- Lieber allein oder eher in Gemeinschaft?
- Mitten in der Stadt oder auf dem Land?
- Selbstorganisiert und autonom oder mit der Gewissheit einer zuverlässigen Institution im Hintergrund?

Vereinzelt tauschen Menschen sogar ihren festen Wohnsitz gegen ein Leben aus dem Koffer ein. Dafür muss man noch nicht mal ein verschrobener Künstler oder eine kauzige Musikerin sein. Paul Erdős, einer der bedeutendsten Mathematiker des 20. Jahrhunderts, verbrachte 25 Jahre auf Reisen, wobei er von Universität zu Universität fuhr, um dort mit anderen Mathematikerinnen und Mathematikern nach dem Motto «*another roof, another proof*» zusammenzuarbeiten.

Was sich jenseits solcher zugegebenermaßen exotischer Konzepte klar abzeichnet, ist eine Vielfalt von Modellen, die stärker auf punktuelle Unterstützung und größtmögliche Selbständigkeit setzen; in der Diktion der Pflegebranche: weg von der «alten Versorgungslogik» und hin zu «unterstützenden Assistenzsystemen», so Alexander Künzel von der Heimstiftung Bremen (zit. n. Kleinschmidt 2010, S. 114). Man mag dies skeptisch betrachten und als verkappte Sparpolitik kritisieren. Für mich ist die Maxime «So viel Eigenständigkeit wie möglich und so viel Unterstützung wie nötig» sehr begrüßenswert: Bis ins hohe Alter gefordert und aktiv zu sein ist schließlich der beste Weg, jung zu bleiben! Mehr Informationen finden Sie auf Portalen wie
- *www.bagso.de* – Bundesarbeitsgemeinschaft der Senioren-Organisationen
- *www.fgwa.de* – Forum gemeinschaftliches Wohnen e. V.,

präsentiert Vereine und Einzelpersonen, die integrative Wohnprojekte fördern und initiieren
- *www.kompetenznetzwerk-wohnen.de* – Beratungsseite des Bundesministeriums für Familie, Senioren, Frauen und Jugend
- *www.neue-wohnformen.de* – umfassendes Infoportal von Trägerinnen und Trägern der freien Wohlfahrtspflege wie Kirchen, Arbeiterwohlfahrt (AWO) und die Johanniter
- *www.pflege.de* – Infoportal für das Wohnen und Leben im Alter. Wer über 65 ist, kann sich hier mit Gleichaltrigen vernetzen. Gemeinsame Vorlieben, Arbeitsumfeld und Interessen werden als Grundlage für das «Matching» genutzt. Hilfreich ist das z. B. zur Kontaktsuche nach einem Umzug, ob ins Pflegeheim oder in eine andere Wohnung.
- *www.wohnprojekte-portal.de* – Portal zu Projekten in privater Trägerschaft
- *www.wohnen-im-alter.de* – Suchportal für Altenheime, betreutes Wohnen & Pflegedienste

Einen lesenswerten persönlichen Erfahrungsbericht zu unterschiedlichen Wohnformen hat der Journalist Hajo Schumacher unter dem Titel *Restlaufzeit* verfasst (Schumacher 2014).

Die vielen verschiedenen Lebensmodelle fürs Alter machen Entscheidungen schwierig und einfach zugleich. Und da unsere Vorstellungen und Ziele häufig von dem bestimmt werden, was uns vertraut ist und was wir schon kennen, geht Experimentieren und Sammeln von Erfahrungen über endloses Studieren: hingehen, ansehen, mit den Menschen sprechen und vielleicht auch mal zur Probe wohnen. Zu Schulzeiten und während des Studiums absolvieren wir Praktika, um uns auf unser zukünftiges Berufsleben vorzubereiten. Warum machen wir vor oder beim Eintritt in den Ruhestand kein Wohnpraktikum?

Auf welche Weise auch immer: Wir sind gut beraten, aktiv zu werden und uns auszutesten, lange bevor eine Veränderung stattfinden *muss* und wir gezwungen sind, nach dem erstbesten Strohhalm zu greifen, der in einer Notsituation vorbeitreibt. Möglicherweise erfinden wir uns jenseits der 50 oder 70 zur eigenen Überraschung ja noch einmal neu?

FAZIT: 10 GEBOTE FÜR EIN GLÜCKLICHES ALTER
ODER: WIE HERZ, KOPF UND KÖRPER JUNG BLEIBEN

Hier endet unser Streifzug zum Thema Alter. Fest steht: Wir altern vom ersten Moment unseres Lebens an, und zwar unweigerlich. Kaum sind wir auf der Welt, beginnt unsere Lebensuhr zu ticken. Fest steht aber auch: Ob wir in diesem Prozess alt werden oder nur «älter», das haben wir selbst in der Hand. Altern ist ein sehr komplexer und höchst individueller Prozess, der nur zu einem geringen Anteil von unserer Biologie und unseren Genen vorherbestimmt wird. Für unsere physische und kognitive Fitness, für ein erfülltes und spannendes Leben bis zum letzten Atemzug sind wir selbst verantwortlich. Noch nie wussten wir so viel darüber, wie wir den Alterungsprozess positiv beeinflussen können. Noch nie hatten so viele Menschen so viele Entscheidungsfreiräume und Gestaltungsmöglichkeiten wie wir heute als Bewohnerinnen und Bewohner einer westlichen Industrienation mit guter ärztlicher Versorgung, weitgehend sauberer Umwelt und Zugang zu gesunden Lebensmitteln sowie vielfältigen Freizeitaktivitäten. Schon heute beeindrucken zahlreiche Persönlichkeiten damit, was ihnen mit 70, 80, 90 Jahren und sogar darüber hinaus noch möglich ist. Menschen in einem Alter, in dem man sie früher als Greisinnen und Greise abgeschrieben hätte, gründen Unternehmen, laufen Marathon, verlieben sich neu oder bewegen mit Manifesten die Welt. Nicht jeder kann (oder will) das alles – aber wir alle können mehr, als wir uns gemeinhin zutrauen.

Im Vergleich zu unseren Urgroßeltern bekommen wir im

Schnitt zwei gesunde Lebensjahrzehnte hinzugeschenkt. Wir haben die Chance, diese beiden Jahrzehnte zu einem vollwertigen, spannenden, im besten Sinne «lebendigen» Lebensabschnitt zu machen statt zu einer Phase des resignativen Rückzugs – und wir sollten diese Chance nicht ungenutzt verstreichen lassen. Dazu müssen wir uns allerdings von den einschränkenden Altersbildern der Vergangenheit frei machen und ein positives Alterskonzept mit Leben füllen. Hier meine zehn Gebote für ein glückliches Alter, die ich Ihnen ans Herz legen möchte:

1. Geht nicht gibt's nicht!
Was geht in welchem Alter? Die diesbezüglichen Urteile und Erwartungen sind längst ins Wanken geraten. Das kalendarische Alter ist in unseren Zeiten nicht mehr als eine Zahl von sehr begrenzter Aussagekraft. Sie wollen mit 75 Klavier spielen lernen, einen Dreitausender besteigen, eine neue berufliche Aufgabe finden? Warum nicht – was hindert Sie daran? Mit der richtigen Vorbereitung und dem nötigen Durchhaltevermögen lassen sich auch im Alter viele Pläne umsetzen, die man noch vor wenigen Jahrzehnten als utopisch abgetan hätte. Streichen Sie den Satz «Dafür bin ich zu alt!» und stürzen Sie sich ins pralle Leben.

2. Es ist nie zu spät!
Natürlich ist klar im Vorteil, wer mit 30 schon Sport getrieben, mit 40 auf sein Gewicht geachtet und mit dem Rauchen am besten gar nicht erst angefangen hat. Doch auch mit 70 kann man noch abnehmen und sich wohler fühlen, mit 80 von sanftem Muskeltraining profitieren und sich mit 90 vom Raucherhusten verabschieden. Unser Körper dankt es uns in jedem Alter. Seine Plastizität, also seine Wandlungsfähigkeit,

übersteigt das Vorstellungsvermögen der meisten Menschen. Den klassischen Zivilisationskrankheiten als häufigster Todesursache kann man so wirksam gegensteuern.

3. Fitness first!
Der Jungbrunnen Nummer 1 ist kostenlos, jederzeit verfügbar und wissenschaftlich in zahllosen Studien belegt: Bewegung. Fahrrad statt Auto, Treppe statt Fahrstuhl, Sport statt Couch. Mit der richtigen Mischung aus Kraft- und Ausdauertraining können wir uns um Jahrzehnte verjüngen. Und unsere grauen Zellen danken es uns auch: Erstaunlicherweise trainiert man mit dem Körper automatisch auch den Geist. Schon den Fernsehabend regelmäßig mit einer halben Stunde auf dem Hometrainer zu beginnen wirkt Wunder.

4. Neugier macht klüger als Kreuzworträtsel!
Wann haben Sie zum letzten Mal etwas zum ersten Mal getan? Neue Erfahrungen zu sammeln, etwas Neues zu lernen, sich mit einem neuen Thema zu beschäftigen – kurz: sein Gehirn zu fordern – ist das beste Fitnessprogramm für die grauen Zellen. Unser Gehirn ist wie ein Muskel, der erschlafft, wenn er nicht benutzt wird, und zu Hochform aufläuft, wenn man ihn kontinuierlich beansprucht. So bildet das Gehirn bis ins hohe Alter neue Synapsen, wenn es sie braucht. Während Kreuzworträtsel und Denksportaufgaben isolierte Fähigkeiten trainieren, beispielsweise Faktenwissen, fordern uns komplexe Aufgaben ganzheitlich. Dazu zählen das Lernen einer Sprache oder eines Instruments, der Besuch einer unbekannten Stadt sowie das ehrenamtliche Engagement für Menschen aus einem anderen Kulturkreis.

5. Lachfalten statt Botox!

Wer das Alter positiv sieht, altert positiver. Eine lebensbejahende Einstellung wirkt erwiesenermaßen lebensverlängernd, Optimismus stärkt die Gesundheit, Zutrauen in die eigenen Möglichkeiten und Fähigkeiten bestimmt wesentlich mit, was uns möglich ist und was wir können. Botox wirkt kurzfristig, Haltung wirkt dauerhaft. Hinderliche Glaubenssätze lassen sich dadurch, dass man sie sich bewusst macht, durch positive Vorbilder und durch mutige kleine Schritte aus der eigenen Komfortzone heraus überwinden.

6. Soziale Kontakte sind die wichtigste Altersvorsorge!

Bei «Altersvorsorge» denken die meisten Menschen fatalerweise vor allem an Versicherungen. Sich gegen finanzielle Risiken im Alter abzusichern ist zweifellos klug. Doch mindestens ebenso wichtig für ein gutes Leben im Alter sind soziale Kontakte, ob zum Freundeskreis, in der Nachbarschaft oder zu Verwandten: Sie fordern uns geistig, bringen uns in Bewegung, dämpfen Angst und Stress, sorgen für Freude, geben dem Leben einen Sinn. Wir sind daher gut beraten, nicht nur in eine Lebensversicherung oder eine Immobilie zu investieren, sondern auch in Freundschaften und familiäre Bindungen.

7. Alter schützt vor Liebe nicht! Und Sex ist kein Privileg der Jugend!

Das Leben zu genießen bedeutet auch, seine Sexualität auszuleben und sich von Moralvorstellungen zu befreien, die suggerieren, spätestens ab 50 laufe im Bett nichts mehr. Erlaubt ist, was gefällt und niemand anderem schadet – und das bis zum letzten Atemzug. Das Recht auf sexuelle Selbstbestimmung darf nicht an der Tür des Altenheims enden, erst recht nicht an der Schwelle des Rentenalters. Ebenso wenig wie das Recht, sich zu verlieben, eine Partnerin oder einen Partner zu suchen und neue Bindungen einzugehen.

8. Umsteuern oder Runterschalten statt Vollbremsung!

Ein zementiertes Rentenalter mit Vollbremsung im Job von heute auf morgen ist ein Anachronismus. Es schert Menschen mit unterschiedlichen Wünschen, Fähigkeiten und Arbeitshaltungen gnadenlos über einen Kamm. Es verdammt Fitte zum Aufhören und nicht so Fitte zum Ausharren. Keine Leistungssportlerin und kein Leistungssportler beenden von jetzt auf gleich ihr Training. Ganz wie in der Familienphase brauchen wir auch im letzten Arbeitsjahrzehnt flexible Arbeitsmodelle, die der und dem Einzelnen die Möglichkeit eröffnen, umzusteuern oder einen Gang runterzuschalten, wenn der Job, der mit 40 richtig war, mit 60 zur Last wird. Wir brauchen überdies eine neue Arbeitskultur, die das Tätigsein mit 70 und darüber hinaus nicht als soziale Ungeheuerlichkeit, sondern als Chance begreift, für jeden Einzelnen, für die Gesellschaft und für die Unternehmen. Jeder sollte auf individuell passende Weise tätig sein können, statt sich in einer Woche voller Sonntage nach der Anfangseuphorie irgendwann zu langweilen.

9. Wohnen wie gewünscht, nicht wie gewohnt!

Lebensqualität im Alter ist wesentlich eine Frage der Wohnsituation. Zwischen einem halb verzagten, halb verzweifelten «Weiter so!» im bisherigen Zuhause und der Rundum-Versorgung eines Altenheimes gibt es zahlreiche weitere Optionen, selbstverwaltete und institutionelle, gemeinschaftliche wie individuelle. Sich selbst rechtzeitig über eigene Wünsche und Möglichkeiten klarzuwerden, verschiedene Modelle zu erproben – zuerst in Gedanken, dann möglichst auch in der Praxis –, das kann einem niemand abnehmen. Aber es lohnt sich!

10. Jeder ist seines Alters Schmied!

Wir leben in einer Übergangsphase, in der Negativkonzepte des Alters bröckeln und zaghafter Altersoptimismus keimt. In einer Zeit, in der einerseits alte Gewissheiten schwinden – wie etwa die komfortable Rente mit Anfang 60 – und andererseits neue Chancen sich abzeichnen – wie etwa Diversity-Konzepte in den Unternehmen oder neue Wohnformen. Vieles ist im Fluss. Wie unsere Urgroßeltern und Großeltern erst ackern und dann für wenige Jahre das Nichtstun genießen, das können wir abhaken. Unser Leben verläuft anders, länger, meist gesünder, oft fordernder. «Alter» ist nicht mehr der kurze Abgesang auf das eigentliche Leben davor: Es ist Leben pur – mit mehr Zeit, mehr Möglichkeiten, mehr Herausforderungen. Die müssen wir annehmen, wenn wir nicht wollen, dass andere für uns entscheiden. Dank Wissenschaft und Forschung wissen wir viel über das Jungbleiben und haben unser Alter selbst in der Hand, drum: Entscheide selbst, wie alt du bist!

Dabei ein glückliches Händchen und viele Jahre lebendiges Leben wünscht Ihnen

Ihr Sven Voelpel

LITERATURVERZEICHNIS

Abt-Zegelin, Angelika (2006): «‹Kein unausweichliches Schicksal›: Der Prozess des Bettlägerigwerdens»; Interview in: Pflegezeitschrift, Jahrgang 59, Heft 2, S. 107 ff.

Antidiskriminierungsstelle des Bundes (ADS) (2013): «Forschung der ADS auf einen Blick: Altersdiskriminierung in kleinen und mittleren Unternehmen; im Internet unter www.antidiskriminierungsstelle.de (Zugriff am 11. 01. 2016).

Baltes, Paul B. (1990): «Entwicklungspsychologie der Lebensspanne»; in: Psychologische Rundschau, Heft 41, S. 1 ff.

Baltes, Paul B. (2010): «Die Kultur des Alterns»; Interview in: Brand eins, Thema «Lernen lassen». Hamburg: brand eins Verlag, S. 232 ff. (Erstveröffentlichung des Gesprächs 2004 in: «McK Wissen 08 – Menschen»).

Baltes, Paul B. / Lindenberger, Ulman / Staudinger, Ursula M. (2006): «Life Span Theory in Developmental Psychology»; in: Damon, William / Lerner, Richard M. (Hrsg.): Handbook of Child Psychology: Vol. 1. Theoretical Models of Human Development, New York: Wiley, S. 569 ff. (6. Auflage).

Bargh, John / Chen, Mark / Burrows, Lara (1996): «Automaticity of Social Behavior: Direct Effects of Trait Construct and Stereotype Activation on Action; in: Journal of Personality and Social Psychology, 71, S. 230 ff.

Becker, Stefanie (2007): «Stabilität und Veränderung psychologischer Aspekte im höheren Erwachsenenalter». Vortrag an der Universität des dritten Lebensalters (Frankfurt), Download im Internet unter www.uni-frankfurt.de/43720465/Becker3.pdf (Zugriff am 11. 01. 2016).

Berdychevsky, Liza / Nimrod, Galit (2015): «‹Let's Talk about Sex›: Discussions in Seniors' Online Communities»; in: Journal of Leisure Research, 47, S. 467 ff.

Blech, Jörg (2015): «Schlaulaufen»; in: Der Spiegel, Nr. 32 vom 01.08.2015, S. 91 ff. (= Spiegel-Titel «Schnell im Kopf»).

Böckem, Jörg (2010): «Sex-Dienste im Pflegeheim: Die Pionierin»; in: Spiegel Online, 23.02.2010 (Zugriff am 16.03.2016).

Bode, Susanne (2015): Die vergessene Generation. Die Kriegskinder brechen ihr Schweigen. 20. Aufl. Stuttgart: Klett-Cotta (1. Aufl. 2004).

Böger, Anne / Huxhold, Oliver (2014): «Ursachen, Mechanismen und Konsequenzen von Einsamkeit im Alter: Eine Literaturübersicht»; in: Informationsdienst Altersfragen Jahrgang 4, Heft 1, S. 9 ff.

Börsch-Supan, Axel / Weiss, Matthias (2013): «Productivity and Age: Evidence from Work Teams at the Assembly Line»; MEA Discussion Papers; Download im Internet unter http://mea.mpisoc.mpg.de/uploads/user_mea_discussion papers/1057_148–07.pdf (Zugriff am 18.01.2016).

Braunwarth, Anja (2015): «Teures Placebo wirkt besser»; in: Medical Tribune vom 06.05.2015, im Internet unter www.medical-tribune.de (Zugriff am 16.12.2015).

Buettner, Dan (2010): The Blue Zones: Lessons for Living Longer From the People Who've Lived the Longest. Washington: National Geographic (1. Aufl. 2008).

Bundesministerium für Familie, Senioren, Frauen und Jugend (2006): Fünfter Bericht zur Lage der älteren Generation in der Bundesrepublik Deutschland: Potenziale des Alters in Wirtschaft und Gesellschaft – Der Beitrag älterer Menschen zum Zusammenhalt der Generationen. Berlin: Drucksache 16/2190. Download im Internet unter www.bmfsfj.de (Zugriff am 14.01.2016).

Bundesministerium für Familie, Senioren, Frauen und Jugend (2015): Was heißt schon alt? Ausgewählte Beiträge des Foto- und Videowettbewerbs 2011. 6. Aufl. Berlin. Download im Internet unter www.bmfsfj.de (Zugriff am 14.01.2016).

Cacioppo, John T. / Patrick, William H. (2011): Einsamkeit: Woher sie kommt, was sie bewirkt, wie man ihr entrinnt. Heidelberg: Spektrum Akademischer Verlag.

Carstensen, Laura L. (2006): «The Influence of a Sense of Time on Human Development»; in: Science 30, S. 1913 ff.

Charles, Susan / Carstensen, Laura L. (2010): «Social and Emotional Aging»; in: Annual Review of Psychology 61, S. 383 ff.

Collatz, Klaus-Günter (1999): «Altern», in: Lexikon der Biologie. Im Internet unter www.spektrum.de (Zugriff am 20. 10. 2015).

Dämon, Kerstin (2014): «Markenansprache: Warum Werbung für 50 plus meist total floppt»; in: Wirtschaftswoche vom 22. 01. 2014, im Internet unter www.wiwo.de (Zugriff am 03. 11. 2015).

Delbaere, Kim / Close, Jacqueline C. T. / Brodaty, Henry / Lord, Stephen R. (2010): «Determinants of Disparities between Perceived and Physiological Risk of Falling Among Elderly People: Cohort Study»; in: British Medical Journal BMJ; im Internet unter www.bmj.com/content/bmj/341/bmj.c4165.full.pdf (Zugriff am 11. 12. 2015).

Denninger, Tina / van Dyk, Silke / Lessenich, Stephan / Richter, Anna (2014): Leben im Ruhestand. Zur Neuverhandlung des Alters in der Aktivgesellschaft. Bielefeld: transcript.

Deutsche Alzheimer Gesellschaft (o. J.): «Die Häufigkeit von Demenzerkrankungen»; im Internet unter www.deutsche-alzheimer.de (Zugriff am 07. 12. 2015).

Deutsche Rentenversicherung (2014): 1889–2014 – 125 Jahre gesetzliche Rentenversicherung. München: August Dreesbach Verlag; Download im Internet unter http://ejournal.125-grv.de/ (Zugriff am 14. 01. 2016).

Diehr, Annemarie (2015): «Gemeinsam unter Gleichen»; in: Frankfurter Allgemeine Sonntagszeitung Nr. 49, 06. 12. 2015, S. 15.

Donnellan, M. Brent / Lucas, Richard E. (2008): «Age Differences in the Big Five Across the Life Span: Evidence from Two National Samples»; in: Psychology and Aging 23, S. 558 ff.

Drösser, Christoph (2005): «Stimmt's?: Sportlicher Premier»; in: Die Zeit Nr. 25 vom 16. 06. 2005, im Internet unter www.zeit.de (Zugriff am 23. 11. 2015).

Dunn, Elisabeth W. / Dilbert, Daniel T. / Wilson, Timothy D. (2011): «If Money Doesn't Make You Happy Then You Probably Aren't Spending It Right»; in: Journal of Consumer Psychology Band 21, S. 115 ff.

Dweck, Carol (2009): Selbstbild: Wie unser Denken Erfolge oder Niederlagen bewirkt. München: Piper.

van Dyk, Silke (2013): «Zur Neuverhandlung des Alters im Spannungsfeld von Individuum und Gesellschaft. Präsentation eines dipositivanalytischen Forschungsprogramms»; Download im Internet unter http://archiv.soz-kult.fh-duesseldorf.de/img/ringvorlesung_2013/07_praesentation_van_Dyk.pdf (Zugriff am 12. 11. 2016).

van Dyk, Silke / Lessenich, Stephan, Denninger, Tina / Richter, Anna (2013): «Gibt es ein Leben nach der Arbeit? Zur diskursiven Konstruktion und sozialen Akzeptanz des ‹aktiven Alters›»; in: WSI Mitteilungen 5/2013, S. 321 ff.

Eckhoff, Robert A. / Homan, Astrid C. / Voelpel, Sven C. (2011): «Adequate Group Selection Comes With Age: Age Differences in Diversity Preference for Complex Tasks». Paper Presented at the 16th EASP General Meeting, Stockholm, Sweden.

Ehmer, Josef (2008): «Lebenstreppe»; in: Enzyklopädie der Neuzeit, Band 7, hrsg. von Friedrich Jaeger. Stuttgart: Metzler, S. 50 ff.

Engeln, Henning (2015): «Die verblüffende Reserve in unserem Kopf»; in: GEO kompakt Nr. 44 (Jung im Kopf!), S. 28 ff.

Ettel, Anja / Zschäpitz, Holger (2015): «Zufriedenheit und Gehalt – Die Wahrheit über Glück»; in: Die Welt vom 22. 10. 2015, im Internet unter www.welt.de (Zugriff am 27. 01. 2016).

Freund, Alexandra M. / Baltes, Paul B. (2002): «Life-Management-Strategies of Selection, Optimization, and Compensation: Measurement by Self-Report and Construct Validity»; in: Journal of Personality and Social Psychology 82, S. 642 ff.

Friedrichs, Julia (2015): «Erben. Eine Klasse für sich»; in: Zeit Magazin Nr. 11 2015 vom 18. 03. 2015; im Internet unter www.zeit.de (Zugriff am 26. 01. 2016).

Fung, Helene H. / Carstensen, Laura L. / Lang, Frieder R. (2001): «Age-Related Patterns in Social Networks Among European Americans and African Americans: Implications for Socioemotional Selectivity Across the Life Span»; in: International Journal of Aging and Human Development 52, S. 185 ff.

Gauda, Gudrun (2011): «Entwicklungspsychologische Herausforderungen im Alter», Vortrag auf der Jahrestagung der Deutschen Gesellschaft für Therapeutisches Puppenspiel DGTP 2011, Download im Intenet unter www.budge-stiftung.de/uploads/DGTP%20Vortrag%202011.pdf (Zugriff am 18. 12. 2011).

Gesundheitsberichterstattung des Bundes (2012): «Durchschnittliche sportliche Aktivität pro Woche»; im Internet unter www.gbe-bund.de (Zugriff am 08. 12. 2015).

Green, Rainer (2014): «Die Rente mit 63 und das Flexi-Renten-Modell als neue Teilrente»; in: Marktmacher 50 plus – Informationen für Führungskräfte; Download im Internet unter www.seniorresearch.de/imgupload/marktmacher50plus.pdf (Zugriff am 17. 01. 2016).

Grond, Erich (2011): Sexualität im Alter. Was Pflegekräfte wissen sollten und was sie tun können. Hannover: Schlütersche Verlagsgesellschaft (2., aktualisierte Auflage).

Halasz, Ulrich (2014): «Schweden: So gut klappt's da mit der Rente»; in: AKTIV online (Wirtschaftsmagazin des IW Köln) vom 23. 05. 2014; im Internet unter www.aktiv-online.de/nachrichten/detailseite/news/schweden-so-gut-klappts-da-mit-der-rente-7109 (Zugriff am 15. 01. 2016).

Hedden, Trey / Gabrieli, John D. E. (2004): «Insights into the Ageing Mind: A View from Cognitive Neuroscience»; in: Nature Reviews Neuroscience 5, S. 87 ff.

Heinrich, Christian (2013): «Optimismus als Überlebensstrategie»; Spiegel Online vom 02.06.2013, im Internet unter www.spiegel.de (Zugriff am 11.12.2015).

Hildebrandt, Julia (2014): «Scheidung nach 25 Jahren Ehe: ‹Warum soll ich mir das antun?›», in: Frankfurter Rundschau vom 16.03.2014, im Internet unter www.fr-online.de (Zugriff am 01.02.2016).

Hofinger, Thomas / Schilp, Tina (2013): «Das sollten Sie tun, um Ihren Lebensstandard im Alter zu halten»; in: Blickpunkt Wirtschaft vom 06.02.2013; im Internet unter www.blickpunkt-wirtschaft.de (Zugriff am 26.01.2015).

Holt-Lundstad, Julianne / Smith, Timothy B. / Layton, J. Bradley (2010): «Social Relationships and Mortality Risk: A Meta-Analytic Review»; in: PLOS Medicine, im Internet unter http://journals.plos.org/plosmedicine/article?id=10.1371/journal.pmed.1000316 (Zugriff am 08.01.2016).

Höpflinger, François (2009): Soziale Beziehungen im Alter – Entwicklungen und Problemfelder. Im Internet unter www.hoepflinger.com/fhtop/Soziale-Kontakte.pdf (Zugriff am 09.02.2016).

Hornung, Rainer (2006): «Alte Menschen sind nicht asexuell», Interview; im Internet unter www.arte.tv (Zugriff am 01.02.2016).

Institut für Demoskopie Allensbach (2012): Altersbilder der Gesellschaft. Eine Repräsentativbefragung der Bevölkerung ab 16 Jahre. Download im Internet unter www.bosch-stiftung.de/content/language1/downloads/Der_Deutsche_Alterspreis_Altersbilder_Bericht.pdf (Zugriff am 19.11.2015).

Jeune, Bernard / Robine, Jean-Marie / Young, Robert / Desjardins, Bertrand / Skytthe, Axel / Vaupel, James W. (2010): «Jeanne Calment and her successors. Biographical notes on the longest living humans»; in: Maier, Heiner, et al. (Hrsg.): Supercentenarians. Berlin/Heidelberg: Springer, S. 285 ff. (= Demographic Research Monographs DOI 10).

Juska, Jane (2005): Bevor ich 67 werde ... Frankfurt: Scherz (3. Aufl.).

Kahneman, Daniel/Deaton, Angus (2010): «High Income Improves Evaluation of Life but not Emotional Well-Being»; in: Proceedings of the National Academy of Science PNAS Band 107, Heft 38, S. 16 489 ff.

Kaiser, Tobias (2015): «Viele Deutsche wollen gar nicht in Rente gehen»; in: Die Welt vom 06.05.2015, im Internet unter www.welt.de (Zugriff am 05.01.2016).

Kannisto, Väinö (1988): «On the Survival of Centenarians and the Span of Life»; in: Population Studies, 42, S. 389 ff.

Kearney, Eric/Voelpel, Sven C. (2012): «Diversity Research – What Do We Currently Know about How to Manage Diverse Organizational Units?»; in: Zeitschrift für Betriebswirtschaft 82, S. 3 ff.

Kempkens, Sebastian (2014): «Strip-Show im Altenheim»; in: Der Spiegel 42/2014, S. 47; im Internet unter www.spiegel.de (Zugriff am 27.01.2016).

Kennedy, Jane (2009): Das Okinawa-Prinzip. Gesund bleiben, länger leben. München: Kösel.

Kindel, Constanze (2015): «Ruhestand: Was nach der Arbeit kommt»; in: GEO kompakt Nr. 44 «Jung im Kopf!», S. 80 ff.

Kirchner, Christine/Völker, Ina/Bock, Otmar Leo (2015): «Priming with Age Stereotypes Influences the Performance of Elderly Workers», in: Psychology 6, S. 133 ff.

Kleinschmidt, Carola (2010): Jung alt werden. Warum es sich mit 40 schon lohnt, an 80 zu denken. Hamburg: Ellert & Richter.

Koch, Inge Lona/Koch, Rainer (2003): Sag nie, ich bin zu alt dafür. Erotik und Sex ab Fünfzig. Achtundzwanzig Liebesläufe von Männern und Frauen. Berlin: Schwarzkopf & Schwarzkopf.

Kohlbacher, Jörg / Egloff, Nicolai (2008): «Demographischer Wandel als Thema für die Marktforschung: Die Uhr tickt»; in: Research & Results 3, S. 40 f.

Korte, Martin (2014): Jung im Kopf. Erstaunliche Einsichten der Gehirnforschung in das Älterwerden. München: Pantheon, 2. Aufl.

Kunz, Martin (2013): «Trainieren Sie mehr, je älter Sie werden!»; in: Die Welt vom 16. 01. 2013, im Internet unter www.welt.de (Zugriff am 20. 10. 2015).

Kunze, Florian / Boehm, Stephan A. / Bruch, H. (2013): «Age, Resistance to Change, and Job Performance», in: Journal of Managerial Psychology, Band 28, Heft 7/8, S. 741 ff.

Labes, Andreas (2015): 100 Jahre Leben. Frankfurt (Oder): Giraffe Werbeagentur GmbH (4. Aufl.).

Langer, Ellen J. / Rodin, Judith (1976): «The Effects of Choice and Enhanced Personal Responsibility for the Aged: A Field Experiment in an Institutional Setting»; in: Journal of Personality and Social Psychology, Jahrgang 34, Heft 2, S. 191 ff.

Langer, Ellen J. / Djikic, Maja / Madenci, Arin / Pirson, Michael / Donahue, Rebecca (2009): «Believing Is Seeing: Reversing Vision Inhibiting Mindsets». Harvard University, Department of Psychology (zit. n. Langer 2011, S. 102).

Langer, Ellen J. (2011): Die Uhr zurückdrehen? Gesund alt werden durch die heilsame Wirkung der Aufmerksamkeit. Paderborn: Junfermann.

Layton Aging & Alzheimer's Disease Center (Hg., 1989): Oregon Brain Aging Study. Oregon Health and Science University.

Loth, Petra (2014): Sexualität im Alter. Ist das noch normal? München: Grin Verlag.

Lucke, Christoph / Lucke, Margot / Gogol, Manfred (2009): «Lebenstreppen – oder wie man den Alternsprozess über die Jahrhunderte gesehen hat»; in: European Journal of Geriatrics, Jahrgang 11, Heft 3–4, S. 132 ff.

Luft, Helmut / Peters, Meinolf / Schrader, Christiane (2005): «Liebe, Lust und andere Leidenschaften – vergänglich, wandelbar, zeitlos?» (Editorial); in: Psychotherapie im Alter, Jahrgang 2, Nr. 7, Heft 3, S. 5 ff.

Mackay, Harvey (2000): Suche dir Freunde, bevor du sie brauchst. München: Econ.

Mahs, Claudia (o. J.): «Wie man im Alter glücklich und zufrieden ist»; im Internet unter www.themen-der-zeit.de (Zugriff am 17. 12. 2015).

Medina, John (2012): Gehirn und Erfolg. 12 Regeln für Schule, Beruf und Alltag. Wiesbaden: Springer Spektrum (1. Aufl. 2009).

Meyer-Tien, Katia (2011): «Beruf: Sexberaterin für Senioren»; in: Kölner Stadt-Anzeiger vom 05. 11. 2011, im Internet unter www.ksta.de (Zugriff am 01. 02. 2016).

Mönch, Regina (2012): «Selbstbild der Senioren: Generation Edelstahl»; in: Frankfurter Allgemeine Zeitung vom 28. 11. 2012, im Internet unter www.faz.net (Zugriff am 09. 12. 2015).

Müller, Britta / Nienaber, Christoph A. / Reis, Olaf / Kropp, Peter / Meyer, Wolfgang (2014): «Sexuality and Affection among Elderly German Men and Women in Long-Term Relationships: Results of a Prospective Population-Based Study»; in: PLoS ONE 9(11): e111404.

Müller, Britta (2015): «Senioren ist Kuscheln wichtiger als Sex», Pressemeldung der Universität Rostock vom 06. 01. 2015, im Internet unter www.uni-rostock.de (Zugriff am 29. 01. 2016).

Müller, Henri (2015): «Auf Treibsand gebaut»; in: Brand eins Heft 11, November 2015, S. 78 ff.

Müller-Lissner, Adelheid (2015): «Was die Ehe bringt: Mehr Kilos und mehr Lebenszeit»; in: Der Tagesspiegel 07. 07. 2015, im Internet unter www.tagesspiegel.de (Zugriff am 07. 01. 2016).

Myers, David G. (2014): Psychologie. Berlin: Springer (3., vollständig überarbeitete und erweiterte Auflage).

Neudecker, Sigrid (2014): «Alles schon vorbei?; in: Zeit Wissen 6/2014, S. 33 f.

Nowossadeck, Sonja / Vogel, Claudia (2013): «Aktives Altern: Erwerbsarbeit und freiwilliges Engagement» (= DZA Report Altersdaten Heft 2/2013); Download im Internet unter www.dza.de/informationsdienste/report-altersdaten.html (Zugriff am 27.01.2016).

Petersdorff, Winand von (2014): «Der Fluch der frühen Rente», www.faz.net/aktuell/wirtschaft/vorruhestand-der-fluch-der-fruehrente-13216810.html (Zugriff am 28.06.2016).

Pfannenschmidt, André (2015): «Geld macht immer glücklich». Interview mit Bernd Raffelhüschen, in: Wirtschaftswoche vom 25.09.2015; im Internet unter www.wiwo.de (Zugriff am 27.01.2016).

Platon (o.J.): Der Staat (Politeia). Bibliothek Alexandria; im Internet unter www.alexandria.de.

Podbregar, Nadja (2010): «Das Methusalem-Projekt. Rasterfahndung im Genom der Hochbetagten»; im Internet unter www.scinexx.de (Zugriff am 10.11.2015).

Poulain, Michel / Pes, Giovanni M., et al. (2004): «Identification of a geographic area characterized by extreme longevity in the Sardinia island: the AKEA study»; in: Experimental Gerontology, Jahrgang 39, Heft 9, S. 1423.

Pro familia (2015): Wenn Sexualität sich verändert ... Sexualität und Älterwerden. Frankfurt am Main: Pro familia Deutsche Gesellschaft für Familienplanung, Sexualpädagogik und Sexualberatung e.V. Download im Internet unter http://www.profamilia.de/interaktiv/publikationen/publikationen/fuer-erwachsene/aelterwerden.html (Zugriff am 04.02.2016).

Ries, Birgit Claudia / Diestel, Stefan / Shemla, Meir / Liebermann, Susanne Christina / Jungmann, Franziska / Wegge, Jürgen / Schmidt, Klaus-Helmut (2013): «Age Diversity and Team Effectiveness»; in: Schlick, Christopher Mark / Frieling, Ekkehart / Wegge, Jürgen (Hrsg.): Age-Differentiated Work Systems. Heidelberg: Springer, S. 89 ff.

Rogers, Robert L. / Meyer, John S. / Mortel, Karl F. (1990): «After Reaching Retirement Age Physical Activity Sustains Cerebral Perfusion and Cognition»; in: Journal of the American Geriatrics Society 38, S. 123 ff.

Rosenthal, Robert / Jacobson, Leonore (1966): «Teachers' Expectancies: Determinants Of Pupils' IQ Gains»; in: Psychological Reports 19, S. 115 ff.

Roth, Gerhard (2015): «Wie können wir auch im Alter geistig fit bleiben, Herr Professor Roth?; Interview in: GEO kompakt Nr. 44 (Jung im Kopf!), S. 22 ff.

Rühle, Alex (2011): «Die Leute sind heute biologisch jünger»; Interview mit Ursula Staudinger in: Süddeutsche Zeitung vom 09.07.2011, im Internet unter www.sueddeutsche.de (Zugriff am 20.10.2015).

Rybash, John M. / Roodin, Paul A. / Hoyer, William J. (1995): Adult Development and Aging. Madison: Brown & Benchmark.

Scherf, Henning (2015): «Die Senioren-WG als Lösung im Alter»; Inhaltssynopse eines Beitrags in der TV-Sendung *Brisant* vom 23.03.2015; im Internet unter www.mdr.de (Zugriff am 20.01.2016).

Schneppen, Anne (2004): «Mit 70 ein Kind, mit 80 Jugendlicher»; in: Frankfurter Allgemeine Zeitung vom 06.02.2004, im Internet unter www.faz.net, Zugriff am 12.05.2016.

Schumacher, Hajo (2014): Restlaufzeit. Wie ein gutes, lustiges und bezahlbares Leben im Alter gelingen kann. Köln: Eichborn.

Schütz, Astrid (2015): Inneres Selbst und Selbstmedikation – Im Alter verändert sich die Bewertung. Einflüsse von statischen und dynamischen Mindsets bei der Selbstmedikation. Gutachten im Auftrag der Dr. Willmar Schwabe GmbH & Co. KG. Download im Internet unter www.schwabe.de (Zugriff am 15.12.2015).

Schwägerl, Christian (2014): «Ihre nächsten zehn Jahre»; in: Zeit Wissen 6/2014, S. 26 ff.

Seiwert, Lothar (2014): Das neue Zeit-Alter. Warum es gut ist, dass wir immer älter werden. München: Ariston.

Seligman, Martin E. P. (2005): Der Glücks-Faktor. Warum Optimisten länger leben. Bergisch Gladbach: Bastei Lübbe.

Siegler, Ilene C. / Brummet, Beverly H. / Martin, Peter / Helms, Michael J. (2013): «Consistency and Timing of Marital Transitions and Survival During Midlife: The Role of Personality and Health Risk Behaviors»; in: Annals of Behavioral Medicine 45, Juni 2013, S. 338 ff.

Siems, Dorothea (2008): «Generationengerechtigkeit: ‹Die Älteren wollen jetzt Kasse machen›»; in: Die Welt vom 11. 04. 2008; im Internet unter www.welt.de (Zugriff am 05. 01. 2016).

Spartano, Nicole L. / Himali, Jayandra J. / Beiser, Alexa S. / Lewis, Gregory D. / DeCarli, Charles / Vasan, Ramachandran S. / Seshadri, Sudha (2016): «Midlife Exercise Blood Pressure, Heart Rate, and Fitness Relate to Brain Volume 2 Decades Later»; in: Neuroloy. Im Druck. Vorab-Online-Publikation unter www.neurology.org/content/early/2016/02/10/WNL.0000000000002415.

Spisak, Brian R. / Grabo, Allen E. / Arvey, Richard D. / van Vugt, Mark (2014): «The age of exploration and exploitation: Younger-looking leaders endorsed for change and older-looking leaders endorsed for stability»; in: Leadership Quarterly 25, S. 805 ff.

Stamov Roßnagel, Christian / Picard, Michael / Voelpel, Sven C. (2008): «Lernen jenseits der 40»; in: Personal, Jahrgang 60, S. 40 ff.

Stamov Roßnagel, Christian / Schulz, Melanie / Picard, Michael / Voelpel, Sven C. (2009): «Researcher-Practitioner Collaboration in Action: Older Workers' Informal Learning Competency»; in: Zeitschrift für Personalpsychologie, Special Issue: Demographic Change in Work Organizations, 8, S. 71 ff.

Stangl, Werner (o. J.): Phasen der psychosozialen Entwicklung

nach Erik Homburger Erikson (Werner Stangls Arbeitsblätter). Im Internet unter http://arbeitsblaetter.stangl-taller.at/PSYCHOLOGIEENTWICKLUNG/EntwicklungErikson.shtml (Zugriff am 20.10.2015).
Statistisches Bundesamt (2003): Wo bleibt die Zeit? Die Zeitverwendung der Bevölkerung in Deutschland 2001/2002. Wiesbaden: Statistisches Bundesamt. Download im Internet unter www.destatis.de (Zugriff am 12.05.2016).
Statistisches Bundesamt (2015a): Die Generation 65+ in Deutschland. Wiesbaden: Statistisches Bundesamt. Download im Internet unter www.destatis.de (Zugriff am 12.05.2016).
Statistisches Bundesamt (2015b): Zeitverwendungserhebung. Aktivitäten in Stunden und Minuten für ausgewählte Personengruppen. Wiesbaden: Statistisches Bundesamt. Download im Internet unter www.destatis.de (Zugriff am 12.05.2016).
Statistisches Bundesamt (2015c): Pflegestatistik 2013. Pflege im Rahmen der Pflegeversicherung. Deutschlandergebnisse. Wiesbaden: Statistisches Bundesamt. Download im Internet unter www.destatis.de (Zugriff am 12.05.2016).
Techniker Krankenkasse (Hrsg.) (2013): Beweg Dich, Deutschland! TK-Studie zum Bewegungsverhalten in Deutschland. Hamburg: Techniker Krankenkasse. Download im Internet unter www.tk.de (Zugriff am 12.12.2015).
Tesch-Römer, Clemens (2000): «Alter ist Ansichtssache»; Interview in: Brand eins Wissen, Band 3, S. 60 ff., im Internet unter www.brandeins.de (Zugriff am 21.10.2015).
Tesch-Römer, Clemens / Wiest, Maja / Wurm, Susanne / Huxhold, Oliver (2014): «Einsamkeits-Trends in der zweiten Lebenshälfte: Befunde aus dem Deutschen Alterssurvey (DEAS)»; in: Informationsdienst Altersfragen, Jahrgang 4, Heft 1, S. 3 ff.
Thane, Pat (Hrsg.) (2005): Das Alter. Eine Kulturgeschichte. Darmstadt: Primus.
Tigges, Claus (2007): «Vereinigte Staaten: Arbeit im Alter ist Luxus – nicht Last»; in: Frankfurter Allgemeine Zeitung

vom 18.07.2007; im Internet unter www.faz.net (Zugriff am 27.01.2016).

Turner, J. A., Deyo, R. A., Loeser, J. D., Von Korff, M., & Fordyce, W. E. (1994): The Importance of Placebo Effects in Pain Treatment and Research. JAMA, 271 (20), S. 1609–1614.

Voelcker-Rehage, Claudia / Godde, Ben / Staudinger, Ursula M. (2009): «Physical and motor fitness are both related to cognition in old age»; in: European Journal of Neuroscience, 31, S. 167 ff.

Voelpel, Sven C. / Leibold, Marius / Früchtenicht, Jan-Dirk (2007): Herausforderung 50 plus. Konzepte zum Management der Aging Workforce: Die Antwort auf das demographische Dilemma. Erlangen / New York: Publicis-Wiley.

Voelpel, Sven C. / Fischer, Anke (2015): Mentale, emotionale und körperliche Fitness. Wie man dauerhaft leistungsfähig bleibt. Erlangen: Publicis.

Voelpel, Sven C. (2015): «Rente mit 100! Ein Manifest für unsere Freiheit»; in: Frankfurter Allgemeine Sonntagszeitung, Verlagsspezial «Demografie im Dialog», S. B4.

Vonhoff, Anna (2012): «Selbsteinschätzung der Gesundheit sagt Lebenserwartung voraus»; in: Focus vom 10.02.2012, im Internet unter www.focus.de (Zugriff am 11.12.2015).

Wegge, Jürgen / Liebermann, Susanne Christina / Shemla, Meir / Ries, Birgit Claudia / Diestel, Stefan / Schmidt, Klaus-Helmut (2012): «What Makes Age Diverse Teams Effective? Results from a Six-Year Research Program»; in: Work 41, S. 5145 ff.

Wegge, Jürgen (2014): «Gruppenarbeit und Management von Teams»; in: Schuler, Heinz / Kanning, Peter Uwe (Hrsg.): Lehrbuch der Personalpsychologie. 3., überarbeitete und erweiterte Auflage. Göttingen: Hogrefe, S. 933 ff.

Westendorp, Rudi (2015): Alt werden, ohne alt zu sein. Was heute möglich ist. München: Beck.

Westheimer, Ruth K. (2013): Silver Sex: Wie Sie Ihre Liebe lustvoll genießen. 2. Aufl., Hannover: Humboldt (1. Aufl. Campus 2008).

Willcox, Bradley (2002): The Okinawa Program. Victoria, BC: Crown Publications.

Willimczik, Klaus / Voelcker-Rehage, Claudia / Wiertz, Olaf (2006): «Sportmotorische Entwicklung über die Lebensspanne»; in: Zeitschrift für Sportpsychologie 13, S. 10 ff.

Woollett, Katherine / Maguire, Eleanor A. (2011): «Acquiring the ‹Knowledge› of London's Layout Drives Structural Brain Changes»; in: Current Biology 21, S. 2109 ff.

Zeibig, Daniela (2014): «Ruhestand: Jeder Tag ein Sonntag»; in: Gehirn und Geist Dossier 03/2014, S. 8 ff.

Zweite Heidelberger Hundertjährigen-Studie: Herausforderungen und Stärken des Lebens mit 100 Jahren (2013), hrsg. von der Robert Bosch Stiftung. Stuttgart.

DANKSAGUNG

Dieses Buch gäbe es nicht ohne eine Vielzahl von Menschen, die in meinem Herzen einen ganz besonderen Platz einnehmen. Deshalb möchte ich an dieser Stelle danke sagen.

Ich danke Professorin Ursula Staudinger, Gründungsdekanin des Jacobs Center on Lifelong Learning (JCLL) und derzeit Gründungsdirektorin des Columbia Aging Center an der Columbia University, New York, sowie den ehemaligen Kollegen, Mitarbeitern und Gastforschern des JCLL für den inspirativen Austausch.

Mein Dank gilt außerdem all meinen Studenten auf vier Kontinenten (St. Gallen, Schweiz, Stellenbosch, Südafrika, Harvard, USA, Tsinghua, China, Jacobs University, Bremen), mit denen ich diskutieren durfte.

Dankbar bin ich den Managern, die offen sind für neue Thesen, die unsere Forschungsergebnisse in den letzten Jahren aufgegriffen, in die Praxis umgesetzt und so das Leben von Mitarbeitern und Kunden signifikant verbessert haben.

Dankbar bin ich in diesem Zusammenhang insbesondere dem Unternehmen Daimler, das ich seit 2004 begleiten darf, vor allem den Mitarbeitern des Mercedes-Benz Werk Bremen. Mein besonderer Dank gilt dem Personalleiter des Mercedes-Benz Werk Bremen, Heino Niederhausen, der als Projektleiter der Demografie-Initiative Y. E. S. nicht nur für das Werk Bremen, sondern im gesamten Bereich Mercedes-Benz Cars, Daimler für die Umsetzung sorgt. Außerdem Wilfried Porth, Vorstandsmitglied der Daimler AG, Personalvorstand und Arbeitsdirektor IT & Mercedes-Benz Vans, für die ideelle Unterstützung und Markus Schäfer, Mitglied des Bereichsvorstandes Mercedes-Benz Cars, Produktion & Supply Chain Management, für die finanzielle Förderung.

Dabei speziellen Dank, dass mein Vortrag «Demographic Leadership» nun mit der Ausstellung «EY ALTER» (bisher zu sehen im Universum Bremen, ab Oktober 2016 im Mercedes-Benz Museum in Stuttgart) in 3D interaktiv erlebbar wurde – das war nur möglich durch die konzertierte Zusammenarbeit zwischen Daimler, dem Universum Bremen, GfG und WISE Group mit WDN der Jacobs University.

Mein Dank gilt Sylvia Hütte-Ritterbusch, Projektleiterin «EY ALTER» bei Daimler, und ihrem gesamten Team.

Außerdem dem Geschäftsführer des Universum Bremen, Dr. Herbert Münder, und der wissenschaftlichen Leiterin, Dr. Kerstin Haller, und ihrem Team. Wunderbares Wissen über Ausstellungen!

Darüber hinaus den Geschäftsführern der Gruppe für Gestaltung (GfG), Björn Voigt und Carsten Dempewolf, der Projektleiterin Katrin Johnsen und ihrem Team sowie der externen Professorin Rita Rentzsch. Wahnsinnskreativität!

Jan Pletzer, Barbara Herbert, Daniela Kiel, Eva Specht – besonderen Dank für die Factsheets – und Dr. Jan Oitmanns von meiner WISE Research Group.

Dr. Petra Begemann, der Meisterin perfekter Formulierungen, gespitzter Thesen und zusätzlicher Recherchen. Wie geht das so schnell und gut? Ohne diese grandiose Expertise hätte das Buch den Leser nicht in diesem Jahr und nicht mit dieser Qualität erreicht!

Julia Vorrath bei Rowohlt, die mit ihrer Begeisterung für das Thema die Türen bei Rowohlt öffnete und den gesamten Prozess perfekt begleitete. Für das Redigieren zusätzlichen Dank an Ana González y Fandiño.

Den weiteren zahlreichen engagierten Mitarbeitern von Rowohlt, u.a. Christine Lohmann, Herstellung, Nora Gottschalk, Presse, Markus Altenkirch, Online-Marketing.

Mein Dank fürs Lesen des Manuskripts in unterschiedlichen Stadien gilt: Michaela und Dagobert Völpel, Fabiola Gerpott, Daniela Gutermann, Fleming Erdwiens, Jan Pletzer, Elena Schneider, Philip Akroush und Maren Schwier von der WISE Forschungsgruppe. Maren Schwier, WDN-Koordinatorin, dabei besonders für die Unterstützung der Mammutaufgabe PR!

Fleming Erdwiens als Koordinator des WDN, Jacobs University, für unzählige E-Mails, Diskussionen und Begleitung des gesamten Buchprojektes.

Eiko Gerten für die getunten Graphiken. Wahnsinnstalent!

Benedikt Reinke, Christian Angern, Laura Nelde, Deya Kuhnle, Razvan Barabas und Catalina Stratulat für den Pitch bzw. das Manuskript zum Paradigmenwechsel im demographischen Wandel.

Meiner Familie und meinen Freunden, insbesondere meinen Eltern Michaela und Dagobert, sowie vor allem meiner Frau Rosana und unseren kleinen Zwuckel- und Lockibären Alexander und Leonardo ein großes Dankeschön für die Geduld und die Nachsicht, wenn wir aufgrund der vielen Ferien- und Wochenendarbeit und der Nachtschichten aufeinander verzichten mussten.

Das für dieses Buch verwendete Papier ist FSC®-zertifiziert.